本书撰稿人（按姓氏笔画顺序排列）

丁明夷　李富华　李翼诚　吕建福　何　云

杨曾文　张大柘　柳雪峰　黄夏年　黄燕生

中国社会科学院世界宗教研究所佛教研究室　编
杨曾文　主编

佛教文化150问

BUDDHISM

人民东方出版传媒
東方出版社

前言

在改革和开放的推动下，我国社会正进行着一场深刻的变革。随着社会主义商品经济的蓬勃发展，随着社会主义民主与法制、精神文明建设加紧进行，我国的民族精神获得了新的解放。一些在长期的自然经济和半自然经济的环境中形成的窒息人们思想的旧观念，受到了很大冲击，无论在政治、经济还是文化科学领域，都出现了许多适应社会进步趋势的新观点、新思想。

然而，任何新思想、新文化的形成与发展，都是以旧有思想文化为基础为前提的。要批判继承它的一切有积极意义的东西，吸收并改造它的思想文化资料作为新思想文化的营养成分和组成部分，必须对旧有的思想文化进行深入的研究。何者当借鉴？何者当破除？何者当改造吸收？要做到心中有数。对小到某个领域，某个时期和某个方面的既有的思想或文化现象，大到延续几千年的传统的思想文化，都应持这样的态度。这就不难理解，为什么在改革与开放的洪流滚滚向前的今天，竟然出现了经久不衰的传统文化研究热、评价热。人们用新的眼光，站在新的高度，重新研究与评价传统文化。人们在思考着，在争论着。结论虽不统一，但没有关系，对传统文化反思的本身已深化了人们对许多问题的认识，促进了社会历史文化研究的发展。

在对中国传统文化的回顾反思中，人们对传统文化的重要组成部分的佛教

也发生了很大兴趣。在一些学校，举办了佛教文化讲座。在一些学术讨论会上，佛教与传统文化成了讨论的热门话题。1986年第10期《文史知识》发表了“佛教与中国文化专号”，在各地书店立即被抢购一空。这是个好现象。作为专门从事佛教研究的社会科学工作者，一方面为此感到高兴，另一方面又感到压力。为什么这样说呢？虽然从事任何一种研究都要付出艰辛的劳动，但从事佛教研究“别是一般滋味在心头”。当一项研究课题确定以后，要从浩如烟海的佛教图书中找出相应的资料，要花费极大气力才能把用自成体系的艰深难懂的概念表述的佛教史实或理论，理出个头绪。然而佛教研究成果发表的园地不多，研究者不容易被人理解。因此，当看到社会上有那么多人对佛教知识发生兴趣时，任何一个从事佛教研究的人都会感到高兴的。那么压力又何来呢？那是因为，由于历史的原因，我国的佛教研究还相当的落后，与我国作为北传佛教的中心，曾创造性地发展了大乘佛教的国家地位极不相称。研究的人少，成果少。该研究的没有研究，空白很多；该整理校释的佛教图书没有整理校释，可供学者方便使用的图书资料太少。从近代以来，虽有一些比较优秀的佛教著作行世，但远不能满足学科发展的需要。季羡林教授在《我和佛教研究》中充满感慨地说：“我懂一些佛教历史，也曾考虑过佛教在中国发展的问题。我总的感觉是，我们在这一方面的研究还非常落后。同日本比较起来，落后很远。我们现在应该急起直追，对佛教在中国历史上和文化史、哲学史上所起的作用，更要细致、具体、实事求是地加以分析，期能做出比较正确的论断。这一件工作，不管多么艰巨，是迟早非做不行的，而且早比迟要好，否则我们就无法写什么中国哲学史、中国思想史、中国文化史，再细分起来，更无法写中国绘画史、中国语言史、中国音韵学史、中国建筑史、中国音乐史、中国舞蹈史，等等。总之，弄不清印度文化和印度佛教，就弄不清我们自己的家底。而且印度佛教在中国的影响决不限于汉族，其他兄弟民族特别是藏族和蒙古族，都受到深刻的影响。在这方面，我们的研究更为落后。这种现象决不能让它继续下去了。”（载1986年第10期《文史知识》）笔者很同意季先生的话。作为从事佛教研究的人确实应当变压力为动力，急起直追。当然，重要的还要得到社会各方面的理解和支持。既然佛教的传入曾深化了人们对人生和宇宙的思考，丰富了民族文化，那么可以相信，用马克思主义为指导对佛教进行深入的研究，对当前正确地对待和吸收古今中外的思想文化也是有

借鉴意义的。

世界宗教研究所佛教研究室真正全面开展业务是在“文革”后，特别是在1978年党的十一届三中全会以后。研究室的基本方针是以编写学术专著，编纂系统性的学术资料为主，同时开展专题研究，适当组织力量编写普及性的佛教知识读物。

本书仅向读者介绍佛教的一般性的知识。尽可能做到全面、系统。内容包括佛教的基本教义、重要的历史人物、佛教在中国的传播概史、以中国为中心的北传佛教的重要派别、佛教基本典籍、佛教艺术等方面。在表述上尽可能通俗。采用问答体，根据问题难易各条目写的篇幅长短不一。佛教的专门术语太多，有些很不好懂。虽在叙述中有意回避，但既然介绍的是佛教，难免要运用相当多的佛教术语。因为在行文中不可能一一详加解释，有些读者在读到这些地方时可能会有碰“钉子”的感觉。从整体看，读者碰到这种地方跳过去读也无妨大局。如果有兴趣，可查阅《宗教词典》或其他辞书。如果本书能对读者有所裨益，我们将感到由衷高兴。

参加本书执笔的不全是佛教研究室的同志。其中《世界宗教研究》编辑部的黄夏年、中国社会科学出版社的黄燕生、湘潭大学的何云、青海社会科学院民族宗教研究所的吕建福等同志，都是获得硕士学位的年轻的佛学研究者。他们承担了本书的大部分。

本书在编写中参考了国内外很多著作，限于篇幅和体裁而未能在书中一一注出，借此机会谨向这些著作的作者表示感谢和敬意。本书是多人执笔，虽经通读和修改，但各部分笔调和文风的差异还是相当明显的。无论是编排还是叙述，肯定有失当乃至错误之处，欢迎批评指正。

杨曾文

原作于 1989 年 1 月

修订于 2006 年 6 月

目　录

1

什么是佛教？

佛教发源于公元前六、五世纪的古印度，创始人是位于今尼泊尔国境内的迦毗罗卫国的王子悉达多·乔达摩(Siddhārtha Gautama)，即释迦牟尼。佛教在向印度各地和亚洲一些国家的传播过程中无论在教义还是在组织上都有很大发展。现与基督教、伊斯兰教并称为世界三大宗教。

在佛教创立之前，印度社会存在严格的种姓等级制度。按照传统，掌管祭祀和传授吠陀文化知识的“婆罗门”种姓地位最高。其次是由各个城国国王和军事贵族组成的“刹帝利”种姓。而普通的农民、牧民和手工业者、商人是第三种姓“吠舍”。处在社会最低层的是被雅利安人征服的土著居民及雇工、奴隶。他们是第四种姓“首陀罗”。当时在思想上占统治地位的是从雅利安人原始宗教发展而来的婆罗门教。婆罗门教维护婆罗门种姓至上的种姓制度，说婆罗门教的吠陀文献传承天意，世界和人类社会的一切是 “梵天”创造的，提倡祭祀祈福。在佛教创立前后，以国王为代表的刹帝利种姓和从吠舍种姓中形成的工商业主，对婆罗门种姓的传统统治表示不满，在思想文化界出现了反对婆罗门教的“沙门”(意为出家修道者)思潮。佛教最初是这种沙门思潮之一。

佛教的基本教义是：人生是“无常”的，充满痛苦，只有信奉佛教，努力修行，才能彻底摆脱生死苦恼，进入“涅槃”境界。这些道理通过所谓“四谛”、

“八正道”、“五蕴”、“十二因缘”等教义表现出来。

四谛的“谛”字表示确实无疑的真理，包括苦谛（人生苦的真理）、集谛（人生苦因的真理）、灭谛（人生苦灭的真理）、道谛（导致苦灭方法的真理）。佛教认为人生是个充满痛苦的过程，有生苦、老苦、病苦、死苦、有所追求而达不到目的的痛苦以及种种生活中因环境、际遇变化而带来的痛苦。有苦必有因（集），在一切原因中最根本的原因是人有贪（贪求、贪爱）、嗔（愤怒、生气）、痴（“无明”，不明事理）的本性。只有断除这些导致痛苦的原因，才能彻底从生死烦恼中解脱，达到涅槃境界。要断除苦因，达到解脱，需要正确的方法和途径，此即“道谛”所说的“八正道”。即：正确的见解、正确的思维、正确的言语、正确的行为、正确的生活、正确的修行、正确的忆念、正确的禅定。按照释迦牟尼佛教导的道理去修行、处世，是八正道的基本要求。

佛教水陆图

“五蕴论”是早期佛教的哲学理论基础。五蕴是指色（相当于物质）、受（感觉）、想（相当于知觉）、行（意志）、识（意识、精神），是构成人及一切生命，以至整个世界的基本因素。它们按一定因果关系聚合在一起，又按一定的因果关系分解，因此，人与一切事物都没有一个固定不变的实体或主宰者。此即“诸行无常，诸法无我”。人认识到这个道理，对五蕴及由五蕴组成的人生及一切事物不再追求，就可摆脱生死轮回和一切苦恼。

佛教主张事物的生灭是由因缘决定的，所谓“因此有彼，无此无彼，此生彼生，此灭彼灭”。此即“缘生”或“缘起”的理论。把人生分为十二个环节，即：无明、行、识、名色（“名”指受、想、行、识，与色的统称）、六处（眼、耳、鼻、舌、身、意）、触、受（感受）、爱、取（求取所爱的东西和执著世俗见解等）、有、生、老死，前后互为因果，人生痛苦就是“无明”引起的。十二支之间的因果联系中，最重要的环节是“无明”(痴，不明佛理)。只要“无明”不再存在，就可从根本上摆脱生死苦恼。要消灭“无明”，只有信奉佛教。

佛教的一个重要理论是善恶因果报应的教义。说人的行为包括身、口、意三个方面，称为“三业”。善的行为将有好的报应，恶的行为有坏的报应。这种报应是通过过去(前世)、现在(今世)、未来(来世)的三世轮回来实现的。现实生活的富贫寿夭是由前世的善恶业因决定的，而今世的善恶行为，又要决定来世的境况，或生到天上，或生到人间，或生为畜牲，或生为饿鬼，或下地狱。生到人间又有贫富之别。这种教义在传播过程中与各地伦理观念相结合，对善恶行为标准提出不尽相同的规定。

佛教反对婆罗门教的“婆罗门第一”的种姓观，提出“四姓平等”的口号，但强调四姓只在出家为僧，在因果报应和修行解脱方面是平等的，对现实生活中的不平等，则用善恶报应的理论进行解释。

佛教创立后受到古印度刹帝利、吠舍种姓的支持，发展迅速。从释迦牟尼创教到释迦死后一二百年发生教团分裂（前六世纪末至前四世纪中），是佛教史上的原始佛教时期。原始佛教的教义和活动情况，在现存《阿含经》中有比较真实的反映。

公元前四世纪中叶，佛教内部因对教义和戒律产生认识分歧，教团分裂为上座部和大众部两大系统。属于这两大系统的“部派”达十八部或二十部之多。此为佛教史的部派佛教时期。上座部系统基本上遵守原始佛教的教义和戒律，但在理论的深度和系统性上有很大发展，特别是其中的“说一切有部”以善著论（阿毘达磨）书出名，代表性著作有

佛教水陆图

《阿毘达磨发智论》及《大毘婆沙论》等。大众部系统在理论上有革新，对原作为教主的佛陀进一步神化，在对世界万有的解释方面主张一切皆虚幻不实，在解脱修行理论方面提出“心性本净”说，认为人人有觉悟解脱的内在根据。大众部的资料现仅散见于《异部宗轮论》等著作之中。

公元1世纪，在印度南部从大众部系统中产生大乘佛教。“大乘”意为“大的运载物”，比喻可运载广大众生达到涅槃彼岸。大乘佛教把以往原始佛教和部派佛教贬之为“小乘”。

大乘佛教在发展过程中经历了三个阶段：

(一)初期阶段(公元一世纪——四世纪)。基本经典有《般若经》(小品和大品)、《法华经》、《华严经》、《无量寿经》、《维摩经》、《般舟三昧经》等，而以《般若经》影响最大。《般若经》主张人的认识及一切事物在本质上是空的，所谓“诸法性空”，是大乘佛教的重要理论基础。《法华经》会通大乘和小乘，主张人人可以成佛。《无量寿经》宣传西方阿弥陀佛的净土信仰。《华严经》讲大乘修行者应遵循的宗旨和可达到的阶位，并强调“心”的本体意义和在解脱中的作用。这些经典虽标榜为佛所说，但实际出自僧俗信徒之手。

初期阶段的大乘论师有龙树(约150—250)及其弟子提婆等。他们以论释《般若经》思想来建立自己的理论体系，创立了中观学派。重要著作有《中论》、《百论》、《十二门论》、《大智度论》等。认为世界万有为因缘所造，在本质上是空的。这种空性表现为事物的“不生不灭，不常不断，不一不异，不来不出”。他们主张的真(出世、彼岸、佛教智慧和真理)、俗(世俗世界和认识)不二的理论，对后世佛教的世俗化有很大影响。

(二)中期阶段(约四世纪末至六世纪)。基本经典有《涅槃经》、《胜鬘经》、《解深密经》、《楞伽经》等，以《涅槃经》影响最大。《涅槃经》讲一切众生皆有佛性，皆可成佛，为大乘佛教解脱论的理论基础之一。“佛性”意为成佛的内在可能性，有时与“法身”、“法性”同义，即与佛、佛法共通的本性。有的经，如《胜鬘经》、《楞伽经》称之为“如来藏自性清净心”；后者还宣传三界唯自心所现。《解深密经》提出一切外界唯识所变的思想和八识学说，以阿赖耶识(相当灵魂)作为精神主体。

这一期的主要论师有无著、世亲兄弟。他们奉弥勒(或认为实有其人)为先

印度佛教遗址

师，创立了唯识学派（也称瑜伽行派），主要著作有《瑜伽师地论》、《大乘庄严经论》、《辨中边论》、《摄大乘论》及《摄大乘论释》、《唯识三十颂》、《十地经论》等。这些著作以论证阿赖耶识缘起，一切唯识所变为主要内容。此后有陈那、护法等人对唯识学说有较大发展，唐玄奘编译的以护法观点为主的《成唯识论》影响较大。

这一时期中观学派的著名论师有佛护和清辨。

（三）后期阶段（七世纪至十三世纪初）。经典有《大日经》、《金刚顶经》等，是这个时期特别盛行的密教经典，与以往佛经称是释迦牟尼佛所说不同，称是法身佛大日如来所说。密教吸收了中观和唯识学派的观点，又吸收印度民间的宗教信仰，以重视繁杂的咒术仪礼和神秘主义的教义为特色。密教后期吸收了印度教性力派（崇拜生殖器等）的做法，形成左道密教，日趋堕落。

从公元前三世纪孔雀王朝阿育王时期开始，中经二世纪贵霜王朝迦腻色迦王，佛教传播到印度以外的国家和地区，逐渐成为世界性的宗教，在许多国家形成各具民族特色的教派。西汉哀帝元寿元年（公元前 2 年），佛教传入中国内地，中经魏晋南北朝，佛教向社会广泛普及。至隋唐佛教鼎盛，形成天台宗、三论宗、律宗、净土宗、法相宗、华严宗、禅宗、密宗等中国佛教宗派。两宋以后，佛教各宗互相融合，又与儒、道二教互相吸收，日益世俗化，在社会生活中有广泛影响。中国佛教传入朝鲜、日本，经与当地传统文化习俗结合，形成为朝鲜佛教、日本佛教。中国佛教对越南佛教的形成与发展也有直接的影响。一般地说，中国大部地区和朝鲜、日本、越南的佛教，以大乘佛教为主，称为北传佛教，经典主要是汉文系统，而中国的西藏、内蒙古和蒙古、俄罗斯西伯利亚等地区的佛教，为北传佛教中的藏传佛教，俗称喇嘛教，经典属藏文系统。现在斯里兰卡、缅甸、泰国、柬埔寨、老挝以及中国傣族等地区的佛教，以小乘为主，称为南传佛教，经典为巴利文系统。近代以来，佛教开始传入欧美一些国家，但影响甚微。

（杨曾文）

②

释迦牟尼是人还是神？他是如何舍太子位出家苦行和成道的？

我们到香烟缭绕的佛教寺庙参观，进入巍峨大雄宝殿，迎面就会看到正中有一尊结跏趺坐、表情安详的佛像雕塑。两手姿态或左手横置左足上，作“定印”(印，象征特定含义的手式)，右手直伸下垂，作“触地印”；或左手横置左足上，右手向上屈指作环形，作“说法印”。它就是佛教徒奉为教祖的佛教创始人释迦牟尼佛的塑像。相传2000多年前，在喜马拉雅山脚下，今尼泊尔南部与印度毗邻的提罗拉科特附近，有一个名叫拘萨罗属国的迦毗罗王国。这个国家是释迦族居住的地方，他们是古印度时期著名王族懿师摩王(义鸠王，汉译“甘蔗王”)的后裔。当时的国王名首图驮那，汉译“净饭王”，妻子摩诃摩耶是与迦毗罗王城隔河相对的天臂城善觉王的长女。按当时的风俗，妇女怀孕以后必须回娘家生育，摩耶夫人临产前回娘家途中在蓝毗尼花园(今尼泊尔南部波陀利耶村罗美德寺院处)生下了太子悉达多(汉译“成就者”)。因为释迦族姓乔答摩，所以太子也称为乔答摩·悉达多。他就是后来的佛祖。

关于悉达多的出生年月古印度史籍没有明确记载。佛经记载他活了八十岁，只要确定他的卒年即可推出生年。各国学者加以考证，众说不一。总起来大致有两种说法较为可靠：①据斯里兰卡佛教史书《岛史》、《大史》记载，佛死于公元前483年，当生于公元前563年。②我国南齐所译的《善见律毘婆娑》译记记载佛死亡之后第一年开始在戒本上点记，每年一点，到永明七年，即公元489年，共得975点，由此推算佛陀卒于公元前485年，生于公元前565年。因此，悉达多应是公元前6世纪到5世纪时期的人，此时约当我国春秋战国之际，与中国孔子大致为同一时代的人物。

悉达多出生七天，母亲即去世，由姨母波阇波提养育长大。幼年时代的悉达多生活是优裕舒适的，拥有适合不同季节居住的宫殿，冬天御寒，夏天避暑，雨季防潮。衣着华贵，饮食丰盛，歌舞于庭，极尽享受之乐。净饭王对王子寄予厚望，从小就从各方面对他进行严格的教育和培养，让他向婆罗门大师学习文学、哲学、算学，跟武士学习兵法与武艺等等。希望他能继承王位，建功立业，成为一个统一天下的君王——“转轮王”。王子16岁时，奉父命与表妹耶输陀罗完婚，生下儿子罗睺罗。

但是，当时古印度各国之间正在进行互相讨伐、兼并的战争，承认拘萨罗为

藏传佛教寺院

河北赵县柏林禅寺万佛堂

宗主的迦毗罗王国，受到强国的威胁，朝不保夕。整个社会的婆罗门、刹帝利、吠舍、首陀罗四种姓之间也发生了政治、经济冲突，阶层内部发生了分化，特别是吠舍阶层产生出新的富商和自耕农。在阶级和民族矛盾十分尖锐之际，作为释迦族的王太子已预感难免覆灭的结局，因之觉得世间是个无常的状态，又联想到人生下来以后，接踵而来的老、病、死的情景，感到人人很难脱离苦难的生活，终生要被烦恼困扰。即使他所拥有的权利，读过的吠陀经典等，都不能帮助他去掉烦恼，也不能让他获得精神解脱。于是他在29岁时，不顾父王的劝阻，毅然别离妻子，舍弃王位，剃除须发披着袈裟出家修行。

出家后，悉达多先到跋伽仙人的苦行林修行，以种种苦行折磨肉体，以求得精神解脱。但是，他不满意这种做法，滞留一宿然后离去。以后南渡恒河，到摩揭陀国的首都王舍城，跟随数论派信奉者阿罗逻·迦罗摩和郁罗迦罗摩子修习禅定，但仍认为不能得到真正的解脱。于是又来到伽阇山苦行林，传说“日食一麻一麦”，磨砺身体，在尼连禅河边静坐思维，实行苦行，经历6年，结果徒劳无获，终于悟出苦行无益。在尼连禅河他洗去6年积垢，随后接受了牧女所献乳粥的供养，调养身体，恢复气力，来到菩提伽耶的一棵毕钵罗树下，双腿结跏趺坐，端正身念，静思冥索，发誓“我今若不证无上大菩提(觉悟)，宁可碎此身，终不起此座”。经过七天七夜(也有说七七四十九天)，悉达多感到心里平静，一切烦恼不再从心头生起，心情豁然开朗，终于觉悟成道。这时他已35岁。从此，悉达多被人们称为“佛陀”或称“佛”，意为真理的觉悟者。因为他是释迦族人，成道以后人们尊称他为释迦牟尼，意思是“释迦族的圣人”。而皈依他的佛教徒称他为世尊,释尊等。

佛陀证悟成道以后,为了把他的思想学说能让别人理解和接受,开始了长达45年的传教活动。他在恒河两岸奔走,广招弟子。在波罗奈斯城外的鹿野苑,他向憍陈如等五人宣传佛法,接纳他们成为最初的佛弟子。这次说教佛教称为"初转法轮"。以后又收了耶舍、迦叶三兄弟、舍利弗、目犍连等人,以及他的很多亲属如堂弟提婆达多等人为弟子。儿子罗睺罗皈依了佛教,姨母波阇波提也加入佛教。传教过程中佛教势力渐渐扩大,组成了佛教徒组织——僧团。佛陀还得到了王族和富豪在政治上和经济上的强力支持。当时富有商人须达多和舍卫国王太子祇陀也向他捐赠了祇园精舍,王舍城的商人迦兰陀施舍了竹林精舍,作为他对众人说法传教的重要场所。

佛陀传教的方式灵活多样,在不同场合,针对不同的对象,用偈颂、散文、故事、譬喻、问答等各种形式,宣讲佛法。他不仅自己向人们传教,还让弟子们到处说法传教,允许他们用不规范的梵语和地方语言进行说法,使佛教思想在社会上广为传播。

晚年的释迦牟尼仍然为理想奋斗不息。他虽常住在王舍城,但还到处走动传教,带领弟子从王舍城出发,经那烂陀,渡恒河到吠舍离城接受了富裕妓女菴摩罗的供养,在南末罗国波伐城,佛陀因食物中毒病情转重,行至离拘尸那迦城(今印度联合邦迦夏城)附近的希拉尼耶伐底河边娑罗树下逝世,终年80岁。在临终前,他还为婆罗门须跋陀罗说法,收他为最后一个弟子。

佛陀死后,遗体被火化,遗骨(舍利)据说分配给8个国家,由王族所建的舍利塔内供养。他生前所说的佛法,被弟子们传诵下来,加以整理,形成佛经三藏。后来佛教徒出于对他的崇敬和传法的需要,把他神化成神通广大、威力无穷,有"三十二相","八十种好"(相、好皆指相貌特征,好指细微的特征)的神,并把他一生中苦行、成道、逝世等行相塑成雕像,安置在寺庙里供养,使现实中的佛陀,成为佛教的尊神,一个理想化的崇拜偶像。

(黄夏年)

3

迦叶和阿难在历史上确有其人吗？佛的十大弟子是些什么人？

大雄宝殿在释迦牟尼佛两边各有一老一少塑像。左边年长抱拳的一位是迦叶尊者，右边年轻合掌的一位是阿难尊者。迦叶和阿难是释迦牟尼佛最亲近的弟子，被佛教徒看做是佛身边的胁侍。

佛经中记载释迦牟尼的弟子中有五位称做迦叶的人，他们是：摩诃迦叶、优楼频罗迦叶、伽耶迦叶、那提迦叶、十力迦叶。站在佛陀身边的迦叶尊者指的是摩诃迦叶，意译大迦叶。相传迦叶是古印度摩揭陀国王舍城人，属婆罗门种姓，原来是一个外道。释迦牟尼成道的第三年化度他为弟子，跟佛陀学习佛法。据说八天就得道成为阿罗汉。迦叶入了佛门，曾率领500弟子在韦提河山修习头陀苦行，因此被称为“头陀第一”，受到佛陀的赞许，称他是“大行渊广”。迦叶是佛陀生前喜爱的弟子之一。相传，有一次开大会，释迦登座面对众人，不回答大家的问题，只拈花示众，众人不得其解，唯有迦叶含着微笑会心领悟，独得佛陀“心传”，于是被释迦指定为亲授衣钵的直传弟子。佛陀死后，迦叶取得了佛教领袖的地位，他主持在王舍城耆阇崛山召开了第一次记诵佛陀生前说法的集结佛经会议，参加会议者达500余人。集结时，先由阿难和优婆离分别背诵释迦生前所讲的佛法、戒律，然后由大家共同审定，当场确定按经、律分类加以整理。这是现在我们所见的佛经最初形式。二藏结集不久，迦叶就在摩揭陀国的屈屈播

上海玉佛禅寺

陀山逝世。此山亦名鸡足山。围绕它曾创造了一些神话传说，如我国云南的鸡足山，民间传说是迦叶尊者来到此山开凿的。

阿难是阿难陀的略称，意译“庆喜”或“欢喜”，相传是斛饭王的儿子，佛陀的堂弟。25 岁时出家成为释迦弟子，在释迦身边忠心耿耿待了 25 个年头，深得释迦的真传。传说阿难博闻强记，知识渊博，被认为是佛十大弟子中“多闻第一”。《增一阿含经》赞许说：“知时明物，所至不疑，所忆不忘，多闻广远，堪忍奉上，所谓阿难比丘是。”第一次结集时，阿难被指定升狮子座，复述经藏，背诵佛法。据说现存佛经的卷首“如是我闻”四个字，就是指这是由阿难亲耳听佛说后记忆背诵出来。佛陀信任阿难，据说释迦的姨母希望加入僧团，出家为尼，是阿难向佛陀斡旋的结果，使比丘尼僧团得以创立，佛陀死时，阿难悲伤恸哭不已。迦叶继佛陀之后成为佛教领袖，阿难又成为迦叶的有力助手，为佛教僧团的发展尽心尽力。迦叶死后，阿难继任成为佛教领袖，被后人奉为佛教二祖。传说阿难因为学识渊博，名声在外，死前离开摩揭陀国前往吠舍离国，来到两国的界河——恒河时，双方国王都派兵来抢，想让他留在各自的国家。阿难为了避免两国兵戎相见，在船上自焚。

释迦牟尼在世时，他的弟子里有10位因为有突出的道行，得到佛陀的称赞，并被众人公认，成为著名的佛教僧团的十大弟子，并且都得阿罗汉正果。除了上面所讲的摩诃迦叶头陀第一，阿难多闻第一之外，另外8名弟子是：

舍利弗，又名舍利弗多罗，也称舍利子，古印度摩揭陀国王舍城人，婆罗门种姓。原修外道，与释迦佛当初一样未能找到解脱之路，遂改弦易辙带领弟子100人皈依佛门，得释迦的佛法甚深，协助释迦管理教务，善讲佛法。《增一阿含经》说“智慧无穷，决了诸疑，所谓舍利弗比丘是”，被时人看作“智慧第一”。后来因好友目犍连即将死去，悲痛难忍，遂随之殉道。

目犍连，意译大赞颂，舍利弗的好友、同乡，一对意气相投的师兄弟。婆罗门种姓。舍利弗要皈依佛门时两人相约，同时带领自己的100个弟子入了佛门，为壮大佛教僧团的力量出了大力，受到大家的推崇。《增一阿含经》说目犍连具有：“神足轻举，飞到十方”的法力，因之被称为“神足第一”。传说目犍连对黄泉最感兴趣，见鬼最多。他讲鬼的故事曾经轰动了整个王舍城，搅得释迦师也不得安宁。有一次目犍连到罗阅城化缘乞食，途中遇到婆罗门教在家修行者梵志（婆罗门），受众梵志殴打，回家不久就死去。

阿那律，也名“阿尼律陀”，意译“如意”、“无贪”。据载与释迦是同乡，迦毗罗卫国人，甘露饭王之子，释迦牟尼的另一堂弟。相传他出家伊始，懈怠贪睡，受到堂兄的斥责，于是发誓改掉贪睡恶习，勤勉精进，通过努力修习，获得了具有穿透识别能力的特异功能“天眼通”，被称为“天眼第一”。

须菩提，又作“须浮提”、“苏补底”，意译“空生”、“善吉”、“善现”、“妸生”。古印度拘萨罗国舍卫城人，长者(商界头领)之子，婆罗门种姓。传说他能深入理解佛法的空义，在祇园精舍是佛陀的有力助手，被称为“解空第一”。

西藏地区释迦牟尼佛像

富楼那。“富楼那弥罗尼子”的略称，意译“满慈子”。释迦牟尼父亲净饭王的迦毗卫国国师的儿子，婆罗门种姓。据说他对佛陀的教法也是理解甚深，又擅长于音乐吟诵，有讲解佛教义理深入浅出的本领，用很好的口才在全国到处游说讲法，被称为“说法第一”。

迦旃延，旧译“迦旃子”、“迦旃延子”、“迦多衍那”等。也作“摩诃迦旃延”、“大迦旃延”。西印度阿槃提国婆罗门家庭出生，原为外道弟子，后改从师释迦，相传迦旃子善说法相，往往独发奇论，颇有新意，而且还有先知先觉预测未来的本领，被称作“论议第一”。

优婆离，又作“优婆利”、“优波离”、“邬波离”、“优波利”等，意译“近取”、“近执”。释迦佛同乡，宫廷理发师出身，首陀罗种姓。悉达多王子出家时就跟随着王子。据说他精通戒律，守戒极严，从不触犯，被称为“持律第一”。第一次结集时，优婆离被指定负责记诵戒律的工作。

罗睺罗，亦译“罗护罗”、“罗怙罗”，意译“覆障”、“障日”、“执日”，也称“罗云”。他是释迦牟尼未出家时和夫人耶输陀罗所生的儿子。释迦出家成道后回到家乡，将15岁的儿子度化为僧，据说这是佛教有沙弥之始。据说他有超人的能力，又“不毁禁戒，诵读不懈”，称为“密行第一”。

从以上的介绍我们可以看出释迦的十大弟子大部分是婆罗门贵族或刹帝利贵族，就是下层种姓出身的优婆离也是和宫廷有密切的联系，属于宫廷的一员仆人。因此可以说释迦牟尼所建立的教团的主要上层力量是由当时古印度的统治阶级上层人物组成，十大弟子掌握了佛教僧团的主要领导权。

(黄夏年)

④ “外道”是什么意思？“六师外道”指的什么人？

佛陀生活的时代类似我国春秋末期，当时在古印度思想界呈现了百家争鸣、学术繁荣的局面。有很多宗教和学说同时存在。佛教把那些不相信佛教的其他宗教和学说贬称为“外道”，意谓“心游道外”，也称“外学”。据说共有“九十六外道”，见解有“三百六十三见”。实际上并没有这么多的数目，具有代表性，并且有文献可考的有“六师外道”。

1. 以阿耆多·翅舍钦婆罗为代表的顺世论先驱之一流派。顺世论是印度古代唯物主义思想派别，意思是“流行在人民中间的”。这派承认世界的基础是物质，构成物质的元素是地、水、火、风，“大种为性，四大种外，无别有物”，并认为一切有情均由四大和合而生，“人依四大种所成，若命终者，地还归地身，水还归水身，火还归火身，风还归风身，诸根归入空虚”。他们否定永恒的、无所不在的灵魂存在，认为灵魂只是肉体的属性，“身坏命终，断灭消失，一无所存”。坚持感觉经验是认识的惟一来源，除知觉外，其他的证明都是可疑的。在社会伦理方面，顺世论反对轮回、业报、祭祀、苦行，痛斥婆罗门教以及其他宗教教条都是骗人的东西，世上根本没有天堂，也没有最后解脱，那些祭祀等种种仪式只不过是用来谋生的手段而已。因此他们主张种姓平等，强调幸福既不在天堂也不在来世，只能是今生。佛教称他们是“现世涅槃论”者。这一派的理论主张反映了广大下层人民的要求，在当时农村公社的商人、手工业者、农民以及其他下层人民中间有重要的影响。

2. 尼乾子·若提子，耆那教传说中的创始人。原名筏驮摩那，号称“大雄”。据说是古印度毗舍离城王族之子，刹帝利种姓。三十岁出家，苦修十二年成道，七十二岁死于白婆。大雄主张世界是由多种原素所构成。这些元素又可以划分成灵魂和非灵魂两种，地、水、火、风和动植物是灵魂的寓于之所；由原子复合成的物质及使事物运动的条件、静止的条件、时空等不定形物质是非灵魂的现象。灵魂的本性是无限清净的，由于受到了身体躯壳的包摄，而不能显露出来。人身是由细微的物质“业”组成的，所以人的现世一切均由前世“业”所决定的，为了求得最后的解脱就必须摆脱“业”的束缚，所依靠的手段只能通过正确学习、理解教义，正确信仰经典以及奉行戒律的一系列宗教修持。因此，他们主张灵魂解脱，业报轮回的理论，奉行非暴力和苦行主义的宗教实践。这一学派在一定程度上反映了武士贵族和商人要求摆脱婆罗门（祭司，印度古代种姓制度中的最高阶层）统治的愿望。代表了新兴的经济地位上升，种姓较低的阶层的利益。

3. 婆浮陀·伽旃那（其中婆浮陀是名字，伽旃那是族姓），创七原素说。这派认为世界上的各种个体都是由地、水、火、风、苦、乐及灵魂（命）七种原素组成。这些原素并非被创造出来，或由任何东西生出来的，它们原来就存在，同时也不创造或生出新的东西，它们永不转变，互不接触，不发生影响。人类只是这些元素单纯的集合体，没有其他的成分。婆浮陀的世界观和认识论，在印度后来一般被称为“积集说”。

宁波宝庆寺

4. 富兰那·迦叶出

生于奴隶家庭，他的学说在汉译佛经里称为“无因无缘论”。认为世界上一切事物的产生和发展都是偶然的。富兰那因生活在社会最底层，切身的经历使他体会到统治阶级的残暴、贪婪和婆罗门教的虚伪，因此对社会上的一切宗教道德都表示了怀疑和否定。他攻击统治阶级，公开宣称“使用暴力不以为罪”，反映了一部分被压迫和被剥削群众的反抗意识。

5. 末伽梨·拘舍罗是属于耆那教的分支“生活派”的领袖，出身下层社会。他建立的“生活派”奉行“严格遵守生活法规”，在汉译佛经里称为“邪命外道”，其他教派贬称是“借行道以谋生活者”。拘舍罗主张世界由灵魂、地、水、火、风、虚空、得、失、苦、乐、生、死等十二个元素构成。其中虚空是十一个元素存在的场所，地、水、火、风是物质界，苦、乐、生、死等是精神界，而灵魂则既存在于物质中，也存在于有生命的动植物里。各种元素构成一种自然的、机械的、无关系的结合形式。他还认为世界上的诸事诸物都必然要受到命运的支配，因此在命运的锁链中，人的意志是无能为力的，人们只能消极无为，听从命运的安排。这种宿命论的思想反映了处于婆罗门教桎梏下和奴隶主残酷统治下的悲观失望，对生活丧失信心的一部分下层群众的看法，在印度孔雀王朝时期，这支教派一度影响很大。

6. 散若邪·毗罗梨子，一个毗罗梨部族的著名思想家，持怀疑论和不可知论者。他认为世界上的一切事物及其真理都是不能肯定或所断言的，我们对世上的诸事可以说有，也可以说非有，可以说亦有非有，也可以说非有非非有。因为这种学说界限非常模糊没有定论，所以佛教称之为“难以捕捉的鳝鱼学说”。这些学说既反对婆罗门教的神，又反对顺世论的无后世说，代表了当时印度社会等级中的从吠舍种姓大量分化出来的人的社会倾向和利益。

六师学说的出现标志着当时社会人们的旧信仰动摇，这是社会矛盾激化和深刻变化的结果。这些学说在当时有一定的进步意义，冲击了旧的传统观念，解除了束缚人们的精神枷锁，但是由于种姓制度的社会历史局限，使它们不可能彻底摒弃或摧毁旧的传统观念，也提不出来正确的主张，最后除耆那教外，其他各师逐渐湮灭无闻。

(黄夏年)

5 佛教是什么时候传入中国的?

人们一般都知道中国的佛教是从印度传入的，那么，佛教是什么时候传入中国的呢？对于这个问题，历史上有许多种不同的说法，下面略举一二。

一种说法是，在三皇五帝时中华古人就已知道佛教了。其根据是晋人郭璞对《山海经·海内经》所作的注释。此种说法的谬误，明眼人一眼就可以看出。三

河南南岳大庙

皇五帝只是中国古代传说中的人物，据现代史学家考证，可能是中国原始社会的部落酋长，被后代神化而流传至今。即使三皇五帝确有其人，距今至少也有四五千年了，那时佛教的创始人释迦牟尼还没有诞生，怎么可能有佛教，又怎么可能传到中国呢！

另一种说法是，中国在周朝昭王时已经知道佛陀了，当时称为“圣人”。甚至说周时印度已有僧人来华传教。通过对佛陀生卒年的研究，证明此种说法同样不可信。后人又根据这一说法造出了“老子化胡”的故事，就更加荒诞不经了。

又有说孔子所说的圣人就是佛陀的，也就是说佛教在孔子时已传入中国，或至少已为中国人所知。此说的根据是《列子》。《列子》是部寓言集，书中所说不能视为真有其事。当时的政治与外交，限于周朝内部诸侯国之间及周围的一些小国（相当于部落），中国还不可能与印度诸国有什么来往。

东晋时人王嘉《拾遗记》认为，在战国末期有道人来自印度，到燕国首都传教。这一说法也是很难站住脚的。战国末期佛教主要活动于印度，还没有广泛传播国外，是不可能传到中国的。

南北朝时，盛传在春秋末年就有阿育王派来的鬼神在中国修造佛塔。这是明显的迷信传说，没有什么根据。

另外，还有秦始皇时有外国僧人来华传教的说法，汉武帝时已知佛教，汉成帝时刘向发现佛经等种种说法。这些传说都缺少可靠的资料来证明。

那么，佛教到底是什么时候传入中国的呢？国内学者一般主张是在两汉之交。西汉时，我国通向西域诸国的丝绸之路已经开通，相互之间的政治、经济、文化交往频繁；而佛教的势力也从印度本土扩展到大夏（阿富汗）、安息（伊朗），佛教通过来华的商人、使节等传入中土是很自然的。我国史书中有大月氏王使者伊存口授《浮屠经》（浮屠，佛陀的异译）的记载，有楚王刘英奉佛的事迹，还有明帝感梦遣使求法的传说。这些记载有些可能有夸张，有些是虚构，但总的来说是可靠的，说明佛教在东汉之初确已传入中国。

（黄燕生）

⑥

最早到中国传教的印度和尚是谁？最早的汉僧是谁？

根据梁慧皎撰《高僧传》，最早到中国传教的印度和尚应为摄摩腾。摄摩腾又作“迦叶摩腾”、“竺摩腾”，简称“摩腾”。本为中天竺人，熟悉并能讲解大小乘经典，长年在外游方讲学。他曾到附庸于天竺的小国讲《金光明经》。其时正值敌国入侵，摄摩腾临危不惧，说能讲授佛经的人受地神保护，能够安居乐业。他冒险前去劝和，使二国弃戈交欢。由此摄摩腾名声大振。汉明帝永平年中，明帝因梦金人遣使求法，使者蔡愔、秦景去天竺寻求佛法，得遇摄摩腾，邀他同赴汉地。摄摩腾不顾疲劳艰辛，步涉流沙，来到洛阳。他是中国历史上第一个佛僧，也是第一个来自天竺的佛僧，《高僧传》称他为“汉地有沙门之始。”

汉族最早的出家僧人应推严佛调。严佛调，临淮(今安徽泗县东南)人。生性聪颖，敏而好学。他与安玄共译佛经，安玄口译梵文，严佛调记录，译文义理清楚，文字简洁流畅，佛经的思想宗旨全都翻译过来。后世道安曾称赞严佛调译经“省而不烦，全本巧妙”。当时的人都说严佛调与安世高、安玄三人的译经没有后人能超过，“号为难继”。严佛调还撰写了《沙弥十慧章句》，是最早的中国佛教著作。

(黄燕生)

⑦ 白马寺是中国最早的寺院吗？

去过洛阳的人大概都还记得，在洛阳之东十二公里处有一座古刹，掩映在郁郁葱葱的松林古木之中，雄伟的殿堂，高耸的宝塔，给人留下难忘的印象。这就是著名的白马寺，素有“中国第一古刹”之称。它坐落在北邙山下，洛水之旁，俯瞰着中原大地，在铜钟木鼓声中，送走了一千九百多个寒暑。

白马寺的建立与汉明帝刘庄有关。前面已经介绍过汉明帝因梦见金人而派使者去西方求法。据说蔡愔、秦景等人在大月氏得遇印度高僧摄摩腾、竺法兰，取得佛经，并邀同来中国。他们以白马驮经，越葱岭，穿流沙，于永平十年(68)回到国都洛阳。汉明帝对二位印度高僧极为敬重，亲自接待，并将他们安置在鸿胪寺暂住。鸿胪寺是当时掌管外交事务的官署。明帝于第二年命人在当时的洛阳城西修建僧院，以驮经的白马和鸿胪寺的“寺”字命名，建立了中国的第一座佛寺——白马寺。

关于白马寺名称的由来，另有一种说法。大意是，从前一位印度国王进行毁佛，国内仅剩一名为“招提”的僧院未及损毁。夜间国王睡梦中见一匹白马绕塔悲鸣不已，国王大受感动，以为是神灵启示，于是决定停止毁佛，并将“招提”改名为“白马”。第三种说法故事发生在中国。明帝遣使取回佛经后，开始兴建佛寺。最初取名为“招提”。后来有人打算毁佛，因夜梦白马绕塔悲鸣而打消了念头，并将招提寺改为白马寺。也有说是明帝夜见白马悲鸣而改招提为白马寺的。这几种说法不无根据，因为在印度、中国都有不少寺庙名为白马寺。实际上，洛阳白马寺最初不一定是这个名字，因为较早的《四十二章经》、《牟子理惑论》都没有提及。寺院最初的面貌也不一定是今天这个样子，但它确实是我国汉地最早的佛寺。

湖南南岳藏经殿

据载，白马寺建成后，已学会汉语的摄摩腾、竺法兰便在此处译经，译出了《四十二章经》等。汉明帝对所译之经十分珍爱，敕令藏于皇室图书馆——兰台石室。他们所译的经典，特别是《四十二章经》对佛教在中国最初的传播起了很大的推动作用，因此后人称摄摩腾东来洛阳是“汉地有沙门之始”，尊白马寺为中国释教发源地。

东汉著名的译经僧安息王子安世高、月氏人支娄迦谶等据传都是在白马寺从事译经活动的，与他们同在洛阳译经的还有竺佛朔（天竺人）、安玄（安息人）、支曜（月氏人）康孟祥、康巨（康居人）等。西晋时白马寺仍是我国重要的译经场所，被称为“敦煌菩萨”的竺法护就曾住于白马寺。北魏时的印度僧人佛陀扇多，也曾在白马寺译经。总之，白马寺在中国佛教的发展中起过很大作用，占有重要地位，是中国佛教最早的历史见证者。

（黄燕生）

8

汉明帝派使者到印度求法的说法可信吗?

综观历代佛教史书,都有东汉明帝在永平年间因梦见佛而派使者到西方求法之说,多数人都以此为佛教正式传入中国的开始。现在先让我们看看这段传说。

《后汉书·西域传》记载,明帝夜里做梦,见到一个金人,身材高大,头顶有光芒射出。早上向群臣打听,有大臣说此金人就是西方的神,叫做佛。明帝于是派使者去天竺求佛法,在中国画佛造像,兴建佛寺,此寺即白马寺。东汉时期的《四十二章经序》中也有这段传说,可说是最早的记载。有的书中明确说使者为张骞、秦景、王遵等,他们于永平七年(64)出发,历尽艰辛,来到大月氏,写取《四十二章经》而归。《牟子理惑论》、《魏书·释老志》、南齐王琰的《冥祥记》等都有类似的说法,并在情节上有所发展。于是明帝感梦求法成为定论。那么这种说法可信吗?

汉明帝的异母弟楚王刘英奉佛,得到明帝的首肯,并专门下了诏书,这是有正史记载的,发生在永平八年(65)。由此可知明帝对佛教是有所了解的,也很赞赏,他派人去西域求法是很可能的。东汉以来中国与西域一直来往,交通没有中断过,具备西行求法的条件;佛教传入后,明帝开始在汉地兴建佛寺也是顺理成章的事。因此我们认为明帝求法说的基本情节是可信的。不过有些情节是后人

印度阿旃陀石窟

虚构的，不可信。如张骞是西汉时人，不可能出现在东汉的政治、外交舞台上，派去的使者到底为谁，现缺乏资料，无法断言。释迦牟尼在世时并没有佛像的制作，佛像的出现是公元1世纪后期的事。因此传说中的从西域取回佛经并带回佛像，又在洛阳绘画佛像是不可能的。这在早期的记载中也没有，显系后人所加。东汉以后，关于明帝求法的传说越来越神，这是为了抬高佛教的地位，吸引信众有意加上的，已经失去了历史价值。

（黄燕生）

9

《理惑论》的作者牟子确有其人吗？他的佛教见解是什么？

南北朝时期的陆澄所著《法论》一书中录有牟子所撰《理惑论》。该文详细记载了汉明帝遣使求法的传说，反映了东汉末三国初期佛教在中国传播的情况，以及当时中土人士对佛教的理解，因此受到中国历代学者的重视，是研究早期佛教的必读之书。

《牟子理惑论》的作者署名“苍梧太守牟子博”。根据《三国志》等史书，当时苍梧并没有姓牟的太守，可能是后人搞错了。也有的史书断定此书的作者是汉章帝时的太尉牟融。不过牟融生活在东汉初年，而据《牟子》自述，作者生活于东汉末年，二者不是同一个人。我们现在还弄不清作者的名字，也许有另一个牟融，字子博。不论作者是谁，从文章的风格和内容来看，此文作于东汉末或三国初是毫无疑义的。

《理惑论》的“理”是动词，意为分析和解答对佛教义理产生的疑问。文章以问答体阐述了作者的主张。问者为儒士，答者为牟子。通过全文可以看出作者的基本主张是佛教与道家、儒家是一致的，与中国封建社会的传统思想并无根本的对立。《理惑论》对佛陀的解释，使用了不少中国儒道常用的词汇；对佛的神通的描述，有如黄老神仙家所说的“真人”，如他能够“蹈火不烧，履刃不伤”等等。又用中国古代对圣贤的描述来说明佛的三十二相、八十种好，并说佛是一

广东乳源丹霞山

种谥号，一如三皇五帝之称号，这是用儒家观点来理解佛了。在解释佛教教义时，作者也是用儒道思想来说明的。如用“无为”、“道”解“涅槃”，说佛教崇尚无为，并说“人道法五常”等等。五常就是仁义礼智信，是儒家基本信条。在牟子看来，佛教与儒学作用相同，可以用来“事亲”、“治民”、“治身”。这与佛教本来的教义相去甚远，可以说是完全走了样。佛教基本上是出世主义的，通过修行，摆脱烦恼，进入神秘的涅槃境界。佛教徒讲求无父无家，无国无君，这在中国儒者看来，是不孝不仁不忠不义。对此，牟子不得不作出解释。他以“见其大不拘于小”来解决两种思想体系的矛盾，能够成佛就是仁孝，是最大的仁。对佛教的因果报应、轮回转生说，牟子用中国人对灵魂的迷信来解释，鼓吹行善绝恶。中国传统思想主张节俭，牟子说“布施”并不违背儒家的原则。牟子还说佛僧的戒律与中国“古之典礼无异”，信奉佛教，并不意味着背离儒家。虽然牟子认为佛教等同于儒道，但儒道之间又有高下。牟子把佛经比作五谷，儒家五经只是由五谷产生出来的五味，低于佛经。牟子自叙读佛经后，“如开云见白日”，从此立志研习佛理。

牟子对佛教的理解，反映了当时人们对佛教的理解。他们是用中国传统的观念来看待佛陀及其教义的。牟子的这些解释在我们看来都很勉强，不能准确地表达佛教的原义，但在当时却起了很大作用，帮助佛教在中国扎根。

(黄燕生)

10

东晋道安和尚有哪些事迹？

东晋的一代名僧道安(312—385)，在中国佛教史上占有重要的地位。他的一生很曲折。据梁《高僧传》，道安出家前姓卫，为常山扶柳(今河北冀县)人。祖先为大儒世家。他很小的时候便失去了双亲，由表兄孔氏抚养成人。道安天资聪颖，七岁便能读儒家的书，过目成诵。十二岁时出家，因为相貌丑陋，得不到师傅的重视，被派去田里干农活。这样干了三年，一直都勤勤恳恳、毫无怨言。他在学业上很努力，从未缺过一次斋戒。几年之后才求师借阅佛经，师傅借他一卷《辩意经》。道安带经下田劳动，当天全部背诵下来。晚上又向师傅索阅其他经典。师傅又借他一部《成具光明经》，他当晚即能背诵，一字不差。师傅大为惊异，从此另眼相待。道安二十岁便受具足戒并得到师傅的允许可自由出外游学。道安游学到了后赵都城邺(今河北临漳)。其时石虎在位，尊佛图澄为“大和上”。道安在邺都的中寺遇到佛图澄，得到佛图澄的赏识，两人交谈终日，话语十分投机。有人因其相貌不扬而轻视他，佛图澄说：“此人有见识，不是你们所能比的。”道安从此拜佛图澄为师，研究禅观之学，同时也研究般若学。佛图澄每有讲授，道安都能复述一遍。有人对他的复讲提出疑难，他都能解答。当时的人都说：“漆道人，惊四邻”。隋唐以前，佛教僧人被称为“道人”，道安肤色黑，因此被称为“漆道人”。

东晋永和五年(349),即佛图澄死后的第二年,石虎死,后赵大乱。道安避乱来到濩泽(今山西阳城)一带,从竺法济等人受学,撰写了《阴持入经》注释等。这时他已是声名卓著,影响很大了。两年后,民族纷争复起,中原大乱。人们互相杀掠,饥而食人,田园荒芜瘟疫四起。道安转至飞龙山(今山西浑源西南)避难,同行者有竺法汰。在飞龙山遇到释僧光。两人相见恨晚,共同研究佛理。几年后,道安来到太行恒山(今河北阜平北)立寺塔传教。又过了二三年,道安回到邺城,住于受都寺,在此传教。这时道安已成为拥有数百徒众的僧团领袖。不久,道安又因战乱转至邺西北的牵口山,从此处又率众入王屋女林山(今河南济源西北)。到了公元365年,道安率众南下襄阳。行至新野,命竺法汰带一路人去杨州(今南京)传教,法和去四川,自己则带慧远等人直抵襄阳。

道安在襄阳住了约十五年,先居于白马寺,后另建檀溪寺。北方的战乱,僧团不断为避难流徙于各地,使道安认识到"不依国主,则法事难立"。因此到襄阳后,广交名人高士,与当地的官僚士大夫建立了密切的关系,能够享受到与王公一样的俸给。当时南方谈玄说理之风盛行,道安迎合这种风气,大力宣讲般若经典,深入研究佛教义理,搜集、整理其他经典。另一方面,注意培养弟子,向社会广泛传播佛教。在襄阳的十五年,是道安一生中最有建树的时期。

东晋孝武帝太元三年(378)春,前秦苻丕攻打襄阳,镇守襄阳的朱序将道安拘留起来,不得擅自离开。此间道安为保护弟子,再一次分张徒众。第二年苻丕攻陷襄阳,俘获朱序,并将道安等人一并送到长安。前秦国主苻坚十分敬重道安,把他视作"神器",请为上宾,以辅助治国。道安被安置在长安五重寺,有僧徒数千人,成为实际上的前秦佛教领袖,

甘肃甘谷永明寺传诫法会

同时又是苻坚的高级政治顾问。苻坚打算南下灭晋，遭到道安的劝阻。道安并劝苻坚实行仁政，以“文德”感化新征服的百姓。公元 385 年道安在长安去世。

道安辗转南北，为佛教在中国的发展奉献出毕生精力。道安重视传教，有弟子数百人，其中著名的有释法和、竺法汰、慧远、僧䂮、僧叡等。这些人在佛教、佛教思想的发展上都起过重要作用。道安几次分张徒众，有的入蜀，有的去到东南，或居庐山，或住荆州，大江南北，到处都有道安的弟子。

道安之前，佛僧戒律很不完备，而徒众猛增，僧团内部出现了不少问题。道安为此制定了“僧尼轨范”，内容包括讲经说法的仪式和方法，关于日常修行、食住的规定，及每半月举行一次的说戒忏悔仪式、夏安居结束时举行的检举忏悔集会的规定。道安制定的戒规，对后世影响很大。宋代人称“凿空开荒，则道安为僧制之始也”。道安在长安时主张佛教僧徒不用俗姓，以“释”为姓，起到了增强佛教僧侣的宗教意识、巩固僧侣集团统一的作用。

道安尽管屡屡迁徙，生活极不安定，仍主持翻译了大批经典，前后共译出约 14 部 183 卷，“百余万言”，其中大部分为小乘经典。译经的同时，道安着力研究和宣传大乘般若学说，各种著述有 48 种之多。为便于中国人理解，道安使用了不少儒、道，特别是老庄玄学的语言、概念来阐释佛教教义，建立了“本无宗”的般若理论体系，是当时影响最大的一个学派。

道安是中国佛教史上最早系统地编纂经录的佛教学者。东晋时期，外国僧人和汉僧翻译的佛经越来越多，在社会上广为流传。但这些译经质量参差不齐，有些是同本异译，有些失去了译者姓名和翻译年代，还有些是中国人托佛陀之名编造的，被称为“伪经”。道安组织人手对流传的各种手写佛经进行整理、编目，并总结了几百年来译经的经验和教训。他编的经录，后来被称作《综理众经目录》（或《道安录》、《安录》）。此书现已亡佚，但从梁僧祐的《出三藏记集》可以了解其主要内容。《安录》对后世影响很大，为中国佛教目录学奠定了基础。僧祐以此录为基础扩编为《祐录》（即《出三藏记集》）。

总之，道安学识渊博，视野宏远，敢于创新，建树颇丰，是早期中国佛教史上最重要的人物之一，为中国佛教的发展作出了卓越的贡献。

（黄燕生）

11

东晋和尚慧远为什么著文提出沙门不应礼敬帝王？

慧远(334—416)，俗姓贾，雁门楼烦(今山西宁武附近)人。他是中国历史上一位很有特色的佛教领袖和佛教思想家。他的影响是多方面的，这里着重从他有关沙门不敬王者的思想方面作一个介绍。

佛教从东汉初年传入中国，到慧远生活的东晋时代，已有三四百年的发展历程了。随着佛教在中国的逐步传播、发展，它与中国社会某些固有的文化传统之间产生的矛盾、冲突，也逐渐明显和尖锐起来，其中一个非常突出的焦点就是：佛教僧侣(沙门)应不应该礼敬帝王？按照佛教的主张，世俗社会包括家庭在内是形成痛苦、烦恼的原因，僧侣出家修道，超出世俗一切礼法道德约束，对任何在家的人(包括帝王、父母)一概不称名，不跪拜，只合掌致敬，不仅如此，还可以接受在家父母的礼拜。这就同中国固有的封建纲常名教发生了严重的矛盾，尤其是极大地触犯了封建帝王的绝对权威，势必引起统治者的不满和责难。慧远所处的东晋时代，就发生了庾冰、桓玄等执政者倡导的多次排佛论战。特别是桓玄，他从历史上追溯说：“从前中国人都不信佛，信佛的沙门都是些来华的外国人。帝王也不和佛教接触，可以对佛教放任不管。现在，帝王亲自信佛，情况不同于以往了，怎么能不使佛教僧侣的礼制有个准则呢？”桓玄还进一步强调，佛教僧侣生长存养仰赖于王侯，难道有受王者的德惠而不行礼敬的么？

慧远身为当代的佛教领袖，他对这个是否应礼敬王者的问题予以高度重视，撰写了《沙门不敬王者论》，全面地论述了佛教僧侣不敬王者的基本立场及其理论根据。

慧远认为，佛经所讲的信佛，有两种情况。一是不脱离世俗社会，在家信奉和传播佛教，二是出家修道。前一种人，当然要遵循礼制敬君尊亲，这也是佛典所教导的。后一种人，不对王者跪拜，但是并不失去敬意。这是为什么呢？因为，在出家修道的沙门看来，众生由于有生命形体、欲望而产生种种的烦恼痛苦，而出家沙门就轻视世俗生活的一切利益，脱离俗世，坚持修行，以摆脱世俗的痛苦，逐步通向成佛的道路。虽然，出家沙门遵循佛教教规，对包括帝王在内的一切世俗人不行跪拜之礼，但只要沙门成全功德，达到了成佛目标，那么，王侯、沙门的世俗亲属以至天下人都会从中得到好处。可见，沙门不处在王侯之位，但是完全有利于王侯的统治，哪里是像桓玄说的受王者恩惠而不能报答王者呢？

慧远反对沙门尽敬王者，主张沙门不应礼敬王者，他的现实目的，说透了，也就是在于争取到沙门不敬王者的特殊礼遇，以便获得国人对僧侣的特殊尊重，更有效地发挥佛教的特殊社会政治影响，同时也为佛教自身的发展开辟更加广阔的道路。

江西靖安宝丰禅寺

峨眉山报国寺

慧远不仅限于论证沙门不敬王者这一个具体问题，而且从佛教与王者利益和世俗纲常名教根本一致这一基本立场出发，为佛教一系列特殊礼制作了有力的辩护。比如，沙门使用袈裟、钵盂和沙门右袒（袒露右胳膊），都是沙门区别于世俗的特殊礼制，有助于沙门虔诚修行、不断精进，也有助于宣传佛教，吸引人们皈依佛教。这样做的结果，虽然在形式上与世俗纲常名教相背离，但是本质上还是完全维护世俗统治者的利益，因而也是符合纲常名教的，用慧远自己的话讲，叫做“出处诚异，终期则同。”

佛教发展到东晋时代，已获得相当高的社会地位。朝廷许多权贵，都纷纷站在慧远一边，反复证明不能令沙门礼敬王者的道理。桓玄后来也放弃了自己的主张，容许沙门不向王者致礼，与慧远的主张达成了妥协。慧远敢于面对现实，积极回答现实的挑战，比较成功地解决了沙门不应敬王者这样的尖锐问题，为佛教与中国固有传统文化的融合，起到了十分重要的作用。

（何云）

12

中国古代最著名的四位译经家是谁？

中国佛教史上有很多有名的译经家。其中最著名的有：鸠摩罗什、真谛、玄奘和不空，号称“四大译经家”。下面逐一简单介绍。

鸠摩罗什（344—413），略称“罗什”。后秦时的僧人。出生于西域龟兹国（今新疆库车），七岁跟随母亲出家，开始学习小乘佛教，以后遇莎车国大乘名僧，改学大乘。他广泛阅读大小乘经论，闻名西域各国。前秦建元十八年（382）吕光破龟兹，以龟兹王女妻罗什。前秦太安元年（385）罗什到凉州。后秦弘始三年（401）后秦王姚兴派人迎他到长安（今西安），请他住进西明阁及逍遥园，待以国师之礼。从这以后的八年内，与弟子一起系统地翻译介绍了龙树中观学派的著作，如《中论》、《百论》、《十二门论》、《大智度论》，还有《成实论》、《大品般若经》、《法华经》、《维摩诘经》、《阿弥陀经》、《金刚经》等。这些经论后来都成为中国佛教宗派的依据的重要著作。罗什在翻译文体上一变过去朴拙的古风，创造出一种读起来使人觉得具有外来语与汉语调和之美的文体，既充分照顾到中国人的语言文字习惯，又力求不失梵文原意，翻译态度严肃认真。他所译的经论，特别为中国佛教徒乐诵，对后来的佛教文学也有影响。

真谛（499—569），是南朝梁、陈时代来华僧人。他本来是西天竺人，中大同元年（546）应梁武帝邀请，来华译经传教。他与弟子共译经论纪传 64 部 270 多

陕西扶风法门寺佛事活动

卷，其中比较系统地介绍了大乘瑜伽行派的思想，所译《摄大乘论》影响最大，是南朝摄论学派的主要理论依据。

玄奘(602—664)，俗称“唐三藏”、“唐僧”。他的西行求法事迹，经过《西游记》等文艺作品渲染，在我国几乎妇孺皆知。他从贞观三年(629)到十九年(645)，西行求法，从长安到古印度，往返五万里，“所闻所履，百有三十几国”，带回大小乘经律论六百多部。回国后在唐太宗支持下专心译经，先后译出大小乘经论共75部，1335卷，其中主要有《大般若经》、《大菩萨藏经》、《解深密经》、《称赞净土经》、《瑜伽师地论》、《大毗婆沙论》、《成唯识论》、《俱舍论》等，他还把《老子》及《大乘起信论》译为梵文，传入印度。玄奘梵文造诣精深，翻译出来的经论非常精确，在他的主持下纠正了旧译的许多错误，后人通常称玄奘主译的经论为“新译”。

不空(705—774)，是唐代密宗的创始人之一。本是狮子国(今斯里兰卡)人，后随师来华。因他有很强的政治活动能力，逐渐获得唐王的信任，历玄宗、肃宗、代宗三朝，备受朝野倾心崇奉。译有《仁王护国经》、《金刚顶经》等大乘及密教经典共77部、1200多卷。

关于“四大译经家”，还有另一种说法，就是以义净取代不空。义净(635—713)，是唐代僧人。他在唐高宗咸亨二年(671)由海路前往印度求法，历时二十多年，游历了三十余国，在证圣元年(695)回国，带回梵本经、律论约四百部，以后一直从事译经，先后译出《金光明最胜王经》、《大孔雀咒王经》、《法华论》等经、律、论共61部，239卷。

(何云)

⑬

梁武帝曾四次舍身寺院为“奴”，他是如何崇佛的？

梁武帝(464—549)，名萧衍，本来是南朝齐代的属官，后来取代齐而自立，在位时间很长(502—549)，是中国历史上有名的崇佛皇帝。他的崇佛有很多方面，可以列举出早年舍道归佛、大建寺庙、广为布施、举办法会、四次舍身、建立无尽藏(佛教的“钱庄”、“当铺”)、禁断肉食、亲讲佛经和注释佛经等等。

舍身寺院自称为“奴”，这是佛教信徒的一种虔诚奉佛的行为。据史书记载梁武帝一生曾经四次舍身同泰寺为“奴”，分别在梁大通元年(527)、中大通元年(529)、中大同元年(546)和太清元年(547)，每次都由群臣向同泰寺赎钱亿万放还。包括他所舍身的同泰寺，梁武帝修建了许多所寺院，比如大敬爱寺、皇宅寺、智度寺、光宅寺等等。梁代寺院在梁武帝大力支持下，开设“无尽藏”(又叫“长生库”)，兴盛一时，所经营的对象和范围包括社会各阶层和各种货物，比如黄金、牲畜、生活用品，还有苧麻之类的生产资料。

中国汉族和尚素食而不沾荤酒，这是众所周知的，人们很容易误认为这是佛教的一种根本制度。其实，佛教并没有主张绝对素食，梁武帝以前僧人可食“不见、不闻、不疑”为宰杀的牲畜之肉，称为“净肉”。到现在除汉族和尚以外，有的民族和国家的僧人仍可以吃荤。这种汉族特殊的现象，原来是梁武帝在位期间严令佛教僧人“禁断酒肉”的结果。汉族佛教佛事活动中鼎鼎有名的《梁

河北霸州龙泉寺启建“慈悲梁皇宝忏”

皇宝忏》也是这位“皇帝菩萨”创制而成的。可见，梁武帝崇佛给后世中国佛教也带来了一定的影响。

(何云)

14

南朝竺道生在虎丘山向众石说法，“群石皆为之点头”，是怎么回事？

公元4世纪初，各种《涅槃》类经典不断传入，于是讲解《涅槃》，辩论佛性成为南北朝时期一大佛学思潮。而首倡《涅槃》新思想，开佛性讨论之先河者就是竺道生。晋安帝义熙十四年(418)法显将六卷本《大般泥洹经》取回建康(今南京)由佛陀跋多罗(意译觉贤)译出后，竺道生即著《佛性当有论》，极力主张“当果是佛，佛性当有”，“一切众生皆可成佛”。此经中虽然提到一阐提(被认为是断绝一切善根的人)不能成佛，但道生不拘于文字，以全经的基本精神上推论：一阐提既然是“有情”，终究有成佛的可能，便提出“一阐提亦可成

甘肃甘谷永明寺双寺法会

佛”的主张。于是引起佛学界的极大震动，滞守经文的僧众群起而攻之，并以背经离说、违反戒律的罪名将其逐出建康。而道生仍然坚持自己的看法，传说他进入吴中的虎丘山之后，聚石为徒，讲解《涅槃经》，当说到一阐提亦可成佛时，群石皆为之点头。后来道生入庐山居住时，北凉昙无谶译的四十卷本《涅槃经》（即《大本涅槃经》，或称《北本涅槃经》）传到建康，其中果然讲到了一阐提也可以成佛，完全证明了道生的预见。僧众这才佩服起来，认为他是“孤明先发”，后世亦推崇他为“涅槃圣”。南北朝时期的涅槃学由此兴盛起来。

竺道生，本姓魏，钜鹿人，寓居彭城（今江苏徐州市），出身于士族。少时随竺法汰（320—387）出家，从师姓竺。据记载，至受具足戒之年，“器鉴日跻，讲演之声遍于区夏。王公贵胜，并闻风造席。庶几之士，皆千里命驾”（僧祐《出三藏记集》）。道生中年游学，广搜异闻。晋安帝太元末年（376—396）先至庐山，拜僧伽提婆为师，从其学习一切有部经论。后来听说鸠摩罗什在长安译经讲学，便偕同慧睿、慧严、慧观等前往。在长安受到后秦帝姚兴的接见，并应敕与道融辩难，往复问答，所言无不中肯，关中僧众均佩服他的英秀。从此成为罗什门下之“四圣”、“十哲”之一。义熙五年（405）还至建康，住青园寺（后改龙光寺），至宋元嘉十年（434）卒于庐山。

道生一生，从学三家，著述广泛，主要著作有：《维摩》、《法华》、《泥洹》、《小品》诸经的义疏，现仅存《法华经疏》。他还著有《善不受报义》、《顿悟成佛义》、《二谛义》、《佛性当有论》、《法身无色论》、《佛无净土论》、《应有缘论》，以及《涅槃三十六问》、《释入住初心》、《辩佛性义》、《答王弘问顿悟义》等论，现仅存《答王弘问顿悟义》（见《广弘明集》）。道生的学说，是集般若、中观、涅槃二学之大成，除以佛性义著称之外，还主张法身无色、顿悟成佛、佛无净土、善不受报、教法四轮诸义，也对当时和后来产生了重要影响。他的顿悟成佛论，调和儒释两家，认为“寂鉴微妙，不容阶级”，“理归一极”，“理不可分”，故要悟即悟“全理”，不悟即不悟，中间是没有阶段的。后世遂称此顿悟为“大顿悟”，而把支道林的渐进顿悟称为小顿悟。他的教法四轮义，是把释迦说法分为善净、方便、真实、无余四种法轮，开了中国佛教判教的先河。

（吕建福）

15

《西游记》里的唐僧在历史上确有其人吗？他的真实事迹如何？

《西游记》中描写的唐僧在历史上确实存在，他的法名叫玄奘，俗姓陈，本名祎，生活于隋唐时期的600—664年之间。作者吴承恩就是取材他往印度取经求法的历史事迹进行文学创作的。当然，《西游记》是一部小说，玄奘的真实事迹并不像书中所渲染的故事情节。根据历史记载，他的真实事迹是这样的：隋文帝开皇二十年（600）玄奘生于洛州缑氏县东南凤凰谷陈村（今河南省偃师县陈河村），兄弟四人，玄奘最幼。他的二兄长捷早先出家于洛阳净土寺。玄奘到了十三岁，也跟着二兄在净土寺出家为僧。据说他在净土寺听法诵经，好学不倦，尤其对景法师讲的《涅槃经》和严法师讲的《摄大乘论》很感兴趣。隋炀帝大业末年，离开净土寺，随二兄往长安游学，途中得知长安名僧因世乱多避居于蜀地，便转往成都。到成都之后，玄奘拜师求教，潜心学习，而侧重于《毗昙》、《摄论》等。仅仅数年，虽不满二十五岁，而已有不小的名气。唐高祖武德五年（622）在成都受具足戒，二年之后离蜀东下，至荆州第一次独立开讲《摄论》、《毗昙》各三遍。尔后又游学扬州，据说时淮海一带名僧闻风来骤。后来又北游相州、赵州，学习《杂心》、《摄论》、《成实》等。贞观元年（627）到达长安，游学京师诸家。而此时的玄奘，已游学南北，广承诸师，穷尽各说，史书上说他“擅声日下，誉满京邑”。

玄奘三藏法师

但玄奘从多年来的游学听闻中觉得，各地讲论说法颇不一致，尤其他所注重的法相学《摄大乘论》、《十地经论》，讲说各异，不尽统一，因此很想找到答案。此时恰逢印度那烂陀寺高僧波颇密多罗来唐译经讲论。从那里了解到印度有法相学大本《瑜伽师地论》，有法相学大师戒贤，于是决心前往印度求法。当时出国的禁例很严，玄奘正式陈请没有得到允许。贞观三年（629）因发生灾荒，出国禁令比较松弛，玄奘便乘机西行。从长安出发后，为了躲避官府的检查和追捕，昼伏夜行，经兰州、凉州、瓜州，一路结伴而行。而自夜渡瓠芦河之后，孑然只身，越过玉门关、跋涉五烽，度过了“上无飞鸟，下无走兽、复无水草”的茫茫莫贺延碛大沙漠，九死一生，历经艰险，到达高昌首都伊吾城（今新疆哈密县）。在此受到高昌王麴文泰的优厚礼遇，并得到终身供养的请求。但玄奘志在西游求法，再三辞谢。于是在高昌王遣使陪送下经屈支（今新疆库车县）、跋禄迦（今新疆阿克苏）等国，翻越凌山，到达西突厥首都素叶城，这里又得到叶护可汗的通牒信件和陪同使者，顺利通过了笯赤建、窣堵利瑟那以及与印度相邻的迦毕试国，终于进入北印度境。

从此，玄奘遍游五印、广学诸派经论。至那烂陀寺，拜谒戒贤法师，听受《瑜伽师地论》等，历时五年。又从胜军法师学习《唯识决择论》等，历时两年。但这时的玄奘并不局限在法相唯识学说，而广泛学习了与瑜伽行派相对立的《中论》、《百论》学说，以及因明、声明等学说，又学习了小乘有部的《杂心》、《俱

西安大慈恩寺玄奘院

舍》各论，和大众、正量、经部各派的学说，甚至还学习了婆罗门诸派经论，将印度诸派各家学说包罗无遗。当时有羯若鞠阇国戒日王在其都城曲女城设立大会，有五印度沙门、婆罗门、外道等共六千余人参加，有十八国国王到会。大会以玄奘为论主，以玄奘所著沟通瑜伽、中观二说之《会宗论》、破斥小乘般若毱多《破大乘论》之《制恶见论》为标宗，任人破难。但十八天大会结束，竟没有一人敢提出异议。于是玄奘声冠五印，得到大小乘诸派的一致推崇，大乘人尊为"大乘天"，小乘人尊为"解脱天"。其后，玄奘应邀参加了在钵罗耶伽国举行的万人无遮大会，经过七十五日会毕，最后辞别东归，沿原来路线经西域诸国，于贞观十九年（645）正月回到长安。至此玄奘西行求法，前后历时十七年，取回经典520夹657部。

其后，玄奘主要从事翻译，先后在弘福寺、慈恩寺、西明寺、玉华宫等地译经74部，1335卷。所译经论主要以法相唯识学为中心，译出瑜伽行派"一本十支"各论，大部头的如《瑜伽师地论》、《成唯识论》。又译出小乘有部的《俱舍》、《婆沙》等阿毘达摩（论书），还译出各类《般若经》的汇编《大般若经》。玄奘通过翻译法相唯识经论，开创了法相宗，培养了一大批法相学高僧，著名的如窥基、圆测、普光、法宝、神泰等。玄奘一生，为中印文化的交流，为中国佛学的发展做出了卓越贡献，所以他的伟大事迹后世歌颂不绝，更以《西游记》而为中外广闻，妇孺皆知。

（吕建福）

16

禅宗的创立者是谁？为什么把菩提达摩奉为始祖？

禅宗，是中国佛教宗派。因为它主张用“禅定”概括佛教的全部修习内容而得名。

菩提达摩是传说中的禅宗始祖。据禅宗史籍说，他既是西天(天竺)禅宗第二十八祖，又是东土(中国)禅宗始祖。这样，达摩便成了连接西天和东土禅宗的关键人物。其实，大谬不然，因为西天根本没有“禅宗”一说，禅宗是中国独有的宗派。排除这些虚构成分，菩提达摩实有其人。据说他本是南天竺僧人，在南朝宋末航海到广州，又

湖南南岳祝圣寺

广东新兴慧能家乡遗址

往北魏，在洛阳、嵩山等地游历并传禅学。其间在嵩山入少林寺，“面壁而坐，终日默然”，达九年。以后遇到慧可，传授给慧可《楞伽经》（此经与《金刚经》、《大乘起信论》对禅宗有重要影响）。这样，由二祖慧可、三祖僧璨、四祖道信，到五祖弘忍门下，禅宗就分成北宗神秀、南宗慧能。中唐以后，经慧能弟子神会等人提倡，南宗成为禅宗正统，受到唐王室重视，对士大夫和劳动群众都有较大的影响。慧能的门下除神会外，还有青原行思、南怀岳让、南阳慧忠等，以后进一步发展出“五家七宗”，即曹洞、云门、法眼、沩仰、临济五宗（又称五家），其中临济宗在宋代形成黄龙、杨岐二派，合称“五家七宗”。它们与日本、朝鲜的禅宗有着渊源关系。

从历史事实来看，慧能应该是禅宗的实际创立者。在他以前，包括菩提达摩在内的那些人物，都为禅宗的创立在思想上和组织上做了一定的准备，特别是道信、弘忍等作用尤为重要，但是，禅宗在他们这里尚未成为一个强大的宗派，思想理论也未成熟，特征远不充分，所谓某祖某辈的世系也是后人整理附会而成的，并不能完全反映真实的历史。禅宗作为中国土生土长的佛教宗派，它不可能一夜之间忽然崛起，而只能在特定的社会环境中经过长期酝酿和准备，最终形成宗派，获得独立的强大的地位。

（何云）

17

慧能和尚为什么被称为“六祖”？他的事迹如何？

慧能(638—713)，也写作“惠能”。唐代僧人，禅宗南宗创始人，佛教史上称他为禅宗六祖。

所谓“六祖”，是指从禅宗传说中的始祖菩提达摩，下传慧可、僧璨、道信、弘忍，到慧能这里就算六传了。不过，慧能成为“六祖”，这中间是有着一番艰苦曲折经历的。

慧能，俗姓卢，生于南海新兴(今属广东)。三岁丧父，长大靠卖柴养母度日，后来投奔到弘忍门下参学。起初在那里做碓房舂米之类的粗活，并不引人注意。直到后来，弘忍自觉年老，考虑选嗣法弟子，命众僧各作一偈给他看。慧能才得到机会崭露头角。当时，神秀是弘忍门下的第一大弟子，他主张“渐悟”，即认为必须经过长期修习才能达到佛教的觉悟。他作的偈便反映了这一主张：“身是菩提树，心如明镜台，时时勤拂拭，勿使惹尘埃。”慧能主张顿悟，认为只要一旦把握佛教真谛，无须长期修习，就可以突然觉悟。他作的偈是：“菩提本无树，明镜亦非台，本来无一物，何处惹尘埃。”结果，慧能的偈受到弘忍的心许，弘忍把法衣传给了他。由于围绕法衣传承问题，僧侣之间矛盾激烈，慧能迅速返回岭南，隐姓埋名避祸十多年。复出之后，在韶州(今广东韶关)曹溪宝林寺宣传“直指人心、见性成佛”的顿悟主张，与神秀在北方提倡的“渐悟”主张相对，历史上称之为“南顿北渐”、“南能北秀”。武则天和唐中宗都曾召慧能入京，他一概婉拒。去世之后，唐宪宗追谥他为“大鉴禅师”。弟子有神会、怀让、行思等四十多人。弟子法海将慧能说教汇编成书，叫做《六祖法宝坛经》，成为后来禅宗经典。

慧能名为禅宗“六祖”，但是他在禅宗史上的地位却可以说是空前的。他的“识心见性、顿悟成佛”主张确立了中国禅宗的理论特征，根据他的说教汇编而成的《坛经》成为中国禅宗也是中国所有佛教宗派中惟一的由中国人撰写的经典。他所开创的南宗后来成为中国禅宗乃至后期中国佛教宗派中的主流，从这些意义上说，慧能是禅宗的实际创立者。

(何云)

广东广州六榕寺六祖像

广东怀集六祖岩

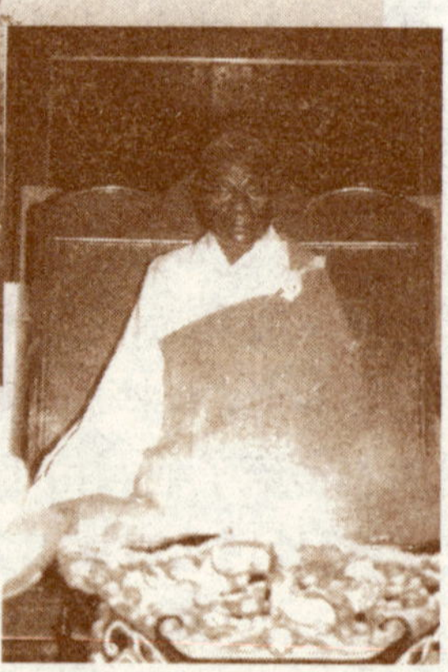

广东韶关南华寺六祖真身像

18

鉴真东渡日本的经历如何？对日本佛教与文化的发展有何影响？

鉴真，扬州江阳县人。俗姓淳于，生于公元688年，当时正值唐开元、天宝盛世。他十四岁出家，曾游学长安、洛阳等地，就学于许多名僧有识之士，不仅系统学习了当时的佛教理论，又广涉建筑、雕刻、医学、书法等学科，获得多方面的文化素养。鉴真后归扬州大明寺(今法净寺)讲经传律，济施贫病，并主持建造多所寺院及众多佛像，积累了丰富的实践经验。在日本僧人来访之际，已是名震一方的高僧，经他授戒的弟子达数万人，门徒遍及江南各地。公元742年，日僧荣睿和普照祈请鉴真“东游兴化”、渡日传律，鉴真不顾年逾五旬，“为了大法，何惜身命”，毅然允诺。自此，开始了历时十二年之久的东渡之举。鉴真一行曾六次起行，然而，或因海上航海条件限制，或因其弟子不忍其以年迈之身涉海东渡，秘密报官，加以阻留，致使前五次受挫。其中最惨重的是第五次失败。748年，鉴真船队浮船不久，便三次遇特大风暴，在海上漂泊数十日，几至绝境，最后漂至海南岛南端振州(今崖县)。一行人越过雷州海峡，辗转广西、广东、江西，经陆路回到扬州。在长期的羁旅生活中，日僧荣睿寂化于端州(今广东高要县)、弟子祥彦身亡吉州(今江西吉安)。鉴真大师本人也因苦心焦虑与奔波劳顿而双目失明。但他毫无退悔之意，东渡之志不移。753年，日本遣唐使藤原清河等人再赴扬州向他致礼，陈述邀其向日本传戒之意。这样，又开始筹划第六次东渡。753

法器磬

年，鉴真与其弟子终于以顽强的毅力战胜了海上的惊涛骇浪，在日本萨摩秋妻屋浦(今日本九州南部鹿儿岛大字秋目蒲)登岸，翌年年初，被迎入日本国都奈良东大寺，终于实现了东传佛法的宏愿。此后，鉴真在日本渡过了一生中的最后十年。他受到日本政府及广大僧俗的欢迎和礼遇。天皇曾诏曰:“自今以后，授戒传法，一任和上”，并授以传灯大法师位。四月，鉴真在昆卢舍那大佛前筑坛为天皇、皇后、皇太子及僧俗400余人授戒，又相继在大佛殿西侧、下野药师寺、筑紫观世音寺建成坛院，称之为“天下三戒坛”，传布戒律，被奉为日本律宗初祖，所建唐招提寺成为律宗大本山。鉴真东渡，促进了日本佛教的发展，其影响还涉及日本文化的各个领域。他带去了大量佛教经典、佛教艺术品及有关雕刻、建筑、绘画、医药、文学、书法等各方面的书籍和资料；其随行人员中除学有专长的弟子外，还有玉工、绣师、画师和雕檀、刻镂、铸写等能工巧匠80余人。实质上，鉴真一行是以僧团组织形式向日本传播盛唐文化的大型文化使团。在雕刻、建筑方面，鉴真于759年建造的奈良唐招提寺很好地体现了唐代建筑、雕刻的最高水平，至今仍被日本视为国宝。唐招提寺雕像以木雕为主，延至明治时代(1868—1911)仍被许多佛像雕刻所模仿，逐渐形成雕刻艺术上的“唐招提寺派”。在医药学方面，鉴真行医治病，传有《鉴真上人秘方》，亲自校正了当时日本草药许多名不副实的错误，日本首任掌管医药的官员都曾随鉴真学习药物学。鉴真去世后，日本药物学界奉他为始祖。直至江户时代（1603—1867），日本包装草药的药袋上，还印有鉴真大师的肖像。在书法方面，东渡携带的各种字帖、经卷一度成为日本书法、印刷的楷模。总之，鉴真东渡在中日文化交流史上写下了不可磨灭的一页。公元 763 年，鉴真病逝于奈良，终年七十六岁，葬于唐招提寺内。每年六月六日鉴真圆寂纪念日时，这座著名寺院对外开放，展出鉴真使用过的法牒、法灯袈裟等遗物。寺内供奉的鉴真干漆雕塑像，被定为日本国宝，受到特别保护，每年只开放三天，供人瞻仰。1980 年 4 月至 5 月间，鉴真大师雕塑像在唐招提寺长老的护送下回国巡展，更进一步加深了中日两国人民的交往与友谊。

(张大柘)

木鱼

念珠

19

唐代到中国求法的日本高僧最重要的有哪些人？他们对日本佛教有何影响？

我国唐朝正值日本奈良到平安朝初期。这一时期是中日佛教交流日益频繁时期。平安政府非常重视汲取唐朝的先进文化，僧人来华游学备受政府的奖励。自唐高宗至唐僖宗的653—882年间，来华日僧有名可考者达65人。平安时代则以天台、真言两宗八位高僧入唐而闻名，即最澄、空海、常晓、圆行、圆仁、惠运、圆珍和宗叡，日本佛教史称其为“入唐八家”。他们归国带回的大量佛典、佛具等编排的目录，称作《八家请来目录》。最澄是日本天台宗开宗大师。近江滋贺郡人。十二岁至近江国分寺拜行表为师，学唯识教义。十四岁出家。785年在东大寺受具足戒。后入比叡山修行十二年之久，建立“根本中堂”（后称“一乘止观院”），修学《大乘起信论》、《华严五教章》及鉴真东渡传入日本的天台典籍，举办法华讲经会等。797年，最澄任内供奉（在宫中给天皇行佛事者）、后任法华讲经会讲师，并得到泛海求法的机会。804年最澄作为“入唐请益天台法华宗还学生”和空海入唐。由天台山修禅寺座主道邃、佛陇寺座主行满传授正统天台教法和大乘菩萨戒，从禅林寺翛然学牛头禅法，从龙兴寺顺晓习金刚界、胎藏界二部灌顶。805年9月，最澄结束了时仅九个月的求法留学生活，携带230部460卷天台、密教经典和大量密教法具归国。于高雄寺设灌顶台传密教，并获准设天台宗“年分度者”，正式开创日本天台宗。818年，最澄

著《山家学生式》上奏朝廷，要求在比叡山设立大乘戒坛，并宣布废除十九岁时在东大寺所受的小乘二百五十戒，意在与奈良六宗诀别。820年著《显戒论》（三卷）从理论上阐述了天台山圆顿戒的宗旨，又著《守护国界章》、《法华秀句》等著作，丰富了日本佛教理论。822年于比叡山去世。后追谥“传教大师”，这是日本赐谥大师号之滥觞。空海，赞岐人，是日本真言宗开山祖。自幼习《论语》、《孝经》等汉文书籍，十八岁深造儒家哲学，汉文造诣很深。804年，空海与最澄同来华游学。历访唐都长安诸寺，拜青龙寺惠果为师，学习真言密宗。惠果很赏识他的才华，传授密宗胎藏界、金刚界两部灌顶及阿阇梨位传法灌顶，并授“遍照金刚”密号。806年，回国后受赐平安东寺和高野山为传教的根本道场，创立日本真言宗，并成为平安佛教代表宗派之一。曾任少僧都、东寺别当、补大僧正位。空海博学多才，是日本历史上第一位掌握梵文之人，其汉文诗也得到日本学术界的很高评价。据传，他的书法曾得到唐德宗的赞赏，授予“五笔和尚”称号。一生著作颇多。其中《秘密曼荼罗十住心论》（十卷）堪称日本最早的一部思想史。《文镜秘府论》详细介绍了唐诗平仄、格律，是研究唐代文化的珍贵著作。828年，空海创建“综艺种智院”（现种智大学前身），在日本教育史上占有重要地位。835年空海去世后赐“弘法大师”称号。838年，天台宗僧圆仁和真言宗僧常晓、圆行、惠运一行奉入唐求法旨意启程远航。圆仁从五台山、长安等地高僧受学显密二教，于847年携佛教经疏500余卷归国，在比叡山弘传密教和天台教义，并先后建灌顶台、总持院、定心院、法华三昧院、常行三昧堂等，殿堂一时达到鼎盛时期，天台宗获得很大发展。卒后受赐“慈觉大师”谥号。其著作《显扬大戒论》、《金刚顶经疏》等，丰富了日本天台宗教理。其旅唐日记《入唐求法巡礼行记》（四卷）详细地记载了当时海上交通、唐内陆交通状况、会昌灭佛实况及天台山、五台山诸寺院盛况，是研究唐代社会诸方面的重要史料。常晓、圆行曾师事空海。入唐后于扬州、长安等地深受密法，对促进日本真言宗发展起了重要作用。惠运在唐留学十年，从长安青龙寺义真受密教传法。归国后建安详寺，弘传真言密教。曾任少僧都、东大寺别当。圆珍是天台宗寺门派之祖。此派曾长期主比叡山教权。853年，圆珍来华游学。五年间学习显密二教及悉昙梵语学。归国后着手再兴天台宗三井寺（园城寺），并于仁寿殿设灌顶坛，清和天皇等达官显贵三十余人入坛。五十五岁时任天台宗座主。死后追赐“智证大师”。归国带

日本天台宗寺院

回的典籍400余部达1000卷，对唐代文化输入日本起了很大作用。宗叡于862年伴同平城天皇之子高岳亲王（真如）来华，在天台山研究教观，得受真言秘法。867年归国，得到清和天皇的崇信。总之，平安时代是日本佛教获得飞速发展的时期。其代表宗派天台、真言二宗的创立和发展，“入唐八家”的高僧起到了决定性的作用。

（张大柘）

20

唐代到中国求法的朝鲜高僧最重要的有哪些人？他们对朝鲜佛教有何影响？

我国唐代正值朝鲜新罗王朝统一三国的前后时期。随着佛教的发展，不少朝鲜高僧在这个时期来中国求法，其中最重要的有：义湘、慈藏、圆测、道证、明朗、惠通、慧超、法朗、神行、道义、体澄、慧昭、惠哲、无染、玄昱、道允、洪陟、梵日、利严，等等。在这些僧侣中，不少人在华期间曾参与玄奘、金刚智的译经事业和唐代宗派的组织活动。许多人回国时带着大量佛教经典和文物，在国内继续从事佛教经论的研究，或者开山授徒，在朝鲜具有民族特色的“五教九山”等佛教宗派的形成和发展中，产生了重大影响。

首先，朝鲜的“五教”即涅槃、戒律、圆融、法相、法性等五宗，与我国教宗法统有密切关系。新罗时期，义湘从唐终南山至相寺智俨学华严宗，回国后建浮石寺。他对《华严经》的研究成绩卓著，并且成为海东华严宗始祖。受唐太宗赏识的慈藏，第一个将佛舍利和佛袈裟传入新罗，新罗王敕为大国统。他整顿僧尼戒律，立僧统制，创议改用唐制冠服，建通度寺和皇龙寺九层塔，成为戒律宗祖师。圆测系唯识学大家，受法于玄奘，从唐太宗受度牒，终身留中国，传印度瑜伽行派安慧一系学说，通晓唯识、俱舍、成实诸学。弟子道证等回国发挥圆测思想，为新罗法相宗奠定了理论基础。明朗是密教高僧，建四天王寺，成为神印宗始祖。惠通在唐从善无畏受密教真谛，于新罗大兴密宗教风，后世认他为真言宗祖师。

慧超在唐从金刚智学密法，所著游历印度的记述《往五天竺国传》是重要的历史文献。

朝鲜的“九山”，即实相、迦智、阇崛、桐里、圣住、师子、曦阳、凤林、须弥等禅宗九山，同样与我国禅宗法统有紧密联系。新罗时期，法朗从我国禅宗四祖道信学法，首先在朝鲜传播道信禅法。其弟子神行受学于北宗神秀高足普寂门人志空，在朝鲜传播弘忍、神秀的北宗禅。道义、惠哲、洪陟从马祖弟子西堂智藏学禅，在朝鲜传播我国的南宗禅。以后，慧昭、无染、道允、玄昱、梵日、利严等，又先后回到朝鲜传播南宗禅法，从而形成朝鲜禅宗。

具体说来，朝鲜禅宗各派的形成和发展，通过来华求法高僧，都与我国禅宗有着直接或间接的关系。新罗高僧洪陟从唐西堂智藏学禅，建实相寺，大兴禅法，形成实相山派。道义也受学于西堂智藏。他通过廉居将禅法传与体澄，体澄在迦智山建宝林寺，大兴道义宗风，形成迦智山派。梵日曾师事于马祖弟子盐官齐安，建崛山寺，门下弟子众多，形成阇崛山派。惠哲初学华严，后从西堂智藏学禅，在桐里山兴起禅风，形成桐里山派。无染从马祖法嗣麻谷宝彻学禅，回国住圣住寺，大力传教，形成圣住山派。道允受学于马祖弟子南泉普原，门人澄晓折中建师子山寺，大兴门风，形成师子山派。慧照从马祖门人神鉴受南宗禅，并将其传与道宪（或作智诜）。道宪此前曾从继承法朗、神行法脉的遵范弟子惠隐受禅。他于曦阳山建凤岩寺，大兴禅法，形成曦阳山派。玄昱从马祖门人章敬学禅，弟子真镜审希建凤林寺，掀起禅风，形成凤林山派。利严在云居道膺门下学禅六年，高丽太祖拜他为师，在须弥山建广照寺，在此传佛法，兴宗风，成为

韩国佛国寺

须弥山石窟佛像

须弥山派的开山祖师。

朝鲜入唐求法高僧不仅对朝鲜佛教的传播和发展起了重大作用，而且不少人致力于算学、历学、医学、律学、文学、建筑、美术、工艺等方面的开拓，对朝鲜文化的发展作出了重要贡献。特别是通过佛教建筑事业，他们使建筑、雕刻、绘画等有了显著发展。堪称新罗艺术精华的庆州吐含山石窟庵、佛国寺多宝塔、释迦塔等，都是新罗统一后建成的。这些伟大的佛教艺术创作，在朝鲜学者看来，既是新罗人富有才华的体现，也是朝鲜入唐求法高僧输入中国文化的结果。

(柳雪峰)

21

中国的哪些佛教宗派传入朝鲜，有何演变？

中国佛教最早传入朝鲜大约在高句丽小兽林王二年(372)，当时前秦苻坚曾遣使及僧顺道送去佛经和佛像。以后，佛教通过高句丽又分别传入百济和新罗。隋唐两代是中国佛教宗派形成和发展的时期。一般认为，当时存在涅槃、地论、摄论、俱舍、成实等学派和天台、三论、慈恩、华严、禅宗、律宗、净土、密宗等宗派。这些佛教学派和宗派，在朝鲜新罗时期和高丽初期，除个别例外，主要通过来华求法高僧传入朝鲜。这也是朝鲜佛教宗派形成和发展的时期。

朝鲜佛教的“五教九山”，就是朝鲜佛教与中国佛教相呼应，在这个时期形成的各种宗派的总称。所谓“五教”，是指五个佛教宗派，即戒律宗、涅槃宗、圆融宗、法性宗和法相宗。各宗始祖相应为：慈藏、普德、义湘、元晓和真表。各宗中心寺院分别是：通度寺、景福寺、浮石寺、芬皇寺和金山寺。所谓“九山”，是指禅宗的九个宗派，即迦智山派、实相山派、桐里山派、阇崛山派、凤林山派、师子山派、曦阳山派、圣住山派、须弥山派。各派祖师分别为：道义、洪陟、惠哲、梵日、玄昱、道允、道宪、无染和利严。各派主要寺院相应是：宝林寺、实相寺、大安寺、崛山寺、凤林寺、兴宁寺、凤岩寺、圣住寺和广明寺。

高丽时期，朝鲜佛教形成“五教两宗”。这个时期，禅宗大扬宗风。大觉国师义天创立了天台宗。这在中国属教宗，而在高丽则为禅宗。原来禅宗的九个宗派

韩国灵鹫山通度寺

合并为曹溪宗。此后，“五教九山”开始改称为“五教两宗”。对“五教两宗”有不同的说法。一种说法是：这时的所谓“五教”，即教宗的五个宗派，已改名为南山宗（戒律宗）、慈恩宗（法相宗）、华严宗（圆融宗）、中道宗（法性宗）、始兴宗。这时的所谓“两宗”，就是天台宗（义天）和曹溪宗（知讷）。

李氏朝鲜初期，高丽时代的“五教两宗”发展为十一宗，即曹溪宗、总持宗、天台疏字宗、天台法事宗、华严宗、道门宗、慈恩宗、中道宗、神印宗、南山宗、始兴宗。太宗即位，实行抑佛政策：合并宗派、减少寺院，僧侣还俗，寺刹土地收归国有，以寺院奴婢补充军丁，严格度牒制，废王师、国师和陵寺制。这时，佛教的十一宗并成七宗，即将总持宗和南山宗并为总南宗，中道宗和神印宗并为中神宗，天台疏字宗和天台法事宗并为天台宗，再加上曹溪宗、华严宗、始兴宗和慈恩宗，共为七宗。世宗当政，变本加厉排斥佛教，把佛教的七个宗派合成两宗，即将曹溪宗、天台宗和总南宗并为禅宗，把华严宗、慈恩宗、中神宗、始兴宗并为教宗。因此，到世宗时期，朝鲜佛教就成为禅教两宗，佛教寺院减到36个。这种佛教宗派的废合并非宗团自愿，而是统治者强制的结果，禅教两宗已不具备宗旨和宗派的特征。不久，在成宗、燕山、中宗时期，朝鲜禅教两宗已被废除。后来，文定王后摄政，两宗复活，但不久又被废除。

朝鲜佛教在近现代又发生了很大变化，以作为禅宗的曹溪宗最盛行。

（柳雪峰）

22

越南佛教有什么特点?

越南佛教主要由中国传入。其发展过程有如下特点:第一,禅宗是佛教的主流,而且皆属临济禅宗。主要有毗尼多流支派、无言通派和草堂派三大系统。毗尼多流支派由印度僧人毗尼多流支创立。他曾师事中国禅宗三祖僧璨,580 年赴越。820 年,中国僧人无言通在北宁建初寺创无言通派,承受慧能、怀让、道一和怀海法系。1072 年北宋云门宗僧人草堂在升龙城(今河内)开国寺创草堂禅派,又称雪窦明觉派,提倡禅净双修。竹林禅派源于无言通派,同属百丈法系,由越南陈朝第三代君主仁宗开创,以弘传中国大慧宗杲的临济禅法为主。15 世纪以后,越南的禅宗逐渐受净土宗的影响,产生了一些主张禅净一致的新宗派。1696 年,竹林派高僧白梅麟角在升龙城创莲宗派,实行临济禅法和念阿弥陀佛的禅净结合,以禅为“佛心”,教为“佛眼”,主张心眼融合弘扬佛教。清代僧人元绍创立的元绍禅派传中国临济禅,宣传禅教一致思想。18 世纪初,越南和尚了观在总结临济宗和元绍禅派教义的基础上,在顺化创建了了观禅派,在中、南部地区影响很大。综上所述,在越南佛教史上,禅宗始终占据着主导地位,几个主要派别皆以弘传临济禅法而开宗立教,除受到净土宗影响外,再无其他禅宗派别和其他宗派产生。这一特点明显地区别于中国佛教和日本佛教多宗派并立的状况。第二,王权和教权的直接结合,是越南佛教的另一特征。从 10 世

越南寺院佛教造像

纪至11世纪，越南经历了吴、丁、前黎王朝的兴亡更迭，而佛僧参政是其共同之处。尤其在丁、前黎二朝尤为突出。丁朝丁部领在执政十年中，尊崇释教。京都立经柱100个，全国建经塔84000余座；定文、武、僧三道品阶；重用无言通派僧吴真流，授"匡越大师"称号，参与朝政。后世越南史学家有称丁朝是"帝僧共治天下"之说。公元980年前黎朝建都，匡越仍受到大行皇帝黎桓的重用，尊为国师。毗尼多流支派僧法顺是开国元勋之一，据称建有御中国宋军于国门之外的大功，受到满朝尊崇。他作为政治顾问，在国政中起着举足轻重的作用。前黎朝后期，国家政治进一步被僧侣、将军掌握，国家律令几乎都由僧侣制定。公元1010年李公蕴建立李朝。以太祖、圣宗、英宗为代表的九代皇帝推崇佛教，其国教地位稳定。仅建寺达11000余座，呈现出"百姓大半为僧、国内到处皆寺"的繁荣景象。太祖自夺取王位至执政的整个时期，都得到毗尼多流支派第十二代僧万行的佐助与辅弼。第二代皇帝太宗尊毗尼多流支派第十三祖惠生为"内宫奉僧"，经常就国政问题向他请教。至三代圣宗尊草堂派开祖草堂为国师，并皈依门下，成为草堂禅派第二代僧祖。其支系经身居参政的吴益和居太傅之位的杜武两代，在宫内流传。此间僧侣掌握着国家大事的决策权及官吏的任免权。寺院拥有大量寺田和寺奴，免缴赋税。僧侣已成为新的封建特权阶层。尔后英宗、高宗也先后皈依草堂禅派，分别成为第三代祖和第五代祖。1225年，陈朝取代李朝。历代十二个皇帝参临济禅，皇族、公卿出家之风甚盛，佛教受到优于前代的保护。1293年，陈朝第二代君主仁宗让位出家，号竹林大士，开创竹林禅派。这是越南和尚自己创立的第一个宗派。从这一意义上说，仁宗可称是越

越南寺院佛教造像

南佛教真正的开山祖。第三，近代以来，僧侣与佛教徒积极投身于人民的解放斗争，这曾引起全世界人民的瞩目。在抗法斗争中，范世龙和尚组织的“越南佛教救国会”，会员达六千人。北部莲宗派教徒在王国正师的领导下，坚持了多年的游击战争，南部宝山奇香教的“平西杀佐运动”（平定西洋军，扼杀基督教）是抗法斗争的重要力量。此外还有：老师弟子团（1908）、活佛弟子团（1913）、净土教团义勇军（1917）等抗法组织。在抗美救国运动中，佛教徒和僧侣开展一系列反美斗争。“六合佛教联合会”曾是越南南方民族解放阵线的成员。1963 年 5 月爆发了声势浩大的抗议美吴集团暴行的示威游行，广德等六位僧尼先后自焚。对此，毛泽东主席和胡志明主席分别发表声明支持越南南方人民和佛教徒的正义斗争。

（张大柘）

23

元代八思巴事迹如何？他对藏、蒙历史文化有什么影响？

八思巴，原名罗追坚赞(blo gros rgyal mtshan，慧幢)，于藏历第四若琼木羊年(1235)生于后藏贵族昆氏(vkhon，《元史》称“款”)家族，是所谓“萨迦五祖”中的第五祖。其父桑查·索南坚赞(zangs tsha bsod nams rgyal mtshan，1184—1239)共娶五妻，八思巴及其同母弟恰那多吉(phyag na rdo rje，1239—1267)系他父亲与第五妻所生。史载，八思巴三岁时，即能念诵咒语，八岁就能背诵《本生经》，九岁可为人讲经。五世达赖阿旺·罗桑嘉措著的《西藏王臣记》中说：八思巴“幼而颖悟，长博闻思，学富五明，淹贯三藏”。由于他聪明绝顶，又出身名门望族，故人们称其为八思巴(vphags pa，“圣者”)。

公元十三世纪初叶，当成吉思汗发兵要大举进攻西藏之时，卫、藏、阿里各地方首领，慑于蒙古军威力，纷纷请求归顺蒙古。而萨迦派的首领则率先从卫藏地区带了许多佛像和经典，到蒙古地区与其联系，恳求归附，这便是藏传佛教传入蒙古地区的开端。

公元1239年下半年，阔端汗派他的部将达尔汗台吉多达那布率兵进藏，驻防拉萨以北热振寺、杰拉康寺一带。他了解到西藏各地的割据势力交错的情况后，认为单靠武力难以控制。于是，在1240年领兵撤回甘、青，并上书阔端汗道：“现在卫藏地方，以噶当派的寺庙最多，分布最广；达垅派教主戒律清整，富有

法师妙华在五台山讲经

德行；止贡派的京俄大师最有法力；萨迦派的班智达通晓‘五明’，声誉最高。”（《西藏王臣记》）因此，建议召见萨班。

公元1244年，阔端汗再次派多达那布和杰门赴藏，函召萨班来凉州商议卫、藏全区归附蒙古的事宜。同年，萨班奉召，率其侄八思巴、恰那多吉，自萨迦起程，那时，八思巴年方十岁，恰那多吉才六岁。一行抵拉萨后，八思巴即从其伯父萨班出家，受沙弥戒，取名罗追坚赞，并被派到往粗朴寺初学戒律后，即同恰那多吉先萨班赴凉州（今甘肃武威）。到达凉州后，遵照阔端指令，八思巴继续学习佛法，恰那多吉则主攻蒙古语。而萨班自己则在沿途停留，跟卫、藏各地方势力领袖人物磋商归顺蒙古事宜。公元1246年，萨班抵凉州，因阔端回和林选立大汗去了，未能相见。1247年阔端返回凉州，方与萨班晤面。萨班代表西藏地方势力，和蒙古王室建立政治上的联系。在阔端和萨班经过磋商，议妥西藏归顺蒙古的条件以后，由萨班写给西藏各地僧俗地方势力一封公开信，劝他们接受条件，归顺蒙古。这封公开信，就是著名的《萨迦班智达贡噶坚赞致蕃人书》，该信收在《萨班全集》里。1249年，阔端将卫、藏的治理权委托给萨迦掌管。从此，西藏地方正式纳入了祖国版图，成为祖国领土不可分割的一部分，萨迦派亦随之取得了在全藏的领袖地位。

1251年，阔端和萨班相继死于凉州。同年，元宪宗蒙哥汗即位于斡难河，将漠南蒙古和汉藏等民族地区划归其胞弟忽必烈总领。西藏原为阔端领地，至是易主，萨迦派在西藏地区的领袖地位亦随之发生动摇。公元1252年，忽必烈率军南征云南大理，取道康区进入西藏，卫、藏各地方势力再次向忽必烈表示臣服，而忽必烈也欲继续阔端选用卫、藏宗教领袖帮助自己进行统治的政策，遂同时遣使召见噶玛噶举派的领袖噶玛拔希与萨迦派的萨迦班智达。其时，萨班已故，阔端之子便以萨迦派的新领袖八思巴应召。1253年，八思巴和忽必烈于开平(今内蒙古多伦)举行了历史性的会见，这就把由萨班、阔端开创的西藏地方与元朝中央在政治、经济上的联系推向新的高度。同年，八思巴给忽必烈为首的二十五人进行了第一次密宗灌顶，忽必烈以西藏十三万户作为供养，并赐各种财物，免除萨迦地方各种差税。八思巴为忽必烈第二次灌顶后，供以“三区”；三次灌顶后，赐给汉地珍器及西域阿阇黎王所分之如来舍利灵骨。可见忽必烈对八思巴是何等的敬重。公元1255年，八思巴二十一岁时，奉忽必烈之命在汉藏交界处从扎巴桑格受比丘戒，不久又回到上都（今内蒙古多伦)。此时，佛、道两家互争优劣，不相退让。是故，蒙哥汉于1258年命佛、道二教在忽必烈前进行辩论。双方各选代表十七人，八思巴也参加了这次辩论会。结果，道教自认失败，道士十七人都削发为僧，若干道观也改成佛寺。

噶玛噶举和萨迦派在康、藏地区各有自己的势力和影响。1253年，噶玛拔希会见忽必烈，他本有同萨迦在蒙古统治者面前争宠之意，乃以萨迦派自阔端时起，即在西藏居于领袖地位，尤其自从八思巴与忽必烈晤面后，一直效忠于忽必烈；而忽必烈也认定八思巴是替他统治藏区的代理人，因此，噶玛拔希又去投奔蒙哥汗，蒙哥赐给他一顶金边黑帽。

蒙哥汗死后，忽必烈自称可汗。其幼弟阿里不哥不服，便举兵争位。因噶玛拔希有投靠阿里不哥之嫌，忽必烈于1260年登帝位后，遂立即决定利用萨迦派协助其统治藏区，并封八思巴为国师，赐玉印。忽必烈先派达门赴西藏，调查户口，确定贡物数量，且在卫、藏、康区及甘、青藏区各地设置驿站。采取这些措施的目的，显然是要为尔后在广大藏区实行建政做准备。

公元1264年，忽必烈自上都迁都到大都(今北京)以后，即于当年在中央设置总制院，授命八思巴以国师身份兼管总制院院务，借以管理全国佛教事务和西藏地方行政事务，从而使他成为中央王朝的一位高级大臣。

1265年，八思巴为了安排西藏地方行政机关，返回萨迦。他除了安排卫、藏十三万户等事务外，也注意扩大自己的势力范围。八思巴返回萨迦后，于1267年，首先推荐释迦桑波为“本钦”，并由忽必烈正式任命，赐予“卫藏三路军民万户”之印，把西藏的行政事务交由本钦总理，宗教事务则仍归国师掌管。八思巴还让其弟仁钦坚赞代理萨迦教主，他本人则再到元朝中央总制院理事。在许多宗教史书上往往记载：元世祖忽必烈把十三万户贡赋封给八思巴，作为“供养”。其实，八思巴并不能把十三万户的收入归为己有，他更没有“教主兼国王”的地位，他只不过是在皇帝的封赐之下，掌握着对西藏名义上的总督权；他的身份不过是元朝中央官职系统中的一名高级僧官。所谓“供养”，也不超出封官赠爵，待以殊礼的范围，绝非把西藏的土地封给八思巴。事实上，西藏和全国其他藏区作为封建社会的一份封地，是另有主人的。

自元世祖忽必烈委任八思巴为帝师，领总制院事以后，不仅在管理佛教寺院僧徒的中央和地方行政机关中，而且在管理广大藏区的行政和军事的中央与地方的行政机关中，均重用藏僧。对于僧人寺院所属土地、人民，又予以免税、免役特权。这就势必增加了僧人的权势，促进了西藏地区政教合一制的形成。

八思巴不仅是大有作为的政治家，而且还是一位著名的语言文字学家。他于1269年(一说1270年)，遵照忽必烈旨令，依照藏文正楷体字形，为蒙古族创制了一套“蒙古新字”，以后的人称其为“八思巴字”(元亡后，八思巴字废弃不用，现在的旧蒙文并非八思巴字)。也有人说，现在的蒙古文是萨班以畏兀儿文为基础所创造，而由蒙古族学者却吉·维赛尔补充、完善的。由于八思巴创制蒙古文有功，忽必烈封八思巴为“普天之下，大地之上，化身佛，护持国政，创制文字，诗人后裔，圣者帝师”的尊号。《元史》说：八思巴的封号是“皇天之下，一人之上，宣文辅治，大圣至德善觉，真智佑国，如意大宝法王，西天佛子，大元帝师”，且赐玉印。

封八思巴为帝师后，忽必烈欲下令全国藏区禁止信奉除萨迦教法以外的其他各派教法。八思巴向忽必烈谏言道：“西藏地方的各个不同教派，虽然信奉的教法各异，但除本波教之外，全都属于佛教一门，并无差别。倘若不许各派自愿奉行其教法，不独有损害汗王陛下的国政及国威，对我们萨迦派亦无助益。所以，请准许各教派有按其自愿奉行教法之权利”。于是忽必烈接受了八思巴的明智建议。八思巴的建议不惟团结了各派信徒，且促进了本民族内部以及其他民族之间的团结，也保持了西藏地方的安定团结，在今天依然具有现实的意义。此外，八思巴还向忽必烈要求免除西藏各寺院对国家负担的捐税及朝廷派出的驿使不要住在沿途的寺院里等等，均获允许。以后，这些寺院特权，就一直延续下来。

佛教圣地五台山

在八思巴时期，祖国内地的印刷、造船、建筑等技术相继传入西藏；而西藏的塑像、造塔等工艺美术亦传入内地。

1276年，八思巴回萨迦，1277 年在曲弥仁摩(chu mig ring mo，在纳塘寺附近)举行有七万人参加的大法会，真金出面，以忽必烈名义作施主，充分显示了八思巴在西藏作为宗教领袖的地位。

八思巴一生的著述很多，计有《彰所知论》、《王统记》等三十余种，均收入《萨迦五祖集》中。他的著作“皆辞严义伟，制如佛经，国人家传口诵，家而蓄之”；尤以《彰所知论》为其主要著作，流传甚广。

公元 1280 年，八思巴殁于萨迦，享年四十六岁。1320 年，元仁宗诏天下各路为八思巴修建“帝师殿”以纪念这位功绩卓著的藏族政治家。

从八思巴的一生，可以看出，他对藏、蒙历史文化，国家的统一，民族的团结，产生过积极的影响，他的功绩将永垂青史。

(李冀诚)

24

为什么说宗喀巴是藏传佛教(黄教)的创始人?

宗喀巴(tsong kha pa,1357—1419),是藏传佛教格鲁派(dge lags pa,黄教)的创始人。他的原名叫罗桑扎巴(blo bzang grags pa,善慧称吉祥),是受沙弥戒时的名称。宗喀巴是后来人对他的尊称,还有的人称他为杰仁波且(宝贝佛爷)。他出生在今青海省湟中县塔尔寺地方。包括西宁、湟中在内的青海东部湟水流域,在吐蕃时期就被藏族称为宗喀。"宗喀巴"原义即宗喀地方的人。

元顺帝至正十七年(1357)他生于一个地方官员的家庭,全家信奉佛教。其父鲁布木格是元朝兼管当地军民政务的官员(达鲁花赤),其母兴萨阿却。宗喀巴有兄弟姐妹六人,他居第四。

他三岁时,正值噶玛噶举黑帽系四世活佛乳必多吉(游戏金刚)从西藏路过青海到北京去,并给宗喀巴授近事戒,赐号庆喜藏。

当年,附近有位著名喇嘛敦珠仁钦(don grub rjn chen),施舍给他父亲许多马羊等财物,请求收宗喀巴为徒,得到应允。从此,直至入藏以前,他依止敦珠仁钦学了很多经论,并且受了密宗灌顶,赐密号顿月多吉(不空金刚)。七岁时,依敦珠仁钦受沙弥戒。

为了进一步深造,十六岁(1372)宗喀巴辞别敦珠仁钦前往西藏。十七岁到达拉萨东面的止公寺,向阿仁波且座前听受大乘发心仪轨、大印五法、那若六法等教法。以后又到拉萨西面的第瓦坚寺(极乐寺),从吉祥狮子和善满听闻经论。又依功德海和乌锦巴为正副阿阇梨学习《现观庄严论》。又依曼殊宝听受《大乘庄严论》及弥勒所造诸论,几年之内学习了许多显密经论。

此后,宗喀巴深入钻研显宗并学习密宗。1385年,宗喀巴二十九岁时,在雅垅之南结拉康从粗赤仁钦受比丘戒。1385年至1392年,宗喀巴在前后藏为人讲经,参访师友,研讨疑义,继续深造,很快完成了对密宗的学习。1393年以后,宗喀巴的思想业已成熟并逐渐形成自己的思想体系。1395年至1396年,他先后在罗扎的卓窝寺、聂地的扎廓寺从噶当派教授派传人南喀坚参和噶当派教典派传人却加桑布学习噶当派教法。

宗喀巴受比丘戒后,随着其思想逐渐成熟,开始了他的宗教社会活动,这也是他进行宗教改革的初级阶段。

约在1388年,宗喀巴改戴黄色僧帽,表示他继承佛教的先前"持律大德"的传统和重视提倡戒律的思想。1394年,宗喀巴劝化阿喀宗宗本重修精其寺,他自己负担殿堂彩绘之费用。修缮古寺有助于提高他的社会地位。1395年,宗喀巴又供精其寺慈氏像(弥勒菩萨)一套比丘衣具,用意在于说明真菩萨亦应守比丘戒,反显得自命为菩萨的喇嘛们,自以为可以不守比丘戒是错误的,也等于宣布大小乘、显密宗一切僧众都应持守戒律。

1392年前后,宗喀巴与帕主政权首府内乌宗宗本南喀桑布建立联系,并受其供养,这是宗喀巴受帕主统治集团供养的开端。此后,宗喀巴即全面开始了他的宗教改革活动。从1400年至1409年是宗喀巴积极进行改革西藏佛教的一个阶段。他的"宗教改革"是从以下两个方面进行的:第一,制定戒规,提倡遵守戒律。宗喀巴"宗教改革"的重点在于要求僧侣必须严守戒律。1399年宗喀巴在拉萨布达拉宣讲戒律。过去宗喀巴多宣讲小乘根本戒律德光的《戒律本论》,而现在则进而宣讲大乘戒律《菩萨品戒》、《事师法五十颂》及《密宗十四根

浙江海宁安国寺佛像

本戒》。宣讲这三部大乘戒律主要是针对当时各派僧人都自称大乘教徒，对小乘比丘戒不屑一顾的行为，而《密宗十四根本戒》则是针对修密僧人不守戒律，胡作非为的弊病。该次讲戒听众有数百人，声势很大。1401 年，宗喀巴、仁达瓦及贾乔贝桑三人又在热振附近商讨整饬僧规、振兴佛教事宜。他仍依《戒律本论》十七事的详细解释，考虑当时的具体情况，共同制定了一些寺规戒条，提交僧众执行。这是宗喀巴提倡遵守戒律的一次大会，也是正式宣告宗教改革的开始。宗喀巴提倡僧人遵守戒律中有一点很值得注意。他根据佛典的规定，强调僧俗有别，反对萨迦、噶举各派僧人追逐利禄，操纵权势和放荡不羁的行为。禁止僧人娶妻生子和从事生产劳动，标榜僧人不干预世俗事务，鼓励僧人“少欲知足，清静自活”。这项要求对保持黄教寺院在经济上的独立性具有深远的意义，在以后产生了重要影响。第二，提出了完整的振兴佛教的理论。约于 1388 年，宗喀巴开始了著述活动，首先开始的《金鬘论》就是这时完成的。1398 年，宗喀巴著《缘起颂》。1402 年著《菩提道次第广论》，这是黄教的根本典籍，它阐述了宗喀巴在显宗方面完整的思想体系，统一了黄教对佛教的根本认识。宗喀巴于 1405 年又开始著《密宗道次第广论》。这是宗喀巴关于密宗的见解与修习方法的一部论著，与《菩提道次第广论》为姊妹篇，这两部书是黄教显密修习的完整的根本教程。此外，宗喀巴还撰有《菩萨戒品释》、《事师法五十颂释》、《密宗十四根本戒释》、《辩了不了义论》、《中论广释》等，都是宗喀巴为宗教改革奠定的理论基础。这也是他的改革得以广泛传布的重要原因之一。

在宗喀巴宗教改革的高潮中，拉萨大祈愿法会和几个重要寺院的建立，宣告了格鲁派(黄教)的成立。明永乐七年(1409)藏历正月初一至十五，大祈愿法会在拉萨大昭寺正式举行，与会僧人一万多人，俗人多达数万。阐化王扎巴坚参为大会施主，宗喀巴是名义上的创办人和主持者。大会盛况空前，影响很大。

大会结束后，宗喀巴即派其徒贾曹杰·达玛仁钦监修甘丹寺。该寺的建成标志着黄教的形成。1416 年宗喀巴又命其弟子嘉央却杰建哲蚌寺，1418 年命释迦也失建色拉寺。黄教三大寺成为黄教稳固发展的基地。此后，噶当派诸寺也相继改宗黄教。

1419 年 10 月 25 日，宗喀巴病故于甘丹寺，走完了他一生光辉的历程。

(李冀诚)

25 济公确有其人吗？

济公，实有其人。他是南宋时代的僧人（1148—1209），原名李心远，台州（治所在今浙江临海）人。出家后取法名叫道济。

浙江天台山济公院

道济最初住在杭州灵隐寺，后来移住净慈寺。传说他不遵守戒律，嗜好酒肉特别是狗肉蘸大蒜，举止如痴如狂，被称为“济癫僧”，以后又称作“济公”。在后世民间传说中，他被神化为“降龙罗汉”转世，而且在罗汉堂中处于特殊位置，不是站在过道里，就是蹲在房梁上，脸像也常被塑造成半边脸哭半边脸笑，叫做“哭笑不得”、“半嗔半喜”。

济公与历代多数高僧、名僧不同，他非常接近劳动人民和市井生活，性格诙谐幽默，有强烈的正义感，因而深得大众喜爱。

（何云）

26 杨文会是如何经办佛教事业的？

杨文会是清末著名的佛教居士，字仁山，生于道光十七年（1837 年），石埭（今安徽石台）人。据载，杨文会自幼聪明过人，学习孔、老、庄、列诸子之学，并学习天文、地理、历数、音韵等。杨文会性情豪爽，不喜欢考举做官，却喜欢和好友赋词做诗为乐，并喜爱读奇书，流离转徙之间，书籍随身携带。1863 年杨文会于病中读《大乘起信论》，爱不释手，自此立志于佛学，遍求佛经。杨文会后来到金陵，认识了不少朋友，共同讨论佛理。他认为佛教的发展全仗佛经的流布，而当时经过战乱，不少经典被毁，便决心刻印佛经。他与十余个志同道合的好友分头募捐钱款，在扬州东乡创办了江北刻经处。杨文会又到南京筹划刻经之事。白天奔波，夜晚则潜心研究佛学。每天校勘刻印之外，或是诵经念佛，或是静坐观想，经常通宵达旦。他所主持的印制工程，都较别人质量要高，资金也省。时值杨家经济窘困，但杨文会仍孜孜致力于刻经事业。在金陵北极阁集资建屋藏经，并请和尚为住持，供奉香火。后因争端，又将刻印之经移入家中收藏。1878 年至 1886 年随曾纪泽等两次出使欧洲，考察英法各国的政治、工业。他在伦敦结识了日本佛教学者南条文雄，回国后得到日本弘教书院的缩印《藏经》及南条所赠中国失传经疏。杨文会选择其中一部分计划刊印，编入《大藏辑要目录》。本计划陆续雕印大、小乘佛典 460 部，3320 卷，但在他生前只印出二千余

金陵刻经处

卷。

除主持刻印佛经外，杨文会还做了不少促进佛教发展、流布的事业。他曾与李提摩太一起将《大乘起信论》译为英文。于 1907 年在刻经处设祇桓精舍教授佛学，亲自编写供初学者阅读的佛学课本，并聘师教授英文、梵文，为赴印传法做准备。1910 年与好友创立佛学研究会，自任会长，并定期讲经。杨文会于 1911 年去世。他的著述在 1919 年由金陵刻经处编辑成《杨仁山居士遗著》十册发行。他有弟子欧阳竟无等人。

(黄燕生)

27

近代高僧敬安为什么被人称为“八指头陀”？他一生主要活动是什么？

敬安(1851—1912)，字寄禅，别号八指头陀，是我国近代著名的爱国诗僧。生于湖南湘潭，世代务农。他年幼时父母先后去世，贫无所依，替别人放牛，有空时入私塾读点书。一天，放牛时，忽见篱间盛开的白桃花为风雨所摧落，不觉放声大哭，感叹生命无常，慨然出家。早期均在湖南范围内活动，先后居湘阴法华寺、南岳祝圣寺、衡州岐山仁瑞寺。曾游览岳阳楼，纵目四顾，水天一色，不觉吟了一句“洞庭波送一僧来”，诗人郭菊荪称为“语有神助”，劝他学诗，并授他《唐诗三百篇》。

印度佛陀像

清光绪元年(1875)，二十五岁时，他离开湖南，前往江浙一带，遍访名宿古刹。在阿育王寺佛舍利塔前礼拜，燃二指供佛，因号八指头陀(头陀，指按照佛教规定的头陀苦行修行的僧人)。历游杭州、宁波故地的天童、天台、雪窦等著名寺庙，共约十年。光绪十年，敬安从江浙返回湖南，先后住持过衡阳罗汉寺，南岳上封寺、大善寺，宁乡沩山密印寺，湘阴神鼎寺，长沙上林寺。这期间，领导过禅宗沩仰宗祖庭沩山寺庙复兴运动，并与社会名流广泛结交，诗名逐渐噪于海内。

江西庐山东林寺佛陀跋陀罗塔

光绪二十八年(1902)，敬安五十二岁，应宁波天童寺之请前往住持。在那里为振兴佛教、举办僧教育起到重要作用。

1912年，中华佛教总会成立，敬安被推举为会长。这是中国佛教最初的全国性组织。不久，敬安到南京会晤孙中山，以“中华佛教总会”名义向临时政府请愿保护寺产。随后，临时政府迁到北京，敬安又约集各省僧界代表到北京请愿，同年十二月二日夜逝世于北京法源寺。

敬安在诗文中时有炽烈的忧患时世、爱国忧民感情流露。光绪十年(1884)，他在卧病之中听到法军侵犯台湾，清军败于鸡笼(今基隆)的消息，忧愤已极，竟发热病。

敬安的诗，意境和格调都非常优美，在近代诗坛上占有一席地位。现在流传的有《八指头陀诗集》正续十几卷、《文集》二卷、《语录》二卷。

(何云)

28

太虚是怎样一个人？他发起的“佛教复兴运动”有什么成果？

释太虚大师(1889—1947)是中国近代佛教史上的一位著名僧人，以改革、振兴佛教的活动而留名于世。大师原名吕淦森，浙江桐乡人。16岁时在苏州平望小九华寺出家，后在天童寺依著名佛教僧人寄禅受具足戒，学习佛法，研习教义。出家后取法名唯心，别号悲华。此时正值清末民初时期，清政府对佛教采取的是限制发展的政策，加之僧团内部宗派斗争和僧人堕落，佛教已走入衰微。富有的寺院财产在清代后100年里一直成为官吏豪强夺取的对象，为此双方斗争不止。各地寺院缺乏管理，僧侣不参禅，不持戒律，更不学习佛法。据说当时全国有名的大寺镇江金山寺居然找不出个会写字的和尚，更不用说懂得佛教教义的人了。当时西方的科学学说已传入我国，反对宗教迷信的呼声日益高涨，佛教缺乏现代知识补充，许多僧人的思想陈旧，保守陈规，不求进取，佛教已到存亡关头，若再不进行改革、调整，势必衰亡。在这种形势下，佛教内部一些受过教育，充满活力的年轻人纷纷而起，要求对佛教进行改革。1911年太虚与同学仁山法师等一起在金山创设了“中国佛教协进会”，后提出了佛教亟须改革的“教理革命、教制革命、教产革命”的三大革命口号。所谓“教理革命”是指革除佛教中的鬼神祸福的落后思想，提倡大乘佛教自利、利他的精神，以五戒十善为人生的基本道德，并以此来指导人生，发挥人生的本有性能，使人人成佛；所谓

“教制革命”是说改革原有的丛林制度，建立新的僧众生活制度，奉行见和同解、利和同均、身和同住、口和无诤、戒和同修、意和同悦的精神，僧团要互助互爱，以成为弘扬佛法的中心，由此建立适应共和立宪制国家的僧伽新制度；所谓“教产革命”是讲要把佛教寺院的财产变为僧众大家所有而不是为少数住持独自占为己有，同时打破本山本宗法脉继承寺院遗产的私有私占陋习，并把这些财产用于供养年老僧人，培育青年僧侣，以及用于佛教教育。太虚的三大革命主张是受孙中山三民主义的影响后而提出来的，他把三民主义与三大革命相并列，认为教理革命就是民权主义，教制革命即为民族主义，教产革命实为民生主义。但是实际上，三大革命只是佛教僧团的改造而已，是佛教在新形势下顺应潮流做的一次重大改革活动。与此同时太虚大师和其他改革者一起在报纸上撰文宣传，呼吁进行“佛教复兴运动”，要求各地僧侣团结起来发扬大乘佛教精神，振兴佛教，以改变佛教名存实亡的处境。复兴佛教运动的重点除了建立新僧团之外，主要是普及佛教教育工作，鼓励年轻僧人学习佛教教义，在社会上宣传佛教思想，扩大佛教的影响，提高佛教的地位，促使政府保护佛教，使佛教生存与发展。在他们的努力下，佛教在中国确实有了转机，许多地方建立了佛学院和讲经会等教育组织，如南京的“支那内学院”，北京的“三时学会”是中国南北两大名院。一些有名的大学也相继开设了印度哲学、佛教概论等课程，大学教授既在课堂上讲课，又聘在佛学院讲学，多种佛教刊物问世，促进了佛学研究与普及。为了使佛教在中国处于有利的地位，全国名僧在一起召开会议，成立了“中国佛学会”的全国性组织，太虚大师任会长，许多省份也相继成立了佛教学会分会。佛教学会还和国外进行广泛的联系。大师率团先后参加了在日本召开的东亚佛教大会，历游英、法、德、比、美等国，传播佛教并和英、法等国学者一起发起筹备了“世界佛学苑”。派遣了近 30 名僧人到日本、印度、斯里兰卡、泰国、缅甸等国留学，使中国佛教走向世界。1947 年大师操劳成疾，病逝于上海玉佛寺，享年 58 岁。后人为了纪念他，将他生前的著述和讲话编辑成《太虚大师全书》刊布于世。太虚大师毕生致力于弘扬中国佛教，对中国当代佛教发展作出了突出的贡献，应当受到人们的尊敬。

(黄夏年)

29

中国现代话剧创始人之一李叔同出家为僧称“弘一”，他的主要贡献是什么？

弘一(1880—1942)，现代僧人。俗姓李，幼年时名文涛，又名广侯，别号息霜，法名演音。原籍浙江平湖，出生在天津。1905年留学日本，学习西洋绘画和音乐，与欧阳予倩等创办话剧组织“春柳社”，演过《黑奴吁天录》。还主编《音乐小杂志》，编有《国学唱歌集》在国内发行。留日期间，又取名岸，号叔同。回国之后，先后在天津、浙江、南京各学校任美术及音乐教师等，还与柳亚子等人创办了“文美会”，主编《文美杂志》。1918年他在杭州从虎跑寺了悟和尚出家，同年在灵隐寺受具足戒，此后直到去世，再也没有离开佛门。他着重弘扬律宗南山戒律，写成《四分律比丘戒相表记》，1933年在泉州创设“南山律学苑”。他还是一位爱国僧人，提出过“念佛不忘救国，救国不忘念佛”的著名口号。去世于泉州，终年六十二岁。

泉州清远山弘一法师舍利塔

(何云)

30

梁启超有哪些佛学著述?

梁启超(1873—1929),字卓如,号任公,又号饮冰室主人。广东省新会县人,近代资产阶级改良主义者。和他的老师康有为倡导维新变法,发起的戊戌变法运动曾是中国近代史上的一件大事,影响很大,为我们大家所熟知。梁启超除了是一名政治活动家外,还是一名卓有成就的学者。他出身于举人家庭,受过儒家教育,17岁受教于公羊学名师,又远渡日本,周游欧美,古今中外都了解,学识渊博。著有多种专著和发表论文多篇。梁启超一生坎坷,终生不如意,晚年不再参与政治,潜心著述,研究范围甚广。佛学也是他研究的领域之一,对佛教有独到的见解。他的主要佛学成果收在《佛学研究十八篇》论文集里。概括起来有以下几方面。①佛教史的整理。他的《印度佛教概论》、《中国佛法兴衰沿革说略》、《佛教之初输入》等文即属此类。他在这些文章里对佛教在印度的形成,及其在中国的演变做了全面的综述,指出印度佛教受希腊影响,融和了希腊的学说,它传入中国主要是依赖于中国人后裔,胝王迦腻色迦的支持。佛教在中国开始是作为一种宗教由海路经南方而传入,后来逐渐发展带有学术性宗教。中国人之所以能接受佛教的思想,首先是把它作为一种厌世思想来看待,迎合了当时中国人的精神需要。佛教在中国的发展,依历史时代不同,地理环境不同,而表现出佛教初传和佛教建设两大时期的不同特征,尤其中国南北地理环

北京广化寺信众大年初一烧香

境的差异，使南北佛教形成“南方尚理解，北方重信仰”两种迥然不同的风格。②佛教经典的疏理。有《读异部宗轮论述记》、《说四阿含》、《说六足、发智》、《说大毗婆沙》、《读修行道地经》、《佛家经录在中国目录学之位置》、《见于高僧传中支那著述》等。此类文章对佛教比较重要的经典作了介绍，有的做了校勘及考证，并且做了分类，指出了它们在中国流布的变迁，强调了研究经典的必要性和研究方法。他说研究《阿含》可以知道早期佛教的教义、历史背景，可以看出佛教形成的原因。研究的方法可以采用整理目录、分类编卡、建立表格等方法。他还对历史上一直有争议的经典提出了自己的看法，认为《四十二章》、《理惑论》、《大乘起信论》等都是后出的伪经或伪书。③佛经翻译史的考察。有《翻译文学与佛典》、《佛典之翻译》等文。梁启超在这里清理了中国译经史的目录，概括了佛经译梵为汉的特点，介绍了一些经典的版本异译或伪经的情况，提供了翻译史的脉络，指出南北地的文化差异，造成译经的意译、直译风格的不同，译经时间越晚的经典，愈不容易读懂的规律，以及由于佛经的翻译，对中国文字、语法、文学等领域产生的不同的重大影响。④中印佛教交流的回顾。有

《佛教与西域》、《千五百年之中国留学生》等文章。此文把印度和西域来汉地传教的僧人和中国到西方佛土留学的佛教徒作了归纳，整理成表格，并将每人作一简要的介绍，列出译经目录，来华时间、求法年代以及介绍了中外联系的路线、途径，把来我国传教的僧人分为西域期、罽宾期、天竺期三阶段，强调了我国僧人留学印度，表明中国古代绝不是一个闭关自守、不假外求的国家。⑤佛教教义发凡。在《佛陀时代及原始佛教教理纲要》、《佛教教理在中国之发展》、《佛教心理学浅测》诸文中对佛教的教义作了阐述，认为佛教的教义最后归结为“无我”二字，要达到“无我”的境界，就要做心理的活动，所以佛教所说的无色法，就是现在西方所说的心理学内容，而西方建立的心理学则晚于佛教1000多年，西方和佛教的不同就在于西方是通过实证而获得的结论，佛教是通过个人修行的体会而得到的想法，两者有很多共通之处。梁启超凭借自己的深厚功底，学贯中西的广博知识对佛教作了广泛的研究。其中有很多值得借鉴的地方，后人把他的佛学思想概括为“富有启发性、富有鼓舞性、富有创造性、富有历史性、富有情感性”五大特征，给予了很高的评价。但是，梁启超作为一个学者的同时，仍然没有忘记一个政治家的责任，他的佛学思想是围绕着他的政治理想而阐述的“经世致用”学说。他的所作都是为了力图阐明中国有与西方抗衡的一切实力。因此他站在中国佛教为正宗的立场上，来解释佛教，对佛教给予一个很高的评价，认为佛教是“哲学的宗教”，能够抵御基督教在中国传布的最有力的宗教。佛教对梁启超的思想形成起了重要的作用。

(黄夏年)

31

陈垣在佛教研究方面做出了什么贡献?

陈垣(1880—1971),现代史学家。字援庵,广东新会人。早年曾参加反清斗争,后从事历史研究和教育工作。新中国成立前曾前后在北京大学、燕京大学、辅仁大学等学校任教,新中国成立后长年在北京师范大学任教,后任校长。在历史学、宗教学方面都有很深的造诣,著作甚丰,贡献很大。在宗教研究方面对基督教、伊斯兰教、道教、犹太教、祆教、摩尼教都有论述。在佛教方面主要著作有:

(一)《释氏疑年录》12 卷。据历代佛教史传及碑刻资料,将 2800 名僧人的生卒年作了考证编录,在僧名上方标明地名、寺名,名下用小字注明籍贯俗姓,用历代年号记卒年,在所记年岁之后用括弧标出生卒年的公元年数,最后用小字注出所据资料及所作的考证。此书对研究中国佛教史十分有用,不仅可很快查到历代高僧的生卒年,而且可据所注的图书文献的篇目找到研究该僧的基本资料。

(二)《明季滇黔佛教考》6 卷。据明代多种文史图书、云贵地方史志文集及佛教史书语录,对明末云南、贵州二省的佛教(主要是禅宗)盛行情况;明末士大夫遗民出家为禅僧,以保全志节的事迹;僧众在建寺传法过程中对两省经济文化所作的贡献,作了介绍。对明末知识分子怀念故朝,抗节不仕于清的气节进行表彰。资料引证丰富，对研究明末清初佛教很有参考价值。

(三)《清初僧诤记》3卷。中国禅宗至宋代以后，常为传法世系发生争论。从慧能弟子青原行思、南岳怀让之后，禅宗分五宗。即在青原之后有云门、曹洞、法眼三宗；在南岳之后有临济、沩仰二宗。北宋末，唯临济宗、云门宗盛行。云门宗隔三代上承天皇道悟(748—807)的法系，属石头希迁之后。但《林间录》、《祖庭事苑》等据丘玄素所撰的碑文谓另有“荆南城西天王寺道悟”，上嗣马祖道一，云门一宗则与临济宗一样也出自马祖的法系。临济宗人以此抬高本宗地位，并有意缓和二宗的关系。清初，费隐通容辑《五灯严统》、霁崙超永辑《五灯全书》皆承此说，遭到曹洞宗系的僧人的攻击。在清初临济宗内部，东南地区的密云圆悟的门下，法藏的一系与通容、道忞师弟之间也为争夺嗣法正统地位等问题而发生争论。本书对上述禅宗内部的派系之争作了介绍，还对清初佛教界的故国派与新潮派的斗争作了叙述。

陕西西安大雁塔

(四)《中国佛教史籍概论》。是作者早年的讲稿。对南北朝以后至明清的35种佛教史籍按成书年代，分类介绍。如对经录《出三藏记集》、《历代三宝纪》、《开元释教录》及历代《高僧传》直到《南宋元明僧宝传》、《现果随录》等，都对名目、作者简历、版本卷数及内容体裁等，详据资料加以介绍。

此外还著录《敦煌劫余录》，著录敦煌写经8679号，对研究敦煌遗书很有价值。写有《大唐西域记撰人辩机》、《佛牙故事》、《法献佛牙隐现记》、《鉴真和尚失明事质疑》、《耶律楚材父子信仰之兴趣》等多篇论文。

（杨曾文）

32

胡适在佛教研究方面有哪些成绩？

胡适(1891—1962)，文学家和哲学家。字适之，安徽绩溪人。早年毕业于上海中国公学，1910年赴美国留学，1917年回国执教于北京大学，参加新文化运动，提倡文学改革，1931年九一八事变后创立《独立评论》，1938年任驻美大使，1946年任北京大学校长，1948年去美国，后到台湾，任中央研究院院长。对中国哲学、文学作了多方面的研究，在佛教方面主要对中国早期禅宗有所研究。著作有《中国哲学史大纲》(上卷)、《白话文学史》和论文集《胡适文存》四集、《胡适论学近著》、《胡适文稿》十集、《胡适讲演集》等。在佛学研究方面的主要著作有：

(一)《神会和尚遗集》。1926年胡适从法国巴黎国立图书馆的敦煌文书中发现四种神会遗著，一种是《神会语录》(《南阳和尚问答杂徵义》)，另两种皆为《菩提达摩南宗定是非论》的残卷，第四种是《显宗记》残卷。胡适回国后校写为本书出版。胡适晚年，在日本友人帮助下，利用新发现的敦煌文书又重校了《南宗定是非论》，并校写了《坛语》、《南阳和尚问答杂徵义》等，写了有关论文。1968年此书增订版问世，内收胡适晚年重校的神会文献。神会(684—758)是慧能的弟子，为确立南宗的正统地位奠定了基础。但他的著作长期以来湮没无闻。胡适的发现与校勘研究，特别是书首载的《荷泽大师神会传》，对早期禅

陕西西安大兴善寺

宗的研究很有价值。胡适对神会文献的整理与研究的贡献，受到国际佛学界的好评。

（二）论禅宗的文章很多，主要有《菩提达摩考》、《坛经考之一 ——跋曹溪大师别传》、《坛经考之二 —— 跋日本京都堀川兴圣寺藏北宋惠昕本坛经影印》、《白居易时代的禅宗世系》、《楞伽宗考》等，此外还有英文著述几种。这些论著对禅宗的源流，禅宗基本经典《坛经》，据佛教史书及其他资料进行考证，至今仍有参考价值。1975 年日本禅宗学者柳田圣山将胡适一生的禅学论著整理汇编为《胡适禅学案》由日本的中文出版社出版。

(杨曾文)

33

汤用彤写过什么佛教著作？

汤用彤(1893—1964)，哲学家，佛教史学者。字锡予，湖北黄梅人。毕业于清华学校，曾留学美国，通晓梵文、巴利文及西方近代哲学。回国后在东南大学、南开大学、中央大学、北京大学、西南联合大学任教，新中国成立后在北京大学任教，后任副校长。主要研究中国哲学史及佛教史，治学严谨，著作论证细密，为现代佛教史学科的创立作出重大贡献。

主要佛学著作有：

(一)《汉魏两晋南北朝佛教史》。全书对佛教传入中国的传说、传入中国之后的流行情况、魏晋的佛

印度菩提伽耶大塔

经翻译、南北朝的佛教学派、历代帝王士大夫与佛教的关系、在中国佛教的早期传播和发展历史上有重大作用的僧人，都作了详审的考证叙述，引证详博，结论公允，是部佛教史名著，早已为国内外学术界所重视。全书分“汉代佛教”和“魏晋南北朝佛教”两部分，共二十章，50万字。对文史哲和佛学研究者很有参考价值。因时代的关系，文言与语体相间，有时将佛教史书中的原文直接用到行文当中，注释也少，初学佛学者不易读懂。

莫高窟佛像

(二)《隋唐佛教史稿》。原为20世纪二十年代至三十年代初的授课讲义，1979年由其子汤一介整理出版。全书有五章，对隋唐佛教势力的消长、佛经翻译、佛教撰述、隋唐佛教宗派作了概述。着重史实叙述，对隋唐佛教宗派的教义理论，只作提要介绍。第四章第十节“综论各宗”在整理时据其他论文增补。书后附录《隋唐佛教大事年表》、《五代宋元明佛教事略》。

此外著有《印度哲学史略》，介绍印度婆罗门教和其他学派的哲学，对早期佛教略有涉及。还写有《隋唐佛教之特点》、《唐太宗与佛教》、《论中国佛教无“十宗”》、《中国佛教宗派问题补论》等多篇佛学论文，分别载于《往日杂稿》、《康复札记》中，现皆收在中华书局出版的《汤用彤学术论文集》之中。

(杨曾文)

34

日本近现代有哪些著名的佛教研究学者？他们的代表作是什么？

1868年日本明治维新以后，学术界开始借鉴、汲取西欧近代学术研究方法与成果，从历史学、社会学的角度，对佛教的起源、教义、经典、历史、哲学等学科进行分门别类的系统研究，取得丰富成果，涌现一批著名的佛教研究学者。主要有：村上专精（1851—1929）是日本近代佛教史学研究的奠基者，在学术界享有很高声誉。1894年创刊《佛教史林》杂志，开拓了印度、中国、日本佛教史学研究的新领域。所著《日本佛教史纲》提示了日本佛教史沿革的基本轮廓，其体系被尔后众多的佛教史研究学者所沿用。此书几经再版，普及甚广，在佛教史学界曾占有指导地位。此外还有《真宗全书》、《因明全书》等。木村泰贤（1881—1930）是著名的印度学研究学者。1919年留学英国，归国后在东京大学任教，并从事印度哲学的研究。主要著作有《印度哲学宗教史》、《阿毗达摩研究》、《印度六派哲学》、《原始佛教思想论集》等。境野哲（1871—1933）真宗大谷派学者。曾参加村上专精《佛教史林》、《大日本佛教史》（第一卷）的编辑、著写工作。《大日本佛教史》率先采用近代史学研究方法，分有七个专题进行论述，并注明史料出处，完备了日本佛学研究的学术体系。著作还有《佛教史要》（日本部）、《日本佛教史》等。小野玄妙（1883—1939）是佛教美术学者。曾多次到中国、朝鲜各地考察、搜集佛教史料，并参加、主持了《大正藏》的刊行工作。主要

印度菩提伽耶佛教圣地

印度佛像

著作有 《大乘佛教艺术史的研究》、《佛教解说大辞书》、《佛教美术与历史》、《佛教经典总论》等。高楠顺次郎(1866—1945)曾就学英国、德国、法国、意大利等多所著名大学，广泛汲取了西欧近代在印度哲学、佛教哲学、比较宗教学、梵文等领域的研究方法及成果，创立了依据梵文和巴利文从事研究的新佛学体系，对日本梵语学、印度哲学、佛学的划时代发展，作出了重要贡献。从 1924—1934 年间，主编《大正新修大藏经》。此藏分《正篇》、《续篇》、《别卷》三部分。收录经籍 3360 部、13500 余卷，共计 100 册，并具有自创的目录体系，成为国际上颇为流行的汉文藏经版本，多次印刷，至今仍有很高的学术价值。另外，还主编有《南传大藏经》等。常盘大定(1870—1945)是专门从事中国佛教研究的学者，曾多次来中国各地进行佛教史迹考察。著有《中国佛教史迹踏查记》、《中国佛教史迹》、《中国佛教史研究》等。望月信亨(1869—1948)主要从事净土宗研究和佛教辞书的编纂工作。著有《净土宗研究》、《中国净土教理史》、《佛教经典成立史论》。所编《望月佛教大辞典》是一部研究佛教教义、人物、历史、名相等系统性较强的重要工具书，在日本学术界有很高的评价。宇井伯寿(1882—1953)在印度佛教和哲学的研究方面取得很大成就，他曾得到高楠顺次郎的指导，1913年赴法国就学。归国后先后在东北大学、东京大学、驹泽大学任教，为学士院会员。1953年获文化勋章。主要著作有《印度哲学研究》、《中国佛教史》、《禅宗史研究》等。铃木大拙(1870—1966)临济宗著名学者。一生中多次赴美国、英国讲学，传授禅宗教义。在禅宗向全世界发展方面作出了贡献。《铃木大拙选集》获朝日文化奖。塚本善隆(1898—)是从事中国佛教研究的学者。战前和日本侵华期间曾多次来华考察、研究中国佛教的特点。战后又多次来我国进行友好访问与学术交流。主要著作有《中国佛教史》、《魏书释老志研究》、《中国净土教史研究》、《中国佛教通史》等。道端良秀(1903—)专攻中国佛教，并为促进中日两国友好作出了自己的努力。曾多次来华访问，任日中友好佛教协会理事长。著有《日中佛教友好二千年史》、《中国佛教史》、《唐代佛教史》、《中国净土教与玄中寺》等。牧田谛亮(1912—)主要研究唐代以后佛教史。曾多次访问我国。著有《中国佛教史研究》、《中国近世佛教史研究》、《五代宗教史研究》等。中村元(1912—)主要研究印度哲学与佛教。现任东方学院院长、比较思想学会会长。著有《原始佛教》、《印度思想史》、《世界思想史》等。现在日本在禅宗文献研究方面，柳田圣山比较有名，所著《初期禅宗史书的研究》、《语录的历史》，很有学术价值。镰田茂雄在研究中朝佛教史方面很有成绩，其《中国佛教史》第一、二、三卷已出版，还著有《朝鲜佛教史》等。村上重良(1928—)专攻日本宗教史和近代日本宗教问题。曾二次赴苏联和欧洲进行宗教考察。主要著作有《近代民众宗教史的研究》、《日本宗教事典》、《日本近代宗教》等。

(张大柘)

35

什么是原始佛教？

原始佛教是指由释迦牟尼创建佛教到他死后 100—200 年间的佛教发展时代，时间大约在公元前 6、5 世纪至公元前 4 世纪中叶。这一时期佛教在释迦牟尼和他的弟子大力推动下，佛教的教义、僧伽组织已经基本完成。佛陀死后他的传承弟子按照佛陀生前的说法，背诵并确定了佛教的教义，后又把它们编纂成佛经的经、律两藏，把佛教从恒河中部流域，特别是几个大城市周围，推行到东部的恒河流域下游，南部哥达瓦里河畔，西部的阿拉伯海岸，北部的坦叉尸罗地区。佛教一直持续平稳地发展。原始佛教是在与当时古印度的婆罗门教和“六师”学说斗争中应运而生的，形成了自己的一套独特教义思想，认为整个世间处于一种无常（没有常性）的状态，宇宙和人生是一些无尽的、个别的、刹那而逝的原素的结合，任何事物都是有生必有死的过程。譬如人生终归最后要灭亡的，这就是无常。但是人们都看不到这一点，而老去追求它的存在（有常）；所以释迦最后把这种现象归纳为“诸行无常”。整个世间也是由各个孤立的原素构成的，各原素没有自体，也不会自生，一切事物和现象的生起都是由于各原素相对的互存关系或条件而决定的，即“此有则彼有，此生则彼生，此无则彼无，此灭则彼灭”的“缘起”关系。佛陀在强调诸事物之间的缘起关系时，同时又认为事物和现象之间有因果的连续性，即有因必有果，因是体，果是报，因果之间

新疆高昌佛塔遗址

可以转化，这是一个无穷无尽的过程。他们反对“一因多果”，也反对“无因”，主张多因而生果，即“因缘”和合。可是这种因果变化并不是事物现象的内在原因所决定的，而是由诸事物或现象外在制约的结果。如大车是由车轮、车轴、軶等各个原素缘合而生成，所以车本身是不存在的，它无非就是一些原素的集合。对客观世界说来决不存在着一个主宰者，这就是“法无我”。由此推之，众生也是由地、水、火、风、空、识六种原素构成，其中前五种是物质的原素，第六种是精神的元素，或者由色、受、想、行、识五蕴（五种积聚）组成。这些元素都是依缘而生灭的，作为永恒的实体众生也是不实在的。众生却认为有“我”。按原始佛教的说法，众生不存在一个起主宰作用灵魂或我。这就是“人无我”。佛陀把“法无我”和“人无我”统称为“诸法无我”。释迦创立佛教，重点是解决人生的问题，即怎样去认识人生现象，又怎样去获得解脱？他考察了人生，看到人活一世生理上有生、老、病、死的变化，心理上有生、住、异、灭的变化，同时还要受到怨、恨、别、离、希冀欲望等各种痛苦折磨。人生的受苦现象使他哀叹，因此就得

出了人生是苦，老死是苦的感受，于是产生“一切皆苦”的想法。造成痛苦的原因在他看来是因为人有种种贪欲，希望获得欲望满足，而满足不了就产生痛苦。如：生、老、病、死是自然规律，不可避免。但人们却常违反这种规律，希望长生，要求不老，达不到这些要求只好处于痛苦之中。众生知道了欲望是造成痛苦的原因，净心去欲或清心寡欲，没有欲望也就得到了苦的解脱，从苦中解脱出来，也就做到清净达到涅槃。“诸行无常，诸法无我，涅槃寂静”，是释迦创建的原始佛教教义的三个主要特征。三者合称“三相”，又称“三法印”，是释迦学说与其他派别的标志。世人之所以不了解“三法印”的原因，释迦解释说是因为“无明（无知）”所引起的，众生受到无明的遮障作用，不明事理，产生了贪欲，有了烦恼，如果学习佛法，掌握了佛教的道理，得到“三法印”也就去掉无明，抛弃烦恼，获得寂净涅槃。佛陀主张对事物的认识，不走极端的道路，应该持中和的色彩，走“中道”的道路。他一方面反对婆罗门教的四种姓理论，同时又提出自己的种姓观，认为不应以出身高贵来划分种姓，而应以德行好坏来决定种姓，这种理论曾受到了不少人的拥护和支持。原始佛教的修行实践以诵读经典，遵守戒律，自我苦行，达到解脱为特征。僧侣们严格按照佛教的教义、戒律禁锢自我，露宿少餐，到深山里面端坐静心，苦思冥想，坐禅证悟，以体会佛教的真谛。它与原始佛教的教义以“苦”为中心思想，围绕“苦”建立了四谛说，八正道、五蕴、十二支、涅槃等一系列佛教世界观、人生观、解脱观思想，以及“无常”、“无我”构成了一套的佛教理论与实践体系。以后的佛教思想理论实践都是在此基础上的深入和发展。

新疆高昌佛塔遗址

（黄夏年）

36

“大乘”、“小乘”是怎么一回事?

佛陀逝世200年后印度出现了孔雀王朝,国王阿育王崇信佛法,大力扶植佛教,使佛教从印度恒河流域扩展到南亚次大陆,一度到达希腊、埃及、叙利亚等地,又传入东南亚国家,一跃成为世界性宗教。与此同时,僧侣们举行了第二次集结会议,会上因对佛教的理论和教义的理解不同,统一的佛教开始分裂成上座部和大众部二大派,以后又在二派的基础上逐渐分裂成多个部派,佛教史书上记载有“十八部”和“二十部”之多。这次分裂时间达500年之久,人们把这一时期的佛教称为部派佛教。

公元一世纪中叶后期,印度次大陆正处于由奴隶制逐渐向封建制过渡时期,出现了贵霜王朝和安达罗王朝分立时代。贵霜王朝的迦腻色迦王进兵恒河流域一带,统治了北印度的全部国家。迦腻色迦王竭力推崇佛教,在他的护持下,佛教又举行了第四次集结,编集和注释了三藏。在南印度诸国中的最有威势的是安达罗王朝。安达罗的君主波洛摩耶则大力提倡婆罗门教,但是佛教在南印度的沿海岸地区,特别是中下层人民中间依然流行。佛教内部经历了长达500年的部派分裂,各个部派围绕佛教的理论和实践一直进行争论和修改,佛教的思想与各部当地的实际情况相结合,形成了具有地方特色的部派佛教理论,一些僧人已不满足于原有的佛陀说法,要求修改或提出了自己的主张,将佛

浙江宁波阿育王寺

经加以新的阐释，编造新的经典，产生了一些新的佛教思想家，于是在内外矛盾激化的背景下，大乘佛教应运而生。“乘”一般解释为“运载”、“车辆”，梵文原义有“道路”或“事业”的意思。“大乘”就是“伟大的车辆”或“在大道行进的事业”。大乘佛教为了争夺佛教的正统，把以前的部派佛教贬低为小乘，意谓“小道”或“小业”。在大乘看来，它们是“在小道行进的车辆”，是佛陀为小根器的人所说的教法。大乘佛教兴起以后，原有的部派佛教各部虽大多数逐渐消亡，但有些大的部派曾长期存在，至今在亚洲东南部的斯里兰卡、缅甸、泰国、柬埔寨等地上座部佛教一系仍然存在，它保存了较多的原始佛教和部派佛教教义思想，标榜自己是南传上座部佛教，不承认小乘的称呼。现在我们所说的“大乘”和“小乘”主要是沿用历史的固定说法，没有任何褒、贬的意思。不过为了尊重佛教徒的思想感情，使用“小乘”的说法应予慎重，若指南方佛教应换“南

浙江宁波阿育王寺

传上座部佛教”为宜，这种说法已为学术界接受。

“大乘”和“小乘”的区别既有教义理论方面，也表现在修行实践方面。一般认为小乘主张“我空法有”，即否认实有的我体，但不否认客观物质世界的存在。大乘则主张“我法两空”，既否认一个实有的我体还否认客观世界的存在。小乘对佛陀持有佛陀是历史性人物的看法，大乘则把佛陀绝对神化，提出了佛有二身、三身以至十身的说法。在修行方面，小乘主张通过自己的修行解脱得阿罗汉果位，大乘认为应该得到佛果，如果不能一下子达到佛的境地，至少先做佛的候补者菩萨。在修持的内容和方法上，小乘主张修三学（戒、定、慧）、八正道等；大乘则认为除了三学以外还要兼修六度或六波罗蜜（布施、持戒、忍辱、精进、禅定、智慧）。小乘要求修行者把注意力放在利己，独善方面，大乘主张利他，甚至认为“普度众生”之后才能得到自己的解脱，才是行施了最好的“善业”。总之，大、小乘之间除了上述不同的主要特征之外，还有一些其他的差别。但是，不管怎样，它们使用的佛教基础原理是一样的，都是来自于佛教的教义，两者之间差别只是反映了对佛教教义不同的看法，反映了佛教随着时代的推移与当地实情结合情形。

（黄夏年）

37

什么是空宗？什么是有宗？

空宗和有宗是印度大乘佛教的两大派别。空宗，全称大乘空宗，是大乘佛教中观派(MādhyamiRa)的别称。有宗，全称大乘有宗，是大乘佛教瑜伽行派(yogācāra)的别称。以空、有来称呼这两派是从他们的理论特征上说的。

中观派是约三世纪时由龙树创立的，由弟子提婆继承和发展。其后经罗睺罗贤等传至僧护的弟子佛护、清辨时，因对中观理论的解释产生分歧，而分裂为两派，佛护一派为俱缘派 (PrāsangiRa)，清辨一派为自意派(SvātartriRa)。佛护之后俱缘派的主要代表人物有：月称、护法、寂天、萨婆那蜜多罗等。清辨之后自意派的主要代表人物有：观誓、寂护、莲花戒、狮子贤等。中观派的学说在公元五世纪初由鸠摩罗什系统地传入中国内地，产生了很大影响，隋唐时期的三论宗、天台宗、华严宗，以及禅宗均以此派论典作为立论的重要依据。而自意中观派的学说后来由寂护、莲花戒等传入中国西藏，成为藏传佛教各派立论的主要依据。

中观派的主要论著有龙树的《中论》、《十二门论》、《大智度论》，提婆的《百论》、《四百论》，佛护的《根本中观论释》，清辨的《般若灯论》、《大乘掌中论》，月称的《入中观论》、《四百论注》，观誓的《般若灯论疏》，寂天的《入中观论疏》，寂护的《中观庄严论》，莲花戒的《中观论释》，等等。中观派的哲

学理论主要是发挥《般若经》类的思想，论证被认为是最高真理或实在的“空”。为此提出“三是偈”、“二谛”、“八不中道”、“实相涅槃”等理论。“三是偈”被认为是中观派关于“中道”的经典性概括，出自龙树的《中论·观四谛品》：“众因缘生法，我说即是空，亦为是假名，亦是中道义”。这是说世界上一切现象，都是由各种因缘条件生成，是一种假借的名言施设；它们本身并没有独立的实体性，自性为空。世界的这种“假名”和“性空”的矛盾统一（非假非空，即假即空）就是中道，就是不可用言语描述或用概念认识的“实相”。为了解释这一基本观点，提出二谛说：真谛和俗谛，认为把世界看作真实的存在（有），即是俗谛，这是“无明”凡夫的颠倒认识，也是佛为“无明”凡夫所说的真理。而把世界看作因缘所生、无自性的空，即是真谛，这是佛所说的究极真理。那么怎样认识即空即假的“实相”呢？中观派进一步提出了“八不中道”观：“不生亦不灭，不常亦不断，不一亦不异，不来亦不去。”认为世界万物因缘和合而有生天变化，实则无论从实体方面说，还是从空间和运动方面说，都是不生不灭，不常不断、不一不异，不来不去。如说有生或有灭等，则是偏执一边，如离“两边”来认识，就是中道。这既是中观派的认识方法，也是论证的对象。“实相涅槃”是指导其宗教和社会实践的说教，认为既然世界万法的真实相状（实相）即是毕竟空，不生不灭、不来不去，那么，世间与涅槃、涅槃与世间就没有分别。

瑜伽行派，因强调“瑜伽”的修行方法而得名，又因主张“万法唯识”而称作唯识派。这一派是约四五世纪时由无著创立，由其弟世亲继承和发展。世亲的继承者自亲胜和火辨之后分为两派，发挥亲胜学说一派的称前期瑜伽行派或无相唯识派，发挥火辨学说一派的称后期瑜伽行派或有相唯识派。前者的代表人物继亲胜之后有德慧、安慧兄弟、真谛等。后者的代表人物继火辨之后有陈那、法称、

江苏苏州西园寺信众点香烛

无性、护法、戒贤等。这一派的一个显著特点是注意研究因明和认识论，把瑜伽和小乘经量部的学说结合起来。瑜伽行两派均传入中国，前者在南北朝时期由菩提流支和真谛传译介绍，后来形成“地论”、“摄论”两学派。后者在唐代由玄奘传译介绍，并形成法相宗。

瑜伽行派认弥勒为始祖，发挥弥勒“五论”(《瑜伽师地论》、《大乘庄严经论》、《中边分别论》、《究竟一乘宝性论》、《分别瑜伽论》)的思想。主要著作有无著的《摄大乘论》、《显扬圣教论》、《顺中论》等，世亲的《唯识二十论》、《唯识三十颂》和对无著著作的注疏，陈那的《因明正理门论》、《掌中论》、《观所缘缘论》等，安慧的《三十论注解》、无性的《摄大乘论释》、《经庄严论疏》，法称的《量论释》、《量抉择论》等。瑜伽行派的学说比较烦琐，其要点：一、是唯识论，认为世界上一切现象都是由人的精神实体或作用——“识”变现出来的，事物及其一切属性都是人们的主观意识，所谓“万法唯识”，“三界唯心”，“唯识无境”。而对识，把小乘的六识扩大为八识。前六识(耳、舌、鼻、眼、身、意识)起了区别和认识作用，第七识末那识起思维度量的作用，而第八识——阿赖耶识是前七识的共同根据和主宰者，是前七识存在的前提。它有三种含义：能藏，即摄持和保存一切种子——“能够生起宇宙万有的一切潜在力”；所藏，即阿赖耶识是一切种子，亦即生起宇宙万有潜在力的所藏处；我爱执藏，即阿赖耶识被第七识执为自我。对前六识的认识作用四分(相分、见分、自证分、证自证分)后来两派主张不一，所谓“安难陈护，一二三四”。二、是“三性”、“三无性”，认为从存在或有的方面看，世界万物可分为三性：遍计所执性，即一切事物本来不实在，但人们从各方面思度为实在，这是主观迷妄而赋予的名称；依他起性，即一切事物是由心识因缘条件引起的，而实非永恒的存在，这是相对的存在；圆成实性，即认识由识因缘产生的一切现象皆空幻无实，舍除“遍计所执性”的迷误认识，而达到对真如实性的体悟境界。从非存在或无的方面看，世界可分为“三无性”，此与“三性”相对：相无性，世界万物没有实体，一切体性都空幻无实；生无性，一切由因缘而生，没有自然实有之性，但“非性全无”；胜义无性，远离妄执的我和一切事物，无相空寂，一切清静，体悟“唯识实性”。

(吕建福)

38

中国隋唐时期形成哪些带有民族特色的佛教宗派？

隋唐时期中国佛教发展十分迅速，信众日益增多，寺院遍布全国各地，带有中国文化色彩的教派纷纷建立。据当时的佛教史学家声称，全国有一百多个教派。当然这有些夸大其词，但唐代确实是教派林立。其中势力较大、影响较广久的有如下几家：天台宗、三论宗、华严宗、净土宗、禅宗、律宗、密宗、唯识宗。

天台宗，初创建于隋朝，唐朝时最盛。此宗以印度的龙树为初祖，二祖为北齐慧文，三祖慧思，四祖智𫖮。其实智𫖮是天台宗的真正创始人。智𫖮在南陈太建七年（公元575年）率弟子居于天台山，著书立说，独创一家之言，因此以天台为名。天台宗以《法华经》为其理论根据，并以智𫖮所著《法华玄义》、《法华文句》、《摩诃止观》为基本经典，所以天台宗又称法华宗。

天台宗主张止观并重，也就是禅定与智慧—— 研习佛教义理同时进行，放在同等重要的地位。这种主张，实际是将南北朝时的南方较重义学、北方较重禅定结合在一起，以适应新时期大一统形势的需要。天台宗在本体论上，心、真如等同，世界万有，一切物质现象和精神现象，皆为心一念的产物，此即“一念三千”。此一心非在物前，也非在物外，称为“心具三千”。

世界上一切事物都是虚幻不实的、是空的；只是“名相”，或是一种“假

五台山佛事活动

名”；但又非空非假，空假中为一，此即“三谛圆融”（空、假、中三谛非一非异）的认识论与三谛圆融相应，在修行上要求“一心三观”，即观空、观假、观中。只有做到这一点，才能排除“无明”，进入涅槃境界。在判教上，天台宗主张五时八教。五时是华严时、鹿苑时、方等时、般若时、法华涅槃时。天台宗以己为最高的法华涅槃时。八教是化法四教、化仪四教的统称。化仪四教分顿、渐、秘密、不定四种。化法四教为藏、道、别、圆四教。天台宗自称属于教义圆满的圆教。

天台宗在智顗、灌顶（五祖）时盛极一时，后渐衰落。中唐时经湛然的努力，暂时中兴。湛然进一步提出“无情有性”，草木砖石也有佛性的主张。武宗废佛后，天台宗渐至衰颓，在十一世纪初分为山家、山外两派。唐后期日僧最澄来华求法，在天台山随湛然弟子道邃、行满学习天台教义，回国后弘传天台宗，同时传密宗。宋代朝鲜僧人义天曾来华学习天台教义，天台宗传入朝鲜。

三论宗以龙颉、提婆的著作《中论》、《百论》、《十二门论》为基本经典，故有此名。三论宗主张“诸法性空”，所以又称法性宗。中国僧人大多数继承印度大乘空宗的思想，传译，讲学三论的人很多。著名的僧人先后有鸠摩罗什、僧睿、僧肇、僧导、昙济、僧朗、僧诠、法朗等人。三论宗的实际创立者是隋代的吉藏。吉藏著有《三论玄义》、《大乘玄论》、《法华玄记》、《法华义疏》、《中论疏》、《二谛义》等。

三论宗以“破邪显正”、“八不中道”、二谛说为其基本教义，主张万物由因缘而生，空幻不实，世俗的认识为有为真，这是俗谛；真谛即第一义谛，以为一切为空、为假。真假二谛，缺一不可，说有说空都是偏执邪见；不生不灭、不常不断、不一不异、不来不出才是世界的本来面目，即“中道实相”。三论宗后又传入日本、朝鲜，在中国则寿命较短。

净土宗又称莲宗。因被尊为初祖的慧远曾在庐山邀集僧俗十八人成立白莲

社，发愿往生西方净土而有此名。实际上对后世净土信仰影响较大的是北魏的昙鸾。他著《往生论注》很有名。唐代有道绰及弟子善导，是净土宗的真正创始人。善导的主要著作有《观无量寿佛经疏》、《往生礼赞偈》等。净土宗所依据的经典为龙树著《阿弥陀经》、《无量寿经》、《观无量寿佛经》、世亲著《往生论》。该宗主张俗人所居的现实世界是“秽土”、“尘世”，佛所居住的地方是“净土”、“佛国”，而阿弥陀佛所居住的地方是净中之净地，为西方极乐世界。人有出家人、在家修功德者、不修功德者三种，不论哪一种，只要口诵“阿弥陀佛”就可在死后往生西方净土，在那里可达到解脱。净土宗的修行方式简便易行，得到广泛传播。据载善导时，“长安道俗传授净土法门者不可胜数”。唐以后净土宗与禅宗融合。该宗从我国传入日本，分为镇西派和西山派两大系统。

唯识宗又称法相宗，其创建人是唐代名僧玄奘和窥基。玄奘于贞观年间西行求法，从印度取回大小乘佛教经律论657部，在长安进行译经、讲学活动。该派以《成唯识论》、《瑜伽师地论》、《解深密经》为基本经典，主张“万法唯识”，“心外无法”，由分析法相入手来表达“唯识真性”，因而得名。玄奘的弟子窥基是唯识宗的完成者，撰有《成唯识论述记》，弟子慧诏著有《成唯识论了义灯》，智周著《成唯识论演秘钞》，此三部书被称为“唯识三大部”。因窥基常住慈恩寺，被后人称为慈恩大师，所以该宗也被称为“慈恩宗”。

北京潭柘寺佛乐演出

唯识宗的“万法唯识”，认为世界森罗万象，都由人的主观的识而生起，人们对各种现象虚妄分别，执著

于名词概念，这就是事物的“遍计所执性”。但人们的这种“遍计所执”并不是凭空捏造出来的，是因为万物由缘而起，即“依他起性”。这“缘”就是人的主观意识，破除了遍计所执性，方显出事物的“实性”，得到圆满的实相认识，就是“圆成实性”。这三性都离不开“识”。识有八种：眼、耳、鼻、舌、身、意识、末那识、阿赖耶识。阿赖耶识又译藏识，最为重要，是一切现象的总根源，有能够变现所有现象的功能，称之为“种子”。唯识宗还主张“五种姓”（声闻、缘觉、菩萨、不定、无性），种姓先天具有，由阿赖耶识中的种子所决定，不可改变。也就是说，人能否成佛，能达到什么果位，是先天就定下的，不是所有的人都能成佛。这种思想正与南北朝时期流行的众生都能成佛，一阐提人也能成佛的思想相悖。唯识宗为论证自己的观点，将古印度的因明学——逻辑学引入中国。唯识宗的理论较为严谨、精密，基本上继承了印度的说教。正因为如此，唯识宗在唐代八大宗派之中寿命最短暂。

律宗。佛教有戒定慧三学，中国佛教各派也都讲究戒律。但律宗特重讲传戒律，故有此名。相传释迦牟尼在世时为约束僧众制定了各种教规、戒律。佛教第一次结集时由优婆离诵出律藏。部派佛教形成以后，各派所执戒律发生差异。南北朝时期，小乘佛教的戒律基本上都已传入中国，其中《四分律》流传最广。道宣随北魏慧光的三传弟子智首学习《四分律》教义，著有《四分律删繁补阙行事钞》、《四分律拾毗尼义钞》等，以大乘教义讲解《四分律》，创立了律宗。道宣晚年常在终南山潜心述作，因此该派又称“南山宗”，或“南山律宗”。

律宗把佛教分为“化教”和“制教”。定慧二学为化教，戒学为制教。化教又分性空教（小乘）、相空教（讲习般若经典的大乘“浅”教）、唯识圆教（说唯识教义的大乘“深”教）。制教根据对戒体的看法分为三宗：实法宗、假名宗、圆教宗。道宣称自己的教派属于圆教宗，即认为戒体是阿赖耶识之心法。佛教的戒律十分烦杂，不仅规定出家受戒及教团内外人与人之间的行为规范，而且对何时吃饭、睡觉都有明确的规定。道宣的三传弟子鉴真六次东渡，最后一次将律宗传入日本。

华严宗因奉《华严经》为根本依据的经典而得名。其实际创始人法藏曾被武则天赐号贤首，所以也称贤首宗。因该宗主张法界缘起，因此又被称为法界宗。华严宗尊杜顺为初祖，智俨为二祖，法藏为三祖。后有澄观为四祖，先后被唐

代宪宗、穆宗、敬宗、文宗封为国师，政治地位高出其他派别。华严宗很快传到朝鲜、日本。

华严宗宣传自己是教法的最高等级，为“圆教”；其他派别甚至印度佛教都是“偏教”。华严宗主张“一真法界”为世界一切现象的本源，一切现象由“心”随“缘”而起，离开心别无一物。一切事物的关系是你中有我，我中有你，圆融无碍。一与多，总与别是相即相入的关系。这本来包含着辩证法的因素，但说过了头，实际上是否定了事物的差别性。华严宗认为现象都是虚假的，只有本质是真实的，只有“离妄想，一切智、自然智、无碍智即得现前”，就可成佛。也就是说，只要取消了对事物差别的认识，就能成佛。圆融无碍的思想贯穿于华严宗的整个理论体系之中，使它在佛教内部调和各派的思想，兼收并蓄。五祖宗密将华严与禅宗思想糅合在一起，就是一个典型的例子。对外，华严宗主张融合佛儒道三家。这种圆融一切的思想，是唐代大一统局面的一种反映。宗密死后，华严宗衰落。

密宗，顾名思义，是相对于大乘一类显教而言的密教。密宗自称金刚萨埵受法身佛大日如来秘密教旨传授，又传给龙树，为“真言”实教，所以又称“真言乘”、“金刚乘”，也称“密教”、“秘密教”。密宗依据的经典是《大日经》、《金刚顶经》、《苏悉地经》，主张世界万物由地、水、火、风、空、识六大所造。众生修行必得依三密，即手结印契(特定的手势)为身密，口诵真言(咒语)为语密，心观大日如来为意密，这样和如来之三密相应，就可即身成佛。实际上密宗是七世纪以后印度大乘佛教一部分派别与婆罗门教相结合的产物，其特征为高度组织化的咒术、仪礼、民俗信仰。唐开元年间，善无畏与弟子一行，金刚智与弟子不空分别传译《大日经》、《金刚顶经》，是密宗传入中国之始。但它在汉地传播的历史极短。密宗传入我国西藏地区后与当地的本教结合，形成藏密，又称喇嘛教。唐后期日僧空海在中国学得密宗，回国后创建了“真言宗”，后又分为许多派别。

禅宗，是中国佛教中最大的一个派别，也是最具民族特色的一个派别。禅宗以禅得名。禅是梵语音译，也作禅定，是佛教的修行方式，戒定慧三学之一。中国的佛教大多主张定慧等学，禅教并重。禅宗也是这样主张的，但又特别注重禅定，以禅定概括佛教修习全部内容，因此被称为禅宗。因为禅宗自称“传佛心印”，以觉悟众生本有之佛性为目的，所以又称“佛心宗”。据禅史所述，禅宗祖

五台山罗睺寺，五大禅处之一

师上溯到印度的摩诃迦叶；中国的初祖为印度来华僧人菩提达摩，二祖为慧可，三祖僧璨，四祖道信，五祖弘忍。弘忍以后分为几派，最大的有两派，神秀在北方传教，恪守上代所传教法，主张坐禅息念，“拂尘看净”；慧能在南方弘教，不拘于形式，不执著于名词概念，不重坐禅，认为“即心是佛”，只要内心直觉顿悟，便可成佛。历史上称为“南能北秀”。由于慧能的方法简便易行，因此势力越来越大。流传至今的禅宗，都属慧能一派。慧能在世时，南宗并没有很大影响，那时神秀贵为“两京（洛阳、长安）法主”，“三帝（武后、中宗、睿宗）国师”，名噪一时。慧能的弟子神会大力提倡顿悟，与北宗进行了激烈斗争，终于为南宗夺得了正统地位。慧能弟子除荷泽神会外，还有青原行思、南岳怀让。青原行思之后分为曹洞、云门、法眼三宗，南岳怀让以后形成临济、沩仰二宗。临济在宋代又分为黄龙、杨岐二派，被合称为“五家七宗”。

从以上几派的兴衰盛败，我们可以看出中国化是外来思想文化能够生存发展的惟一出路。禅宗、华严、净土、天台，中国色彩最浓，化复杂为简易，变彼世为现世，符合中国的国情、传统文化心理，具有很强的生命力；恪守印度教法的唯识宗、三论宗等，则无法将自己的教义贯彻到底，在激烈的竞争中较早地退下阵去。

（黄燕生）

39

中国有哪些佛教宗派传入日本？有何演变？

公元六世纪佛教开始传入日本。现分天台、真言、净土、禅、日莲及奈良佛教几大系统。奈良佛教系指日本奈良时期(710—794)传入的宗派，即三论宗、成实宗、法相宗、俱舍宗、律宗和华严宗。三论宗是最先传入的宗派，可称是日本有佛教派别的开端。其第一传朝鲜僧慧灌(约七世纪前半)曾来隋从吉藏学三论宗义。625年奉高丽王之命赴日，住元兴寺传三论宗。此后弟子日僧智藏、道慈入唐学三论学说，形成日本元兴寺派和大安寺两个流派。成实宗大体与三论宗同时传入，但在组织上始终未独立成宗。因两宗俱取空宗理论，大都由三论学者兼学之，因此，日本成实宗又称三论宗的附宗。653年，日僧道昭(629—700)入唐从玄奘学法相宗义。归国后以元兴寺为中心弘法，称南寺传。716年日僧玄昉(？—746)入唐随智周习法，以日本兴福寺为中心弘法，称北寺传。奈良时代是法相宗的全盛时期。该宗人才辈出，形成当时佛教思想的主流。护命、善珠、神叡等都是著作甚富、对教观颇有研究的学者。俱舍宗和法相宗分别称作“小乘有宗”与“大乘有宗”。由于教义上的相互联系，二宗同时传入日本，俱舍宗实为法相宗附宗。华严宗由新罗僧审祥(？—742)传入。审祥留学唐朝，师事法藏学华严宗。740—742年在日本金钟寺道场首次开讲《华严经》，并传法与日僧良辨。华严宗与皇室贵族关系密切。圣武天皇极重华严宗，749年勅诸宗院

广州光孝寺
僧人叩头

讲说经论要以《华严经》为本；敕中央寺院东大寺为华严宗的本寺。754年，唐代高僧鉴真(688—763)应日僧的邀请东渡日本，在东大寺毗卢舍那大佛前、大佛殿西侧、下野药师寺和筑紫观世音寺建筑戒坛，传布南山律宗。奈良六宗传入日本后，被日本朝廷作为施政的一种指导思想加以利用。为获得本阶级的现实利益，侧重建寺、造像，诵经，写经等方面，各宗在教义上无多大发展，基本上承袭中国各宗固有教义。804年，最澄(767—822)和空海(774—835)同入唐求法。归国后，最澄以比叡山为中心创立日本天台宗；空海以东寺和高野山为中心弘传真言宗。两宗是日本平安时代(794—1192)的代表宗派，开始重视宣传，解释教义、教理。日本天台宗弘传中国智顗天台法系，宣传"一念三千"(即世界万物都是人心一念的产物)，"三谛圆融"(空、假、中谛相即融通)等理论；并在此基础上，主张圆教(天台)、禅、圆戒(大乘戒)、密教四教合一，尤其在密教的发展上更为突出。真言宗阐明密教是佛教的终极妙义，强调即身成佛思想(父母所生身，速证大觉位)，认为只要成就 "三密加持"(口诵密呪，手结印契，心念佛相)就可即身成佛。在宗教实践上，两宗更注重密教。以"镇护国家"、为贵族"消灾积福"作为诵经修法的主要目的，盛修息灾、增益、延命及祈请祐护等法会。因

浙江天台山

此，为区别真言密宗，又称日本天台宗的密教为“台密”。十二世纪以后，佛教与日本民间信仰、生活习俗相结合，一些注重信仰、教义简单的新宗派相继兴起。禅宗的临济、曹洞二宗也由宋朝传入日本。1175年，日本僧法然(1133—1212)据善导《观经疏》等著作，创立日本净土宗。该宗以舍弃万善诸行，只取念佛一行作为凡夫往生净土的“正业”、“正因”，只要信愿具足，一心称念“南无阿弥陀佛”，始终不怠，临命终时便可往生西方净土。自法然首创弥陀念佛法门以来，获得很大发展，形成了净土宗、净土真宗(另有专题论述)和时宗三大法系。时宗由一遍(1239—1289)创立。宣传他力念佛的教理，更注重《阿弥陀经》，注重游行化募的传教实践。临济禅和曹洞宗分别由荣西(1141—1215)和道元(1200—1275)传入。荣西曾于1168年、1187年两次留学宋朝，传承中国临济禅宗黄龙派，修“看活禅”，即借助先师语录等达到觉悟。创立日本圣福寺、建仁寺，并兼修密宗。曹洞宗宗祖道元师事宋朝天童山长翁如净，以日本永平寺为中心传教。修“默照禅”，提倡“只管打坐，即心是佛”，即主张通过“寂照静默”来“休歇身心”，达到解脱。至莹山绍瑾时，对禅风作了一些改革，吸收民间流行的祈祷仪式，并建总持寺为新的传教中心。禅宗传到日本后，深得朝廷和幕府将军的皈依，在诸教派中尤为兴盛。禅僧与宋朝交往密切，大量摄取宋代文化，形成日本佛教史上有影响的“五山文学”。十七世纪中叶，明僧隐元(1592—1673)将黄檗禅宗传入日本后，振兴了日本禅林的发展。黄檗宗传中国临济宗杨岐派禅风，主张“禅净一致”，宣传阿弥陀佛信仰，本山黄檗山万福寺在制规和修行方式上依然保留着某些明代风格。

(张大柘)

40

日本的净土真宗有何特点?

十二世纪以后,日本一些注重思想信仰,教义与仪式比较简单的新宗派相继兴起。其中,净土真宗更具有日本民族的特色。净土真宗又称一向宗,简称真宗。它属净土教系,宗祖亲鸾(1113—1262)幼年在天台宗比叡山出家。二十九岁时,师事净土宗法然。1224 年,亲鸾著净土真宗主要经典《显净土真实教行信证文类》(简称《教行信证》六卷)。此即净土真宗的开创。至亲鸾第八代孙莲如(1415—1499)时,得到迅速发展。现分本愿寺派、大谷派及高田派、兴正派、佛光寺派、三门徒派、诚照寺派、净兴寺派等十五派,共有信徒 2000 余万。以亲鸾嫡系本愿寺派和大谷派在国内外最有影响。1969 年,真宗各派组成“真宗教团联合”,在当代的一些活动中,取基本一致的立场。真宗所依经典是净土三部经,即《无量寿经》、《观无量寿经》和《阿弥陀经》。认为佛的“真实之教”是《无量寿经》,最重要部分是阿弥陀所说四十八愿,其本体则是南无阿弥陀佛名号。真宗注重内心信仰,“信心正因”和“恶人正机”是真宗特有的宗教理论。按其宗义的序列是教、行、信、证。所谓“行”,是舍弃杂行杂修的“自力”小行,而依靠阿弥陀“他力”的大行。所谓“信”,即内心对弥陀佛的坚定信仰。它具有佛的一切功德。在皈依这大行的“信”的一念之中,就可得到往生净土的证果。称之是达到彼岸世界的“易行道”。因而,真宗不同于佛教其他宗派,把“行”作为

四川乐山大佛

成佛的因种，而是把“信”作为往生极乐世界的“正因”。真宗的念佛，区别于净土宗的“选择念佛”，即选取念佛一行作为往生净土的正业。在真宗看来，“行” 只是对无限佛恩的报答，因而称“报恩念佛”。根据这一理论，真宗的宗风不同于其他佛教教派，它不强调固守佛教的清规戒律，允许僧侣食肉娶妻，只要履行世上普通的道义即可。亲鸾曾长期生活在贫苦的农民之间，目睹广大农民在封建势力的压迫下，既无积善根、作布施的钱财，又无念佛数万遍的时间，有的因生活所迫，不得不操杀生之业。因而提出“恶人正机”的理论。“恶人”系指以渔、猎等为生和无暇从事修行者。认为这些人具有正宜受其教法的机根。阿弥陀佛的第十八愿是普度一切众生的宏愿，即使犯五逆罪者，只要其“信心”与阿弥陀佛的佛智冥合一体，就可完生往生净土之业。明治维新之后，真宗进行了若干改革。真宗在组织上规定，凡本派僧侣须依管长得度；凡末寺住持均由本山委任；本派管长如无嫡子，由同族侄辈承继；如管长年轻身亡，其子尚幼，可暂委任摄政住持；末寺僧侣不得任意批评管长，如管长确有过失，可向文部省宗教部门提出；末寺僧侣如出国留学或举办各种社会事业，可向本山申请资助等。真宗在历史上曾多次发生与封建领主、割据集团的武装斗争（一问一揆），现在国内外仍有很大影响，教势发展到欧美大陆，美国、加拿大、巴西、德国、瑞士、英国等国家和地区都有该宗的教团组织。教团组织主要有 “美国佛教团”、“南美本愿寺教团”、“夏威夷佛教青年联合会”、“泛太平洋佛教青年会”等。真宗宗立学校很多，分为大学、专门学校、专修学院、中学校、女校等类，意在培养、造就专门研究人才。龙谷大学、大谷大学、京都女子学院、武藏野女子学院不仅是日本著名学府，也是真宗的主要研究阵地。并没有佛教史学会、佛教学会、真宗学会、宗教法研究会、真宗教学研究所、真宗史研究会等学术研究机构及真宗典籍发行会、真宗圣典编纂委员会、真宗全书发行会等出版机关。

（张大柘）

41

佛教传入日本后，形成哪些民族特色？

公元六世纪，佛教传入日本后，受到日本社会、思想文化及习俗诸方面的影响，逐渐发展为日本民族的佛教。日本佛教有如下四个特点：

1. 日本佛教的国家化。所谓国家化，是指历代统治者对佛教的积极扶助和利用，使之成为国家意识形态的组成部分。自传入初期，佛教就受到国家的肯定与扶助。公元593年圣德太子施政，视佛教为“万国之极宗”，颁布兴隆三宝之诏，把佛教置于相当国教的地位。以后直至明治维新前夕，以天皇为中心的中央朝廷及幕府将军都致意兴隆佛教。尤其在奈良（710—784）、平安（794—1192）两个时代，视佛教为“镇护国家”之要法。740年圣武天皇依《华严经》宣传的教理，为“赖三宝之威灵”，“修万代之福业”，

甘肃天水甘谷大佛

而修建的中央寺院东大寺(总国分寺)及翌年发诏在全国各地所建的国分寺,则集中地体现了这一思想。《金光明最胜王经》、《法华经》、《仁王般若经》、《华严经》等都是当时颇为流行的所谓护国经典。在国家的保护与重用下,僧侣享有优厚待遇,参与朝政,甚至不乏居朝中显位之僧。794年迁都平安后,朝廷积极扶植由唐朝传入的新宗派——天台宗和真言宗。赐封两宗大本山寺院延历寺和东寺;并为国家承认的贵族大寺;准奏在宫中修建真言院,成为当时修法的中心。天台、真言两宗为满足皇室、贵族对现世利益的需求,也以"镇护国家"、"积福灭灾"作为祈祷、诵经、修法的主要目的。为了天皇安康、国家太平而举行的"后七日法会",是真言宗重要修法仪式之一。镰仓时代(1192—1333),皇室贵族,公卿将相盛行出家遁世之风。北条氏一家归向禅宗,足利氏家族也寄志于禅宗。据传,无比高傲的足利义政竟肯为灵见禅师脱鞋。此间,朝廷与幕府大兴修建寺堂庙宇,现今各宗本山寺院妙心寺,知恩院、增上寺、永平寺、总持寺、久远寺及本愿寺等皆落成这一时期。德川幕府(1603—1867)建立后,对寺院的等级、位阶的高下乃至法衣法服都规定了一套制度,并把佛教作为镇压天主教的工具,实行"改变宗门"、"寺请证文"制度,僧侣掌管着"宗门户口簿",甚至人们的婚姻、生死等也要在所属寺院得到验证,实际上寺院已沦为封建统治的监察机关。从教界方面,最澄的《守护国界章》、《显戒论》、空海的《秘藏宝钥》、《奉为国家请修法表》、荣西的《兴禅护国论》、及日莲的《立正安国论》等,充分地显示了各宗以求镇护国家的立场。

2. 日本佛教的世俗化。在早期传统的诸宗派中,惟有净土真宗不依据佛教的清规戒律树立宗风,允许僧侣娶妻食肉。宗祖亲鸾娶慧信尼为妻,生有四男三女。自明治初年,佛教的世俗化广泛波及各个宗派。明治五年(1872),政府明确规定,允许僧侣食荤、娶妻、蓄发。翌年又承认僧尼有蓄发、食荤、婚姻和还俗的自由。如今日本佛教已演变为居家佛教,即僧侣得以享受一般公职人员的权利,过着同样的家庭世俗生活。这一本质的变化,反映了日本佛教的特殊体制。

3. 日本佛教的社会化。佛教现已深入日本社会的各个领域,文学、教育、建筑、医学、武士道乃至家庭生活无一不受其影响。日本现有佛教徒8100余万,寺院76000余座。几乎每个家庭都安置佛像、佛坛,以备每日参拜之。日本神话《源氏物语》取材于《华严经》第五十三卷的内容;《竹取物语》则是翻译《奈女耆婆因缘经》而成。日本人民曾崇尚过的武士道也带有浓厚的佛教色彩。至于社会福利事业更不胜枚举。现大阪四天主寺和元兴寺中的敬田院、施药院、疗病院和悲田院是日本佛教大规模行慈善事业的开始。以后诸代僧侣也不乏致力社会公益之人。现代各宗派也竞相兴建设施先进的福利机构，为社会服务。

江苏句容宝华山戒台

4. 学术研究水平的现代化。明治维新之后，日本佛教学者改变传统的“训诂式或注释式”的研究方法，开始了现代佛学的研究，并逐渐达到国际先进水平。日本各著名大学设有佛教研究机构、设立佛学研究的有关课程。各宗也建有许多教育、研究机构。日本从事佛教研究的团体很多。其中日本佛教学会、印度学佛教学会、日本宗教学会、佛教史学会、日本佛教研究会、国际佛教研究所等都是很有成就的研究机构。日本学术界先后涌现出很多著名学者，如村上专精、木村泰贤、高楠顺次郎、南条文雄、望月信亨、铃木大拙、宇井伯寿等，为开拓现代佛教研究都作出了贡献。

(张大柘)

42

禅宗为什么叫"佛心宗"？

禅宗，又称"佛心宗"，因为该宗自称"传佛心印"，以觉悟众生本有之"佛性"为目的。又据佛教传说，灵山会上，释迦拈花示众，众人不解其意，惟有摩诃迦叶，"破颜微笑"。释迦见迦叶会意，因而宣布说："吾有正法眼藏，涅槃妙心，实相无相，微妙法门，不立文字，教外别传，付嘱摩诃迦叶。"禅宗根据这个传说，认为迦叶得佛心传，是禅宗初祖，禅宗因此而开创。

(何云)

四川什邡罗汉寺

43

禅宗自称“不立文字”，为什么写有那么多语录?

慧能作为禅宗的实际创始人，提倡“识心见性”，也就是所谓“直指人心”。禅宗在慧能时代是质朴无文、不加修饰的。但是，实际上，任何一种思想的产生、发展和传播，是不可能真正脱离语言文字手段的。尤其是禅宗这样根深叶茂、派系众多、世代相传的大宗派，更是如此。因此，随着禅宗的发展以及文人士大夫向禅的增多，专门记述禅僧说法事迹的语录，还有记载禅宗历史的各种灯录，越来越多。禅宗由“不立文字”变成了“不离文字”，甚至变得越来越烦琐，玩弄文字和语言游戏。

在禅宗语录中，比较有影响的是《古尊宿语录》、《碧岩录》、《从容录》、《指月录》等等。

《古尊宿语录》由宋颐藏主集，48卷。广采南岳怀让以下四十多家唐宋禅师语录。《碧岩录》由宋圆悟克勤编，十卷。对宋初禅僧雪窦重显从历代禅宗语录中精选出来的百条“公案”进行提示、评论，介绍公案提出者的简历，并就其中警句加以评唱(解释和评述)，自作颂语，最后以评唱结束。它是中国禅宗临济宗的主要典籍，对日本禅宗影响很大。《从容录》是元代行秀所著，体例大体同《碧岩录》。《指月录》，明代瞿汝稷集，三十二卷，记述从过去七佛到宋大慧宗杲的禅宗传承法系共六百五十人的言行传略。另外，北宋道原著的《景德传灯

湖北黄梅五祖寺慧能题偈处

录》及其他种种灯录虽属史书范围，侧重传法世系的介绍，但是附有大量有关重要禅僧的语录，也可参考阅读。

（何云）

44

什么是喇嘛教？为什么把喇嘛教称作“藏传佛教”？

喇嘛教就是指的西藏佛教，或藏传佛教。长期以来，藏传佛教一直被称为“喇嘛教”。在我国报刊、书籍和文件中也基本沿用这一称谓。我国佛教界人士、很多藏族同志和一些学术工作者，均认为这一名称不妥，最好不再使用。

藏语对男性僧人统称为“扎巴”。“扎巴”内部又分三大类：1.“格雀”，相当于汉地佛教的“沙弥”，是初级阶段的仅受过沙弥戒的僧人；2.“格隆”，相当于内地佛教的“比丘”，是高级阶段的，受过比丘戒的僧人；3.“喇嘛”，即活佛，死后可找转世灵童继位，这是十三世纪以后藏传佛教中特有的僧人，印度、东南亚各国、日本和我国内地的佛教中均无这一等级的僧人。“喇嘛”一词意为“上师”、“师长”，弟子对自己依奉的、学行高深的“格隆”（比丘），也可称为“喇嘛”。在这种意义上，“喇嘛”一词又和汉语中的“和尚”原来的语义相同。

一般把藏传佛教中的僧人统称“喇嘛”，本来已不确切，进一步把藏传佛教称为“喇嘛教”就更不适宜了。它容易被人误解为“喇嘛教”是佛教之外的一个宗教，而不是佛教中的一大支派。更重要的是，这一称谓刺激西藏佛教界和藏族人士的宗教和民族感情。若把内地佛教称为“和尚教”或把道教称为“道士教”，显然具有贬义，会引起信众的反感。

江西南昌佑民寺

“喇嘛教”一词最好不用，道理也在这里。

大家认为，把“喇嘛教”改称“藏传佛教”或“西藏佛教”的名称为好。

总之，它就是佛教，而不是有别于佛教的其他宗教。

(李冀诚)

45

什么是“四谛”、“八正道”？

什么是“四谛”？“四谛”是原始佛学的中心思想，也是佛学的基础。谛(Satya)是“实在”或“真理”的意思，在印度宗教哲学里是一般通用的概念和方法。佛陀所说的“四谛”是苦、集、灭、道四种，其中苦谛是说现实生存的种种痛苦现象，即佛经里所讲的“一切皆苦”；集谛是表示造成痛苦的各种原因或根据；灭谛表示作为佛教最后理想的无苦涅槃，即消灭了苦的境界；道谛是说为实行佛教理想所应遵循的手段和方法。在四谛的四种真理组织中，苦谛是基础、是根本。佛教把苦的现象归纳成八种，即：生苦、老苦、病苦、死苦、怨憎会苦、爱别离苦、求不得苦、五取蕴苦八种苦。其中生、老、病、死是说人生命自然的现象或规律，怨憎会苦是指和不可爱的人和物会合的痛苦，爱别离苦是指和可爱的人和物离开的痛苦，求不得苦是说想得到而得不到的欲望的痛苦，五取蕴苦是指由构成人的色、受、想、行、识五种积聚而产生的种种痛苦，即一切身心之苦。众生了解了种种苦相，探究了诸苦的原因，遵循佛教的教义，去消灭痛苦，也就掌握了集谛、灭谛和道谛的道理。灭苦有八种途径：1. 正见，即正确的见解；2. 正思维或正志，即正确的思维；3. 正语，即正确的言语；4. 正业，即正确的行为；5. 正命，即正确的生活；6. 正精进，即正确的修行；7. 正念，即正确的思想；8. 正定，即正确的修持禅定。佛陀认为此八种正确途径是消灭痛苦的神圣真理，称之

陕西西安终南山净业寺

为“八支圣道”，也称“八正道”。这里的“八正道”是说按照佛陀的教义理论去做的正确途径，是每个欲求解脱的佛教徒必须首先做到的。据说释迦对他的初传五个弟子讲法时，先讲“八正道”，再宣“四谛”说。而“四谛”又是佛陀受古印度治病的“四诀”(善知病、善知病源、善知病对治、善知治病)的启发而作的。所以，“四谛”、“八正道”主要是佛陀为解决人生现象而提出的理论，反映了他的人生观和解脱观。

(黄夏年)

46

“善有善报，恶有恶报”的因果报应和六道轮回的说法是什么意思?

人们碰到高兴或痛苦的事情，经常会联想到曾经做过或见过的一些往事，认为喜事与不幸都是由过去的行为造成的，是一种报应。这个“报应”与佛教里所讲的“善有善报，恶有恶报”的因果报应说法还不相同。佛教认为众生有身口意三种活动，其中身是身体发出的动作，口是嘴说的言语，意是人的思维活动。三种活动也称为业，音译“羯摩”，意译造作。众生有善、恶二业之分，顺理利人是善的活动，违理损人是恶的活动。佛经把人的行为归纳为十个方面，即十种业。十善业道是：不杀生、不偷盗、不邪淫、不妄语、不两舌（不搬弄是非）、不恶口（不说不恭敬的话）、不绮语（不花言巧语）、不贪欲、不嗔恚、不邪见，前三种是身业道，中间四种是口业道，后三种是意业道，与十善业道相对的则是十不善业道。佛教宣称善业道是净（化）法，不善业道是染（污）法，业是产生结果的原因，称“业因”，由业因而得的果报是业果。世俗间的业果都是依净、染两业为缘所显现的，依业流传，依业出离，这是一个真理。众生按今世不同的业力（行为）在来世可以获得不同的果报，行善者得善报，行恶者得恶报。果上又可以造新业，再感未来果报，如此往复流转。在过去、现在、未来三世，天上、人间、阿修罗、地狱、饿鬼、畜牲六道 ，胎生、卵生、化生、湿生四生里轮回贯通转生不止。众生了解善业有生乐果的作用，恶业有恶果的功能的因果关系，修习善业，坚信佛法，

浙江杭州灵隐飞来峰造像

严守戒律，生起佛教所强调的正见，就可以获得善果，可在来世转生在天上、人间。反之，坚持恶业，诋毁佛法，生起邪见，据称死后只能坠于阿修罗、地狱，沦为饿鬼，变作畜牲。善恶业行都是由作业者今世自己的行为决定的，到了果报成熟的时候，也是自己领受，别人是不能代替的。即父亲作了恶，儿子不受殃害；同样儿子作了善，父亲也不能受益。它们是“各自之死，善恶殃咎，各身随其身”，“是故随业，各自受报”。善恶果报的功能是永远存在的，作善者必定能得到善果，作恶者一定会受到惩罚，这也是无法逃脱避免的。也许有的人行善或作恶，但是并没有受到善果或惩罚，佛教对这种情况解释是“不是不报”，只是“时间没到”，业力因缘尚未成熟，一旦成熟，果报就会来到。

(黄夏年)

47

佛教所说的“烦恼”同我们平常讲的烦恼一样吗?

佛教说的“烦恼”和平常讲的烦恼都是指一种意识和心理活动以及所表现的情绪等,但佛教所说的烦恼还有其特定的涵义。平常说的烦恼是指心情不畅快以及由此而引起的痛苦。佛教说的烦恼,是梵文 kle’sa 一词的意译,也译作“惑”,被认为是扰乱众生身心致使发生迷惑、苦恼等精神作用的总称,泛指与佛教宣扬的寂静、涅槃境界相对立的一切欲望、生理需求和一切思想观点和精神情绪。在认识论和道德观上,它是一切世俗情欲、情绪和思想活动的总称;在人生社会中,被认为是苦的根源;在宗教信仰上,是轮回转生的总因。

具体来说,烦恼有多种分类,主要有“根本烦恼”和“随眠烦恼”两种。佛教内部有不同的解释。一般认为,“根本烦恼”,也称作“本惑”,是指一切烦恼生起的根本。有六大根本烦恼:贪、瞋、痴、慢、疑、恶见。贪,即贪欲。瞋,指仇恨和损害他人的心理。痴,即愚昧无知,不明事理。慢,即傲慢自负。疑,谓对佛教及其教义犹豫不决。恶见,简称“五见”,指违背佛教真理的见解,共有五种:我见,认为“我”和“我所”(主、客)都是真实存在的观点;边见,执着片面、极端的见解,包括两种:常见(有见),认为“我”常住不变,断见(无见),认为“我”可以不受果报;邪见,否认因果报应的见解;戒取见,把错误的戒律、规则当作可以引导达到涅槃的正确戒律和规则。“随眠烦恼”,亦作“随惑”,与根本烦恼相对,指随从根本烦恼而引起的烦恼。随眠烦恼之数有很多说法，一种(《俱舍论》)说有十九种，包括放逸、懈怠、不信、惛忱、掉举、无懈、无愧、忿、覆、悭、嫉、恼、害、恨、谄、诳、憍、睡眠、恶作。另一种(法相宗)说有二十种，除去以上睡眠、恶作，加上失念、散乱、不正知，成二十种。

(吕建福)

浙江杭州灵隐
飞来峰观音像

48

什么是三学?

三学是指学佛者所修持的戒学、定学、慧学,包括佛教的全部内容。

戒学,即戒律之学,泛指佛教为出家僧尼和在家信徒制定的一切戒律仪规。按内容分为止持戒和作持戒两大类。止持戒是指"止非防恶"一类的戒律,包括五戒、八戒和具足戒等。五戒是:不杀生、不偷盗、不邪淫、不妄语、不饮酒。八戒,全称"八关斋戒"、"八斋戒",是为在家男女信徒制定的戒条,包括以上五戒和不眠坐高广华丽之床、不装饰打扮及观听歌舞,不非时食(正午过后不吃饭),最后一戒称为斋,是临时奉行的。具足戒,是专为比丘和比丘尼制定的戒律。出家人依戒法规定受持此戒,即取得正式僧尼资格。此戒条数目说法不一,《四分律》规定比丘戒二百五十条,比丘尼戒三百四十八条。戒律的另一大类作持戒,指教人"众善奉行"一类的戒律,包括关于教团修法仪式的规定以及僧尼衣、食、住、行应注意的礼仪等。如《四分律》中的"二十犍度"规定,僧众每月说戒忏过,每年四月十六日至七月十五日安住一起修禅定,安居结束时僧众揭发他人罪行,互相反省,评说不正的做法等。佛教三藏之一的律藏,是佛教戒律大全。据说释迦牟尼时就已制定了有关戒律,后来经过几次集结,汇成律藏。大、小乘各派除了共同遵守的戒律之外,还有本派本宗特有的戒条。对戒律的解释也有所差异。中国的律宗是专门奉持和解释戒律(《四分律》)而形成的宗派。

定学，即禅定之学，指通过精神集中、观察特定对象而获得悟解义理或功德的一种思维修习活动。本来禅和定还是有一定区别的，禅，是“禅那”之略，意译可为“静虑”、“思维修”、“弃恶”等，谓心注一境，正审思虑，通过心绪宁静专注来深入思虑义理。按修习层次，谓“四禅”或“四静虑”，从一禅到四禅，心理活动逐次发展，形成四种不同的精神境界。定，亦译“等持”，音译“三摩地”、“三昧”，是修定之意，谓心专注一境而不散乱的精神状态或功能，作为取得确定之认识、作出确定之判断的心理条件。定原包括与生俱来的精神功能生定和通过修习而生的修定，而在此指“修定”。定的种类很多，大小乘各有差异，中国佛教往往把定和禅连称“禅定”，这样其含义就广了。有的大乘派别往往把禅定和般若结合起来，止、观并提，定、慧双修。

少林寺塔林

慧学，即智慧之学，亦译为“智”，音译“若那”、“阇那”，指由修习佛理所引生的辨别现象、判定是非善恶以及达到解脱的认识能力和境界。大小乘的智慧所指不太一样，大乘各派也不尽相同。智慧有很多分类，而主要有以下数种：有漏智，对“见道”（以消除世俗见解为主要目的的修行阶段）以前，未现观四谛时的认识；无漏智，与有漏智相对，指具有断除三界烦恼，证得佛教真理的智慧；佛智，指佛所持有的智慧；根本智，为见道现观佛教真理之所得；后得智，与根本智相对，将根本智证得的“真理”运用于分析各类具体现象的智能；一切智，对现象共性的认识；一切种智，相对于一切智言，是对现象个性的认识；道种智，包括一切有关佛教的思想修养。

（吕建福）

49

“禅”、“定”和“禅定”的具体含意是什么?

什么是“禅”?“禅”是古代印度宗教哲学中的一种特定的宗教实践。古印度梵文是“Dhyāna”,有时也泛指瑜伽,我国古代音译“禅那”,意译“静虑”、“思惟修”,指的是安住一心,静心思考,使身心得到平和或体悟特定的义理的行为过程。印度的禅法发端于古代的巫术,原始人因受自然界天灾人祸的影响,出于恐惧对神灵加以崇拜,想通过各种仪式来摆脱诸神的影响乃至征服诸神。在这些使人心醉神迷的仪式中,有的可以看作是古老禅法的渊源。早期古代印度大部分宗教和哲学都不同程度地使用了禅行实践,并给予不同的解释。婆罗门教、佛教、耆那教都视它为修行的基本方法。瑜伽派和数论派把它看作是获得超自然能力的手段,所以有人把禅称为“印度民族的特性”。禅在印度人民的精神生活中有着重要的内容和并被认为有奇特的力量。释迦牟尼创建佛教时把禅援入佛教,相传释迦牟尼当年在菩提树下静坐苦思冥想然后成道。这种静坐苦思冥想的方法就是禅,佛经说:“犹彼牟尼佛,依禅定一心”。把禅分为初禅、二禅、三禅、四禅的四种情况,四种禅是佛教修行的四种不同层次的感受。在佛教创立前有的“外道”已经把“四禅”作为修行方法,释迦牟尼创立佛教后将其吸收并加以改造,作为修行的基础禅定之一。可见佛教一开始就把禅作为佛法的一个重要内容和修行的手段而加以重视与推崇。

云冈石窟——坐莲菩萨像

“定”是古印度宗教哲学中又一个特定的宗教实践。梵文是Samadhi，音译“三摩地”、“三昧”，意译“等持”等。指心注一境，精力集中不分散的一种精神状态。因为“定”的活动通常有“摄心住缘，目之为止”的特点，所以中国古代也把它译为“止”。此外，佛教里还有一种“定”的广义说法，指戒、定、慧三学中定学。定和禅不同的地方在于，禅的活动要有一个观想的对象，以特定的对象作为观想内容来作禅，就是禅观。而定则可能有观想对象，也可能没有。所以“禅”有思维的特点，“定”有静心的特征。

但是，在古印度禅和定总是结合在一起使用的，通常被称为禅定而不加以分别。印度宗教哲学早期的文献《奥义书》中最初提出了禅定概念，认为它们是“控制心思”，“统一感官”与“神”或“梵”(最高存在)的相接手段。佛教也说：“凝心于内，令得静止，成就一向，而获禅定，如是实得久远安住禅定”。凡是修持禅定的人，就能体会到禅定带来的喜悦与快乐，如同如来一样心地纯洁、清净，表明了通过禅定的思维修习活动而获得佛教所追求的精神境界。

禅定在佛教发展的漫长历史中一直受到重视。佛教的各个派别都对禅定作了某些补充或不同的解释。如大乘佛教认为用佛教的智慧来指导禅定，禅观是获得最高智慧的途径，强调“止观双修”。各个不同派别按照自己的理论提出各种不同的禅法。佛教从印度传入亚洲其他国家后，各国僧侣又根据本国的具体情况和传统的修行方法，将印度的禅法改造为本地禅法。在中国还出现了以禅命名的教派，形成了各种具有中国特色的禅法，并东传至朝鲜、日本等国，又由日本介绍到欧洲。而在斯里兰卡禅法不仅一直受到僧侣的重视，还进入了俗人的家庭，直至今日。

(黄夏年)

50

“涅槃”、“解脱”是什么意思?

涅槃是古印度梵文的音译，意译“圆寂”、“灭度”等。原意是指火的熄灭或风的吹散，后转为印度古代的一些宗教的专用术语。佛教建立后将其吸收进佛教教义里面而加以阐述。佛教认为众生既受烦恼和欲望的诸苦折磨，也受生死的力量束缚，涅槃则是对烦恼、欲望、诸苦及生死的最后的断灭，众生通过修行宗教实践，也就可以达到涅槃的境界。佛教对涅槃的解释很多，佛经记载有 60 多种，并且每个派别对此理解都不太一样，各有自己的说法。原始佛教认为佛陀强调灭的作用，把涅槃放在灭谛里面加以论述。涅槃是一种超越时空，超越经验，超越苦乐、不可思议、不可言传的实在。譬为在捶打熟铁时，瞬间即逝的火花，不知所在，不可捉摸。小乘佛教把涅槃看作“虚无绝灭”的意思，

印度阿旃陀石窟

峨眉山十方普贤铜像

以“灰身灭智，捐形绝虑”为特征，意谓身心俱无、一无所有的彻底死亡。所以释迦牟尼逝世就被称为涅槃。小乘佛教把涅槃分为两种情况。有余涅槃是指众生烦恼已断，欲望已无，但生命仍然存在，没有离开生死；无余涅槃则指包括生死已尽的彻底死亡。大乘佛教反对小乘的这种说法，认为涅槃应在世间而不是在出世间得到，因摆脱了世俗的认识，显示了佛法的“常住不变”的真实相就是涅槃，故“诸法实相即是涅槃”。大乘宣称涅槃应具有“常、乐、我、净”四德性或常、恒、安、清凉、不老、不死、无垢、快乐八种德性。大乘有些派别还有更多的分类，如法相宗综合了大小乘学说，将涅槃分为本来自性清净涅槃，有余依涅槃、无余依涅槃，无住涅槃。不同的分类法反映了佛教内部不同派别的主张。但是涅槃作为一种宗教修习所要达到理想境界是各派所公认的。

解脱是为我们大家所熟悉，使用最多最广的又一佛教名词。指众生摆脱了烦恼、贪欲及业障等的束缚，不为尘世所累，在宗教精神感到一种自由，得到了一种自在的精神安慰的境界。佛教对解脱的用法很滥，有多种分类和说法。广义地说，凡是感到精神上不受束缚，脱离了障碍，得到了自由自在的感觉也就获得了解脱。狭义上则把除去烦恼某些禅定等也看作解脱，甚至对佛教所说的教义思想的理解也是一种解脱。解脱和涅槃之间既有区别，也有相通之处，它们同指的一种精神境界。谈到除烦恼，去迷障时多做解脱；若指断绝“生死”的原因，不再拘于业报轮回的说法时，解脱与“涅槃”、“圆寂”相同。解脱里面包含了涅槃。而涅槃则是解脱当中的一个部分，是一种最高的宗教解脱。事实上解脱只是追求的一种相对的精神自由，“人无远虑，必有近忧”，没有任何绝对得到的彻底精神自由。因此彻底的解脱只能是生命死亡的一无所有，是无余涅槃。肉体已经消灭了也就谈不上什么精神的解脱了。

（黄夏年）

51

什么是“五蕴”、“十二处”、“十八界”？

什么是“蕴”？“蕴”也作“阴”，是“积聚”或“复盖”的意思。佛教认为有情的组织是由“色、受、想、行、识”五种因素积聚构成，也称“五蕴”。色蕴相当于物质现象，它包括着四大（地、水、火、风）和由四大所组成的感觉器官（眼、耳、鼻、舌、身），以及感觉的对象，如：颜色、声音、气味、味道、触摸对象等，总括了时间和空间的一切现象。受蕴相当于感觉，是对外界感受所能引起的感觉内容，由苦、乐、不乐三种感觉组成。想蕴相当于知觉或表象作用，是一种具有抽象思考的作用，能概括出事物表面现象的活动，如人们能了解这是青色、黄色、白色、圆的、长的、苦的等等，都是属于想蕴的内容。行蕴是有目的行动的意志，是人们通过思维分辨以后，形成的判断性的意向活动。“识蕴”相当于意识，即统一各种心理作用的根本意识。所以“五蕴”就是物质现象和各种心理现象的概括，是物质世界和精神世界的总和，同时也是现实中的人的代称。五蕴是佛教全部教义分析研究的基本对象。佛教各派都以五蕴来作为确立自己思想体系的依据，因此对它们的解释有所不同。小乘佛教认为五蕴是依靠缘起的法则产生万物。人只是五蕴的暂时因缘和合，所以人是不实在的，只有五蕴实在，由此推出“人无我”的结论。大乘佛教则主张五蕴和合的“人我”既然是不真实的，那么五蕴也是不真实的，因此世界上的事物都是不真实的，只是一种假象而已，

新疆库车龟兹石窟鸠摩罗什像

由此推出“法无我”的结论。

佛教根据有情认识活动及生理特点分为眼、耳、鼻、舌、身、意六种感觉器官，它们分属人身的六个部位，故称为“六处”或“六入”（入是处的古代译法）。六处具有摄取外在的感觉对象和产生六种认识活动的基本功能，又被称之为“六根”。六根是“心（大脑认识）所依者”，是有情的根本所在，又称“有情本”亦名“六情”。按照佛教的说法，六根中眼、耳、鼻、舌、身前五根是生理器官，能分别个别的认识活动，而第六根“意”根则是能分别一切的认识活动。与六根相对应的是色、声、香、味、触、法六种感觉和认识对象。其中色是眼所见的有外形、颜色的现象；声是耳所能听的声音；香是鼻所闻的气味；味是舌所尝的味道；触是身所能接触的对象，法是意所要了解的一切认识对象。此六种感觉对象是六种认识境界，佛教称为“六境”，它们反映的是外在认识对象，与六根包摄的人体感觉器官相对应，故前者被称为“外六处”，后者被称为“内六处”，两者统称“十二处”。除了“十二处”之外佛教认为还有一类与内六处和外六处有联系的眼识、耳识、鼻识、舌识、身识、意识的六种识。六识是有情的主观识，佛教不承认根与境之间有必然的、直接的因果关系，认为内六处和外六处之间是通过识来联系的，如眼根和色之间，是由眼根起了眼识，再由眼识来辨别颜色，余下耳、鼻、舌、身、意亦然。六识是六根和六境之间的媒介物，也是由主观内心到认识外在世界的起决定作用的转折识，其中第六识意识又是统摄其他五识的根本识。意识的作用最重要，它的境界——法的范围最广，实际包括了一切认识对象。六根、六境、六识加在一起组成了佛教所说的“十八界”，识蕴在十八界中居于主导地位，由识的“无限之光”照亮或显现了一切事物的长短、粗细、丑恶好坏的特征。但是原始佛教认为世界和事物是刹那生灭的过程，因此没有永恒的实体或最后的终极，识蕴是依于其他诸蕴而存在的。大乘佛教中有的派别明确提出识外无境，六境也是由心识而变现的，把识蕴提到了绝对高度，宣称识是一切万事万物的本源，世界上除识之外别无他物。

五蕴、十二处、十八界是佛教对生命和世界的看法。此三部分在佛教理论里被称为“三科”，意谓佛教徒必须学习的三种科目。三科之间相互依存，不可缺少，五蕴讲生命，十二处讲认识范畴，十八界讲认识原理，三者就像三捆芦苇组成一个稳固的三角形互相依靠而竖立，借此“展转相依，而得生长”。学习三科的目的是破除执著于“我”的迷误，立“无我”的真理智慧，掌握佛教的人生观和世界观。

(黄夏年)

52

什么是真如？什么是法性、佛性？

真如、法性、佛性，是同类概念，均表示佛教的绝对不变的最高真理。因各个经典和学派是从不同的角度、在不同的意义上进行论证和表述的，所以与此同等的概念还有：真实、真性、真际、实相、实际、性空、法界、法身、涅槃，等等。在早期汉译经典中还借用中国传统哲学的概念，称作“本无”、“无为”等。这些同类概念的使用和讨论并不统一，就是在同一部经典中和学派内部也有几种不同的称呼，如《大品般若经》中有十二种，《大智度论》三十二卷中有四种，《大乘止观》(天台宗)中有七种。这就需要在具体的地方作具体的看待，尤其注意它们之间的差异和侧重点。另外，这类概念主要是在大乘经典和大乘各学派中加以使用和讨论。

真如，亦译作“如”、“如如”，其原义是指事物的真实状况、真实性质。《成唯识论》解释说：“‘真’谓真实，显非虚妄；‘如’谓如常，表无变易。谓此真实于一切法，常如其性，故曰真如”。大乘佛教认为，人们所认识的世界都是变幻不定，虚妄不实的，而有一个绝对不变的永恒的东西，才是真实的存在，这就是真如。至于什么是“常如其性”的真如，是空？是有？各学派的主张就不一样了。中观学派以及般若各家，是以“性空”、“诸法实相”为真如，认为真如是本来就如此存在的，不依赖于任何因缘条件，而世界上没有一样东西不是因缘合和而

新疆库车龟兹石窟

成的，故“众生空、法空，终归一义，是名性空”（《大智度论》）。瑜伽行派是以“成唯识性”或“圆成实性”为真如，认为“三界唯识”，“识外无境”。《大乘起信论》是以“真心”、“一心”及“如来藏”、“如来法身”为真如，认为“真心”、“一心”先天具有佛的全部功德而永恒不变。由此可以看出，真如的不同称谓又是从不同的角度立论而有别的。如“法性者，明此真体普遍义，谓直与前佛宝为体，亦乃通与一切法为性”（《大乘起信论义记》）。显然，说法性是就“真如”遍布于一切现象而构成为它们的共性而言的，也就是说真如是从事物的真实性方面立论的，而法性是从事物的共性方面立论的。说佛性也是如此，是从众生先天共同具有的成佛因子，即众生成佛的可能性方面立论的。所以法藏根据《大智度论》说：“在众生数中名为佛性，在非众生数中名为法性”。同样，说法身，是与佛的“生身”相对，从佛的永恒存在上说的。

（吕建福）

53

“一切众生，皆有佛性”是什么意思？

众生，亦译作“有情”，或“有情众生”，泛指一切有生命的事物，当然主要是指人类而言。佛性，亦译“如来性”、“觉性”，原指佛陀本性，后来发展为成佛的可能性、因性、种子，亦为“如来藏”（众生所具有的如来本性，佛的本性）的异名。“一切众生皆有佛性”，就是说人人都有成佛的可能性，或者说，人人都可以成佛。

众生能否成佛，是大乘佛教的一个很重要的理论问题，因为大乘佛教是以最终成佛为目的的。小乘佛教一般来说是不主张众生能成佛的，他们认为众生只可修到阿罗汉果。初期大乘经典开始提出众生佛性问题，如《般若经》说“心性本净，客尘（客指后来的，后有的，尘指情欲烦恼）所染”。至中期大乘经典如《涅槃经》、《胜鬘经》、《如来藏经》，便明确阐扬一切众生皆有佛性、一切众生皆有如来藏的思想。《大般涅槃经》说“一切众生悉有佛性，如来常住无有变易”。但后来大乘各学派，不仅对佛性有种种不同解释，而且对众生悉有佛性提出不同看法。尤其《涅槃经》传入中国之后，一度引起热烈的争论，并由此极大地影响了隋唐各宗派的思想。总的来说，对众生有佛性有两种主张，一种是认为众生皆有佛性，人人可以成佛。主张此说的在印度有《涅槃经》及《如来藏》系统的经典，在中国则有竺道生为首的诸《涅槃》师，以及后来的天台、华严、禅宗各派。他们之所以主张众生皆有佛性，其最主要的一个根据是“真如遍在”、“佛性常住”。因为佛性非内非外，非常非断，即使断善根的一阐提，其佛性仍在。另一种主张众生中有一类人即断善根的一阐提没有佛性，而其他众生的佛性也渐次有别。主张此说的在印度是瑜伽行派，在中国则是法相宗。他们的主要依据是五种姓说。认为声闻种姓之人通过修证四谛得阿罗汉果。缘觉种姓人观十二因缘中证得辟支佛果。如来乘种姓通过修习波罗蜜多可得佛果。不定种姓，既可得阿罗汉、辟支佛，也可得佛果。无种姓者，永不具备三乘无漏功德种姓，因为种姓有二：一本性住种姓，即无始以来辗转传来之种姓；二习所成种姓，即串习善根所得之种姓。而无种姓者断善根，辗转复坠恶趣，终无出世功德，故永不可能成佛。

(吕建福)

江西庐山东林寺纪念会

54

什么是“般若波罗蜜”？什么是“六波罗蜜”？

什么是“般若波罗蜜”？“般若波罗蜜”是梵文Prajñāpāramitā的音译，“般若”(prajñā)，意为“智慧”，又译“明”；“波罗蜜”(pāramitā)，意为“到彼岸”、“度”、“度彼岸”等。两个合在一起，通常译为“智度”、“明度(无极)”等，意谓通过智慧到达涅槃解脱的彼岸。后秦的鸠摩罗什翻译的《大智度论》就是解释《般若经》，专门讲如何通过修行，得到佛智，进入涅槃境界的。佛教认为，佛教所追求对真理的认识和达到解脱，要通过智慧(般若)才能认识，而这种智慧非世俗之人所能有。它的基本要点是说世界上的一切事物、现象，都由因缘而生，没有固定不变的自性，人们看到的都是虚幻不实的假象。此即所谓“诸法性空”。认识到这一点，摆脱了世俗的认识，就得到了般若智慧，了解了真如实相。大乘佛教主张到达涅槃彼岸的途径有六种，就是“六波罗蜜”，或称“六度”、“六度无极”。内容为布施(檀那)、持戒(尸罗)、忍(羼提)、精进(毗黎耶)、定(禅那)、智慧(般若)。

布施，指施与他人以财物、体力、智慧等，或为他人造福，积累功德，以求成智、解脱。小乘佛教的布施，主要是为免除未来世的贫困；大乘佛教主张为超度众生。

持戒，也是修习的一种方法，信徒要遵守戒律、教规，禁止一切不符合佛教

山西五台山雕刻

教义的思想和言行，去恶从善，保持信仰。

忍，内容包括安于受苦受害而毫无怨恨情绪，认可佛教真如信仰。重点在于安于苦难和耻辱，因此也称“忍辱度”。

精进即精勤勇进之义，指在修行过程中不懈地努力，因此也译为“勤”。

定，即禅定，心虑集中，观想佛教义理，不作别想。如果考虑事情的得失，对世间事物进行分辨、认识，都是心有所散乱，未能专注一境。

智慧，前面已经提到，指以“假有性空”的理论去观察、认识一切现象。

对于六波罗蜜，大乘佛教诸派各有所重。如我国的禅宗，特重禅定，用禅定统括一切佛教内容，又对禅法作了新的解释；而律宗，又偏重于宣讲、持守戒律。

(黄燕生)

55

“西方极乐世界”是什么意思？

佛教，特别是大乘佛教，认为人通过修行，可以在死后，转生到净土——佛居住的地方。佛有无数，因此净土也无数，阿弥陀佛居住的地方，称“阿弥陀佛西方净土”，又称“西方极乐世界”。对西方极乐世界的介绍与宣扬，主要见于弥陀经典，如《大阿弥陀经》、《无量寿经》等。

根据《无量寿经》的说法，西方极乐世界的地由金、银、琉璃、珊瑚、琥珀、砗磲（一种海生动物的壳，为石灰质硬壳，可作装饰品）、玛瑙七种宝物铺成，色彩缤纷，富丽堂皇。这里没有四季交替，永远温度宜人；没有高山河谷，到处是七宝组成的树林，叶繁花茂，光彩夺目，清风徐来，发出悦耳的声音。诸佛所住讲堂、精舍，全由七宝筑成，宫殿楼阁，金碧辉煌。四周环绕着潺潺流水，水中挺立着七宝莲花，岸边七宝树成荫。池中之水，能够随心所欲地或深或浅，或冷或热。生到这里的众生，当感到饥饿想吃饭时，盛满美味佳肴的七宝之钵便出现在眼前，供人任意取食，其味香美无比，吃毕食钵自然消失。所穿衣装服饰，也都是“应念而至”。居住在这里的人都是无烦恼的人，相貌超凡，容色微妙，并具有超凡的智慧。虽有身体之形，却虚无骨肉。他们都互相敬爱，如同兄弟，没有矛盾和斗争。但这里没有妇女，因妇女不能得到解脱，只有转为男身才能得到。妇女通过修行，转生到此极乐世界，就可立即转为男身。由于摆脱了俗世的烦恼，住在极

浙江杭州灵隐飞来峰（局部）

乐世界的人没有任何痛苦忧虑，贪、瞋、淫、痴等佛教所说人生之苦这里都见不到，而且这里的人愿活多久就可以活多久，寿命无限，都可以达到觉悟解脱。这样美好的地方，对广大劳动人民及统治者来说，都有吸引力。根据《无量寿经》，通过三种方式可转生极乐世界。第一种是出家做沙门，一心专念无量寿佛，即口念“阿弥陀佛”，修各种功德，表示“愿生彼国”，就可转生净土。第二种虽不出家做沙门，但专念无量寿佛，兴修功德，如建塔造佛像、施舍等也可往生净土。第三种既不做沙门也不修功德，但只要专心一意念无量寿佛名号，也可在死后转生极乐世界。总之，只要有坚定的信仰，热诚的愿望，就可往生极乐世界。不过犯有杀父、杀母、杀阿罗汉、使佛身出血、破坏僧团或毁寺烧经、诽谤佛法的恶人不能往生西方极乐世界。但后世兴起净土宗对此有新的说法。对西方极乐世界的追求与信仰，在中国得到广泛传播。

（黄燕生）

56

佛教不相信灵魂吗？如果相信，在佛教是如何表述的？

佛教在早期曾正面用各种说法否定灵魂的存在，认为世界千变万化的现象，是由因缘合和而成，没有独立的本质属性，因而没有灵魂。说如认为灵魂是存在的，或认为事物有真实的规定性，这是一种颠倒的、错误的认识，一切烦恼痛苦均由此而起。佛教要破除的就是这种“边见”、“邪见”。

广东乳源丹霞山

但佛教不是绝对不讲灵魂，在原始佛教后期和部派佛教时间，往往称灵魂为“识神”、“补特伽罗”等。有的部派说在人死到再次转生之前的生命为“中有”，这也是灵魂的一种说法。佛教主张善恶报应、三世轮回，认

为众生现实中的贫富寿夭，是由前世的善恶行为决定的，而今世的善恶行为又要决定来世的处境。在这种三世轮回中，作为轮回的主体就是灵魂。这样，佛教一方面否定“无我”，正面否认自我灵魂存在，另一方面，又用另一种说法肯定灵魂存在。众生有如车轮回旋不停，在欲界、色界、无色界中循环不已，或因其前生善行而转生天界成为人、天(天上的生命)，或因恶行堕入地狱，转生为饿鬼、畜生；四大种姓在业报轮回面前一律平等，下等种姓可转为上等种姓，上等种姓也会转为下等种姓，一切以他们生前行为的善恶为根据。中国的佛教特别重视业报轮回的教义，认为今世受苦，是由于前世作恶；如果能够行善积德，来世必有好报。对于灵魂这一问题，南北朝时期的佛僧是持肯定态度的。如名僧慧远，就以薪火比喻形神关系，燃烧的柴烧尽了，火却传到了另一根柴上，灵魂从一形体转到另一形体，永远不灭。宗炳等人也主张神不灭论。

(黄燕生)

57

什么是“念佛”？什么是“观想念佛”和“称名念佛”？

什么是“念佛”？“念佛”是思念佛的形相和功德，或念诵佛的名号的一种修行方法。共有三种：一是“称名念佛”，即口称佛的名号，念诵不已。二是“观想念佛”，即静坐入定，专心思念佛的相貌和所居之庄严佛土。三是“实相念佛”，即观想佛的法身“非有非空、中道实相”之理。还有定业、散业和有相、无相的分法。定业念佛，亦称定心念佛，即以上之观想念佛。散业念佛，亦称散心念佛，即以上之称名念佛。有相念佛，包括定、散两种念佛。无相念佛，指以上之实相念佛。

念佛是大乘佛教的一种修行方法，小乘虽也有念佛的修行方法，但仅指思念释迦牟尼佛，与大乘的念佛迥然不同。大乘佛教认为，三世十方有无数无量佛，有无数无量净土佛国。如众生一心念佛，可以除却八十亿劫生死之罪，生时可见到佛的相好功德，死后可往生（转生）庄严佛国。传说唐朝有一个叫僧衒的和尚，九十六岁时遇道绰禅师，开始回心念佛，日夜礼拜佛一千次，念阿弥陀佛八百万遍，五年间从未间断，终于有所感通。有一天告诉弟子说：“阿弥陀佛给我来授香衣了，观音和势至菩萨在行队的前列，无数应化佛遍满整个天空。从此往西，就是极乐净土了。”说完即逝。又传说唐朝时蓝田县悟真寺的启芳、圆果二僧整个夏天静坐入定，念诵阿弥陀佛，之后折了一枝杨树枝插在观音塑像的

北京法源寺

手中，发誓说：“如若能往生佛土，愿杨枝七日之内不萎枯。”果然，七天之后青翠如故。有一天晚上，梦见在寺院池塘东面有一大宝帐，他们飞入其中，看见一个和尚说：“专心念佛，就会生在这里”。又看见观音垂脚坐在那里，启芳和尚赶紧奉足顶戴，忽见一池莲花，阿弥陀佛从西而来，启芳便问：“阎浮（现实世界）众生依经念佛，真能往生在这里吗”？佛说：“不必怀疑，一定会生在我的佛国里”。这时看见极乐世界平平坦坦，犹如一面镜子，娑婆世界尽是山川，音乐悠扬，宝帐散华，向西移去。这时有一个叫法藏的和尚驾着一辆大车前来迎接。于是启芳看见自己置身于百宝莲花之中，已成正等觉，见释迦牟尼佛与文殊菩萨赞宣《法华经》。又看见经三道宝阶向西直移，第一道阶上尽是着白衣者，第二道阶上道俗相参，第三道阶上只有僧人，说这些白衣僧俗都是念佛而往生佛土的。这两则神秘色彩浓厚的故事都说念称阿弥陀佛可以往生西方净土的，反映了中国净土宗的信仰。在大乘佛教中，净土宗是专以念佛为基本修行方法的宗派。此宗奉《无量寿经》为基本经典，尊崇阿弥陀佛，唐以后特别强调称名念佛，以称诵阿弥陀佛的名号，祈求死后往生西方极乐世界。

（吕建福）

58

“南无阿弥陀佛”是什么意思？

什么是“南无阿弥陀佛”？“南无阿弥陀佛”，即梵语 Namamitabha 一语的音译。南无，亦译作“曩谟”、“那谟”等，有“致敬”、“归命”之意。阿弥陀佛，是佛教“西方极乐世界”的教主，也是中国净土宗信仰的主要对象。所以整句的意思就是：“礼敬阿弥陀佛”！“归命阿弥陀佛”！

佛教信徒经常念诵“南无阿弥陀佛”，是表示一心归依于阿弥陀佛，这也是净土宗念佛的常用语，叫做六字名号。净土宗认为，此句中包含着众生一心仰赖阿弥陀佛的信心和阿弥陀佛愿力接迎救助众生的神奇效用，如念念不舍，可断除八十亿劫生死轮回，死后往生阿弥陀佛的西方净土。所以净土宗以念诵这句敬语作为主要的修行方法和达到目的的途径。在念佛时，净土宗除念诵“南无阿弥陀佛”之外，还念诵阿弥陀佛的各种不同名号。阿弥陀佛共有十三个名号：无量寿佛、无量光佛、无边光佛、无碍光佛、无对光佛、焰王光佛、清静光佛、欢喜光佛、智慧光佛、不断光佛、难思光佛、无称光佛、超日月光佛。经常念诵的：“南无无量寿佛”、“归命无量光佛”，即是念诵阿弥陀佛的名号。

（吕建福）

59

“曼荼罗”是什么意思？

曼荼罗，亦译“曼陀罗”、“漫怛罗”、“满荼逻”、“满拏啰”等，意译“坛”、“道场”、“轮圆具足”、“聚集”等。是指密教举行仪式的一种坛场，或供奉的一种图案和画像，或瑜伽想象中的一幅景象。原来密教在举行仪式和修行时，为了供祭建立圆形的或方形的坛场，内中刻画诸佛、菩萨形象。后来这种坛场中刻画的内容不断增加，除诸佛、菩萨之外，还刻画众多的神祇及其眷属、象征性的图案如莲花、金刚等，表示诸佛诸尊聚集加持，圆满具足。而且将此绘画于布帛和纸张，有时甚至雕刻于寺塔之上。除用于举行仪式之外，还用来供奉。再后来，密教又把这种用来祭仪或供奉的有形的坛场和图画用于瑜伽修行之中，认为最高的曼荼罗就是佛陀，它只发生在自己的心中，因而在瑜伽想象中产生一幅与佛融为一体的曼荼罗景象。

曼荼罗的种类很多，大致有四类。一类是大曼荼罗，就是建立或描绘、想象诸佛诸尊聚集的整个形象的坛场、图案或景象。最主要的有两种大曼陀罗，一种是胎藏界曼荼罗，一种是金刚界曼荼罗，它们是密教中行为和瑜伽两派的曼荼罗，主要盛行于中国唐代密宗和日本真言宗中。胎藏界曼荼罗，也叫胎藏界现图曼荼罗，它的来历还有一段神话。传说北天竺国暮噜罗国国王金粟王，皈依善无畏三藏，信奉密教，建立了寺塔。有一天金粟王要求传授真言密法，善无畏想

河南少林寺大铁锅

《大日经》有十万偈三百卷，传授起来实在不方便，于是向天空祈求佛传授末世相应法。如此过了七天，天空中便出现了一幅金光闪闪的大悲曼荼罗，善无畏即刻描绘下来，授予金粟王，后来就成为流传于世的胎藏界现图曼荼罗。金刚界曼荼罗，也称金刚界现图曼荼罗。在唐代密宗和日本密宗中流行的称九会曼荼罗，它的来历也有类似的传说。说龙猛菩萨用七粒介子打开南天铁塔时，空中炳现出诸佛、菩萨九重之尊位的曼荼罗，龙猛将此传于金刚智而流传于世。大曼荼罗中聚集的诸佛、菩萨和众神很多，胎藏界曼荼罗由十院或十三院组成，有三重或四重，诸尊数一般有四百一十四尊。金刚界曼荼罗有六会、九会、十会诸种不同，九会曼荼罗诸尊数达一千四百六十一尊之多。第二类是羯摩曼荼罗，是诸佛、菩萨及众神、眷属作种种威仪(动作)事业的图像或景象，也包括铸造、泥塑的佛、菩萨形象。第三类是三昧耶曼荼罗，是描绘和想象象征性的法器和“印契”的图画及景象，而主要是具有象征意义的金刚杵和莲花。第四类是法曼荼罗，也称种子曼荼罗，描绘表示诸佛菩萨种子或所说法的图案，如以梵字 A〔a〕表胎藏界大日如来的种子，此种子包含一切法。这四类曼荼罗，如果是诸尊全体聚集之图，称为都会(或都门、普门)曼荼罗，如果是部分诸尊在一起之图，称为部会曼荼罗，如胎藏界有佛部、莲花部、金刚部，分别描绘，即为部会曼荼罗。如是一尊一种之图，称为别尊曼荼罗，如释迦曼荼罗，如意轮曼荼罗等。

（吕建福）

60

天台宗讲的“一心三观”、“三谛圆融”是什么意思？

天台宗讲的“一心三观”、“三谛圆融”是天台宗哲学思想的重要内容。天台宗是我国历史上形成最早的佛教宗派，它以弘传《法华经》为宗旨，故又称“法华宗”。正如任何一种思想和学说都有其产生、完善和发展的历史一样，天台宗思想的形成也有一个历史过程。《法华经》自从后秦时鸠摩罗什的译文问世之后，在中国逐渐传播开来，探究“法华”义理成为佛教学僧们的一时风尚，以至在陈隋之际据《法华经》创立了天台宗。同时，鸠摩罗什所译印度大乘佛教创始人龙树的著作《大智度论》、《中论》等亦在天台宗思想形成的历史过程中起过重要的作用，也因此，龙树被后世天台宗人推为始祖。北齐(550—577)时，名僧慧文，据《大智度论》、《中论》等第一次提出“一心三观”的理论。慧文在当时是“聚徒数百”的大师；稍晚，慧文的得意门徒慧思(515—577)专心研读《法华经》，著有《大乘止观法门》、《法华经安乐行义》及《南岳思大师立誓愿文》等著作，提出了“一切法唯是一心”的观点，进一步展开了天台宗思想的脉络。他们二人被推为天台宗的二祖和三祖。天台宗的真正创始人是隋代的智觊(531—597)。这个“陈隋两代、师之国宝”的一代名僧，在他后半生的“三十余载”，以天台山为基地，著书立说，弘扬天台教法，他所著述的《法华玄义》、《法华文句》、《摩诃止观》被称为“天台三大部”，成为天台宗创宗的经典性著

作,“一心三观”、“三谛圆融”的理论就是由他最终完善起来的。

“一心三观”是慧文提出的。他读《中论·四谛品》时认识到:“诸法无非因缘所生,而此因缘,有不定有(空),空不定空(假,假有)、空有不二名为中道(中)。”此对事物的空观、假观、中观,可于一心中得,称为“一心三观”。由此三观,可达到“一心三智”。他依据《大智度论》提出:“一心中得一切智、道种智、一切种智”,即所谓“论中三智即在一心中得”。一切智,认识“空谛”,指对现象总相的认识,一般称“空智”,即对万法空性的认识,有此认识可断除对世俗生活的贪爱等情欲;道种智,对“假谛”有认识,产生教化众生的意识,一般指传教修行方面的智慧;一切种智,指“显照诸法”,体悟“中谛”所得之智,达到最高层次,无所不知的智慧。他联系《中论》空、假、中三谛说,认为一心中可成空假中三种法门。智顗发展了这种思想,他说“一空一切空,无假、中而不空,总空观也;一假一切假,无空、中而不假,总假观也;一中一切中,无空、假而不中,总中观也,即《中论》所说不可思议一心三观”。那么《中论》是如何讲的呢?在龙树所著《中论·观四谛品》提出了一首著名的偈语:“众因缘生法,我说即是空,亦为是假名,亦是中道义”。意思是说因缘所生的万事万物是虚幻不实的,即空;然而千差万别的事物又各有其假名,即假;假名是与空义相联系而存在,即为中道。《中论》的思想被智顗直接引用过来,以建立他的“一心三观”说。在智顗看来,一心之中可同时显现空假中三种观想,从而得到三神智慧。

什么是“三谛圆融”呢?三谛即《中论》“三是偈”(偈中有三个是字)所提到的空、假、中,这被认为是三条真理。谛者即真理意。空谛,又称真谛,诸法性空,空是万事万物的本质。假谛,又称俗谛,是事物的假相或假名,是客观存在,是世俗的真理。承认假有,也即承认世俗世界,大乘菩萨应有随俗说法,普度众生的使命感。中谛,又称“中道第一义谛”,即非空非假的一种认识。这是佛应达到的认识,即世间为出世间,不离生死而达到涅槃。在天台宗看来,三谛才是一切事物的实相,三谛同时存在于一切事物之中,三谛存在于众生的一心之中,所谓“一念心起,即空、即假、即中”,“三谛圆融,三一无碍”。这就是“三谛圆融”说。“三谛圆融”说实际上是“一心三观”说的进一步引申。“一心三观”和“三谛圆融”,是天台宗的宗教哲学理论,是与对客观世界的真理性认识相违背的。

(李富华)

61

华严宗讲的“法界”、“四法界”是什么意思?

什么是“法界”?“法界”一词在佛教经典中经常出现,其含义也是多重的。各宗派使用“法界”一词,或是指现象界,或是指本体界,有时二者同时包括在内。在指现象界时,意指世间诸法各自有体,各有分界,因此称为法界。法界可用于具体事物,也可指宇宙万有。在指本体界时,等同于真如法性、实相、真际。华严宗以心为本体,因此华严宗的法界含有心本体的意义,此法界又称“一真法界”。华严宗认为“法界缘起”,宇宙万法,都由心起,又由心统摄。法界就是宇宙万有,包括精神的、物质的、本体的、现象的在心上所显现的境界,而只有心才是真实的存在,其他一切均为虚幻。这种认识就是华严宗的“一真法界观”。

湖南南岳福严寺法器

华严宗把法界分为四种,事法界、理法界、理事无碍法界、事事无碍法界。事法界

湖南南岳福严寺磬

指的是物质现象，有生有灭有差别的事物现象；理法界是无差别性的永恒不灭的宇宙真理，也就是真如佛性或法性、实相。第三种是前二种的结合，事法界有差别性，理法界无差别性，有差别性是假的、幻影，无差别性是真的，真即是假，假即是真，真假相即相入，圆融无碍，所以叫做理事无碍法界。第四种说的是既然一切事物现象都是假的，只是心的产物，那么大小高下等差别也就毫无意义了，可以随心所欲，事事圆融，因此叫做事事无碍法界。这四种法界代表了对世界四种不同层次的认识。第一种属于世俗的认识，以事物的差别性和具特殊性的事物为认识对象，层次最低。后三种认识属于佛智。但以“空性”为现象的共性的理法界和将理事互相“彻入”的理事无碍法界还都不完全，不是佛智的最高认识。事事无碍法界是佛智达到的最高境界，也是华严宗自诩所达到的境界。由于“理”有“包遍”、“如空无碍”的性质，事事之间相即相入，互相反映，互相包含，圆融无间，无穷无尽。

被尊为华严宗初祖的杜顺还提出“法界三观”。所谓“法界三观”就是去掉事法界，保留后面三个法界而形成真空观、理事无碍观、周遍含容观。对于理法界要认识到万法为空，人们所看到的事相、区别，是一种错误的认识，是幻觉，摒除了这种幻觉，才能显现真如本性，所以叫做真空观。其余二观分别与理事无碍法界和事事无碍法界相应。

(黄燕生)

62

法相宗讲的“八识”是什么意思？

印度瑜伽行派和中国法相宗为了论证世界万有“唯识”所变的道理，在《瑜伽师地论》和《成唯识论》等论书中提出了“八识”学说。非常烦琐，这里仅扼要介绍。

“八识”是把人的主观认识功能和作用分为八个方面，即眼识、耳识、鼻识、舌识、身识、意识、末那识、阿赖耶识。前六识具有感觉和认识色、声、香、味、触、法(一切对象)的功能。从它们能变现万有的意义来说，也称“了别”能变。第七识末那识是以第八识阿赖耶识为依据，通过(缘)阿赖耶识不断思量(恒审思量)，在未达到觉悟之前执阿赖耶识为自我，达到觉悟后则“审思量无我相”。此为“思量”能变。阿赖耶识依持于末那识，藏有产生世界万有现象的精神性种子(生果的功能)，故又名“藏识”、“种识”；此识是轮回的主体，能按前世造成善恶业因在后世得到相应的报应，生为人、天(天上生命)或畜生、饿鬼等；接受前七识的熏染生成新的种子。第八识因为是轮回的主体，故称“异熟”(果报)能变。在唯识学说中，阿赖耶识是被论证的中心。通过阿赖耶识中藏的种子生现行(六根七识及一切行为、现象)，现行生种子的论证，说明一切“唯识”的道理。因此，第八识阿赖耶识实际是自身和物质世界的本源，佛教所说的轮回果报的主体(灵魂)，并且是最后达到解脱的根据。

(杨曾文)

63

“三界唯心，万法唯识”是什么意思?

什么是“三界”?“三界”，是佛教术语。佛教把世俗世界划分为欲界、色界和无色界，认为这三界都处在生死轮回过程中，是有情众生赖以生存的三种境界。“三界唯心”，就是说欲界、色界和无色界的一切都由心造，心是产生现象世界的本源。

“万法”，是佛教对万事万物的泛指。“万法唯识”，是说现象世界的一切事物都是由内心识所变现(“识”有多种含义，法相宗认为有八识，概言之，识是指精神和精神“产生”万事万物的功能)。从另一个角度，又可以叫做“唯识无境”，除了精神和由精神所变现的世界外，没有任何独立的客观存在。

(何云)

湖南南岳福严寺木鱼

64

三论宗讲“不生亦不灭、不常亦不断”是什么意思?

三论宗是我国隋唐时期建立的一个佛教宗派，以研究《中论》、《十二门论》、《百论》三部论著而得名。三论宗的渊源可以上溯至印度大乘佛教的空宗。以龙树为代表的印度大乘佛教中观学派提出了著名的“不生亦不灭、不常亦不断，不一亦不异、不来亦不去”(《中论》)的“八不”主张。认为人们世俗的认识及客观世界都是不真实的，万物都是由因缘和合依存关系而生起的，在因缘关系没有建立之前这些事物是不存在的，当因缘和合生起以后，所生成的事物就不称之为原来的事物，所以万物是没有实在自性，没有独立的实体，它们只是一些假借的概念或名相(假名)而已。中观派门人青目曾以谷种举例来说明“八不”思想。他说：譬如过去有过的谷种和现在才产生的谷种不可能同时得到，没有过去的“初谷”，只有现在的“今谷”，应该是有生，然而实际情况是我们看不到过去初谷，只见今谷，因此“初谷”是“不生”；如果初谷消失了，就不该有今谷，但实际上今谷是存在的，说明了初谷应是“不灭”；谷子发芽时，谷种被破坏了，这是“不常”；由谷种到谷芽的相续这是“不断”；谷芽和谷种是两种概念，这是“不一”；只说谷芽、谷茎、谷叶，不说树芽、树茎、树叶这是“不异”；谷子中的谷芽无所从来，是故“不来”；谷芽从谷种里生出，但我们没见到，是故“不出”。“八不”概括了事物的实体、时间、空间、运动四个方面，认为生灭、常

断、一异、来出这四对范畴是一切存在的基本范畴，也是我们的认识之所以成立的根据。佛教通过“八不”思想的否定，得出“万物不生、不灭、不常、不断、不一、不异、不来、不去”的结论。其中“不生”是中观理论的基石。龙树强调：“诸法不自生，亦不从他生，不共不无因（不是从自身和他身共同所生，也不是无因生），是故知无生”。承认了不生，就否定了客观存在，证明了我们主观上一切认识及显现的整个世界是非真实的存在，也就显现了绝对实在或空性的真理，整个世界即是“空”，一切皆空。龙树所说的空不是我们所说的一切俱无的空性，而是指的一种不可描述的最高实在，是一种修持者在禅思中能够达到的最高境界。它的特点是“非有，非无，非亦有亦无，非非有非无”，意谓既不能用语言分别，也不能用概念证明，因此也有人把空解释为虚无。

中观学说由著名译经家鸠摩罗什译述介绍给国内，他为创立三论宗奠定了思想理论基础，以后又经过僧肇、昙济、僧朗等人的传承，到了隋末唐初的吉藏，正式创立了三论新义或今义，而在此以前的有关三论学说则被称为三论旧义或古义。吉藏将“八不”思想提到更高的地位，认为它不仅是《中论》的宗旨，也是“众经大意”，他说“八不”是佛理的旨归，大乘的主心骨，决定佛法的偏正标准，显示得失的根源，领悟了他，一切经掌握如对白日。所以“八不”为“众教之宗归，群圣之原本”，“但以四对，历破中汁，历明中道，于义略圆”。此外，吉藏还把“八不”和“四谛”、“十二因缘”联系在一起，用“不生灭论”来否定四谛等。他宣称“中道佛性”，不生不灭、不常不断，即是“八不”，把佛性说和“八不”连在一起。这是三论宗的一个创造，称之为“八不中道”。吉藏认为佛性就是“中道”，也是 “空”，“未曾有一法，不从因缘生，是故一切法，无不是空者”。三论宗尽管将“八不”拔到很高的地位，但最后仍然回归到中观的结论，显示了空性，还祖师的本来面目。

（黄夏年）

65

慧能讲“本来无一物，何处惹尘埃”是什么意思？

慧能的这句话，见于元代流传的宗宝本《六祖大师法宝坛经》(简称《坛经》)。据该书记载，禅宗五祖弘忍欲立法嗣，命弟子们各写一偈(梵文为Gā thā，亦译“颂”，佛经体裁之一。通常由固定字数的四句组成)，以偈文的优劣来定继承人。弘忍的得意弟子神秀写了一偈，原文为：“身是菩提树，心如明镜台，时时勤拂拭，勿使惹尘埃。”此时慧能还只是一个在碓房舂米的“行者”，他听到别人念神秀的偈，便也口颂一首，请人写在墙上。偈文为：“菩提本无树，心境亦非台，本来无一物，何处惹

五台山镇海寺

云冈石窟——释迦、文殊与维摩像

尘埃。”弘忍见慧能写的比神秀的好，便悄悄将法衣传给了慧能。

慧能的偈到底是怎样写的，现在学术界有争论，我们且不管它。只说这“本来无一物，何处惹尘埃”的含义何在。传入我国的佛教体系很庞杂，有小乘、有大乘，有空宗，有有宗。大乘空宗讲空，一切皆空，万法皆空，即世间、出世间的一切事物、现象，包括精神的、物质的，都是虚幻不实的，是假象。慧能接受了讲性空理论的《般若经》的思想，和宣传一切众生都有佛性的《涅槃经》的思想，主张佛性(本心)本净，没有尘埃可染，所以写出这两句话。世间本来没有任何事物，从哪里沾上尘埃呢？佛性本自清净，又怎么会染上尘埃呢？他是反对神秀的说法的。神秀把身看作菩提树，把心当作明镜台，从正面肯定了事物的存在，就是主张“有”了，违背了性空原则，另一方面他也没有弄清“心”、“性”的本质，所以弘忍没有把传法袈裟给神秀。从这两句偈文看，慧能是主张简化修行程序，既然心性不存在垢净问题，也就不必通过修心以断除情欲烦恼，寄禅修于日常生活之中。

(黄燕生)

66

禅宗讲“无念为宗，无相为体，无住为本”，是什么意思？

禅宗南宗的宗旨是“无念”、“无相”、“无住”。而这三者又以“无念”最为重要。“无念”，就是人不要对世界万有进行认识，不要保留任何美丑、是非等世俗观念，面对现实世界而心不要为之所动，停止理性思维活动，不要有任何主观愿望上的执著与追求。禅宗认为现象世界是空的，一切事物由心而起，意念所造，若有所念，就是以万物为“有”了。因此不要去思辨事物的真假、正确与否，只要做到了这一点，就能达到涅槃境界。但“无念”不是百物不思，一点念头都没有。如果一定要泯绝一切思维活动，又是“修空住空”，有所执著了。“无念”唯以“真如”为念，也就是“正念”，是成佛的途径。从另一方面讲，“无念”又是“真如”本体的别称，表明了“真如”的特征。

“无念”的理论前提在于“无相”。相，本指事物的形状、性质。佛教的相，大可以指宇宙万有，小可指某一具体事物。佛教认为事物的相是由心造成的，只有摆脱了这些相，才能认识宇宙本体——真如实相。真如无相，无法看到也无法描述，只有用心体会。而心之能体会，正是由于心内没有世俗的“相”。所以“离一切相即佛”。“无相”的含义也是双重的，既是世界本体之相，又是对佛教徒修行所要达到的精神境界要求。

“住”，本指事物形成后的相对稳定状态。佛教主张事物生灭变化无常，世

四川合江法王寺戏台

界上没有常住不变的东西，事物没有独立的自性，因此也就无法认识、判断，任何肯定或否定都是错误的，是“住”，人的认识不应以固定的概念作为事物固有的本质。心有所趋向，亦是“住”，“无住”就是心无所执著，无所取舍，没有特定的心理趋向。《金刚经》说：“应无所住而生其心。”能做到无所住心就是佛智慧。无住也有双重意义，既是实相的属性，又是修行者应达到的精神境界的要求。

“无念”、“无相”、“无住”三者可以归结为一。对客体而言，无念就是无相、离相；对主体来讲，无念就是无住、不起心。无念，从本体论上说就是“实相”，从解脱论上看就是“涅槃”，从认识论上讲就是取消人的正常认识活动。

大乘佛教中，“无念”是一个十分重要的概念。《般若经》、《维摩诘经》、《大智度论》等经中都有论述，佛教各派也讲“无念”、“无相”、“无住”。但到了慧能，他所主张的“无念”，又有了特殊的意义。在“无念为宗，无相为体，无住为本”的思想指导下，慧能革新了禅法，从内容到形式，都是无拘无束，活泼自由的，开辟了禅修的新路子。

(黄燕生)

67

什么叫“烦恼即菩提”？

什么是“烦恼即菩提”？“烦恼即菩提”这句话见于不少大乘佛经，如《维摩诘经》说：“一切烦恼皆是佛种”；《金刚场陀罗尼经》说：“诸法平等，烦恼即菩提”。天台宗等也强调这句话。禅宗从慧能开始，将此作为他的顿悟禅法的重要理论根据。在《六祖坛经》及《曹溪大师别传》中都引过这句话。慧能论智慧与烦恼的关系，主张用明照暗，即用智慧解除烦恼。慧能认为作为一个有智之人，应该认识到“烦恼即是菩提，无二无别”。这句话的意思颇为费解，要想弄清这个问题，先得弄清什么是“烦恼”，什么是“菩提”。

“烦恼”，梵文为 Kleśa，有时也译作“惑”。佛教把扰乱众生身心使之发生迷惑、苦恼的精神作用称为“烦恼”，潜在的还未发生作用的称“随眠”，已在实际中发生作用的称为“缠”或“漏”。不过佛教的烦恼不是我们一般人所理解的那样是狭隘意义上的烦恼。佛教大乘认为宇宙是无形无相，一般人无法认识的；世界万物由因缘而生（或由心生），没有固定不变的本质属性，也不是一般认识所能把握的。因此各种情绪和欲望，包括一切世俗思想认识活动，都是“烦恼”。贪、瞋、痴、慢、疑、恶见是一切烦恼的根本。烦恼是诸苦的根源，是生死轮回的总因。只有摒弃一切愿望，心无所求，对周身的事物采取视而不见，听而不闻的态度，才能摆脱烦恼，达到涅槃境界。

山西五台山黄教三祖师

菩提，梵文为Bodhi，本义为“觉”，“智”，佛教指断绝烦恼，成就涅槃的智慧，或译为“道”，意指达到涅槃的道路。中国佛教各派、各种经典对“菩提”的解释不尽相同，总之是成佛的智慧或达到的觉悟。

慧能改革后的禅宗，打破了以往的条条框框，将戒、定、慧三学融为一体，以定代戒、慧，但又不重坐禅，甚至摒弃坐禅这种形式，主张佛性遍有，众生与佛不二，将坐禅寓于日常生活之中，行住坐卧，担水挑柴都是禅。

“烦恼”与“菩提”从本意上是互相对立的两个概念，只有断除烦恼才能达到“菩提”。但从《维摩诘经》等大乘经典开始，强调“不二法门”，即把两个对立的事物和概念等同起来，如讲世间与出世间、生死与涅槃、色与空等等，都是二而不二的。烦恼与菩提也是这样，“烦恼即菩提”。从二者关系讲，二者相对存在，无烦恼也就无菩提；从佛法的意义讲，只是因为众生有烦恼，才有传授佛法引导众生觉悟（菩提）的必要。因此，菩提以烦恼为前提，进一步烦恼即是菩提。这是把世与出世距离缩短，把禅法寄于日常生活的理论依据。

（黄燕生）

68

你了解中国的禅宗公案吗?

禅宗公案很多，在这里我们先列举几个，然后再加以述评。

1.〔斩猫〕。南泉(名普愿,748—834)有一天看见东西两堂僧人争一只猫儿，他便把猫儿提起来，说道:“道得即不斩。”众人无言以对，于是南泉挥刀把猫儿斩为两段。后来南泉遇到他的弟子赵州(名从谂,778—897)，又拿以上的话问他。赵州是个很聪慧的人，他一听就明白，便脱下草鞋，戴到自己头上去。南泉说:“当时你如果在，正好救得下那只猫儿。”

2.〔观音入理〕。百丈(名怀海,749—814)创造了“普请”即集体参加劳动的制度。有一次，大家正在锄地，寺院鸣鼓，原来到了开饭时间。有位僧人听见了鼓声，便大笑起来，扛起锄头就往回走了。百丈在背后赞扬道:“俊哉!此是观音入理之门。”等到大家都回到寺院后，百丈叫来那个僧人问“适来什么原因令你大笑?”僧人回答说:“适来肚饥，闻鼓声，归吃饭。”师百丈乃笑。

3.〔狗子有无佛性〕。有僧人问惟宽(755—817):“狗子还有佛性否?”师(惟宽)说:“有”。僧人又问:“和尚还有否?”师回答:“我无”。

4.〔洗钵盂去〕。有僧人向赵州请教说:“学人乍入丛林，乞师指示”。赵州问他:“吃粥了吗?”僧人答“吃过了。”赵州吩咐说:“洗钵盂去。”其僧忽然省悟。

5.〔野鸭子话〕。百丈师事马祖(名道一,709—788)。有一天,二人在路上见一群野鸭飞过,马祖问:“是什么?”百丈说:“野鸭子。”马祖又问:“甚处去也?”百丈答:“飞过去也。”马祖于是扭住百丈的鼻子,百丈负痛失声,马祖说:“(你)又道飞过去也!”百丈顿悟。

这里有意列举了几个属于禅宗中后期的公案,意在说明禅宗某种演变过程。禅宗以得佛心传自许,在一切众生都有佛性的佛性论基础上,倡导“识心见性、顿悟成佛”。这个主张由六祖慧能旗帜鲜明地提出之后,逐渐产生十分广泛的影响。一般学禅的佛教徒都喜欢由日常生活中最普通的事物上去触发“慧根”,获得顿悟,如若不然,便是迟钝。比如上面第五个公案“野鸭子话”,就是如此。马祖通过野鸭子飞过这件事来启发弟子百丈,要由平凡小事照见佛性,可是百丈开始时显然被外境所“蛊惑”,没有悟得,马祖才下手扭痛他的鼻子,并点示一句,这样百丈才“顿悟”。这种所谓“禅法”延习既久,就产生了流弊,这就是,一般僧人都孜孜以求从平凡事物明心见性,苛求不已,反而违背了禅宗由自然而照见佛性的初衷。比如第三个公案,某僧人便就是这样刻意去追询“狗子”有无佛性,惟宽不耐烦这种俗僧,敷衍说狗子有佛性而我无。其实,“我”当然也是有佛性的(照禅宗说法),这只是惟宽调侃那俗僧的话。上引“洗钵盂去”和“观音入理”两个公案,正是赵州、百丈这些禅宗大师匡救时弊的例子。怎样学佛?肚子饿了就要吃饭,吃了饭要洗干净饭钵,只有顺运自然才是明心见性的正道。“南泉斩猫”也是这意思。众僧遇到南泉“道得即不斩”的咋唬,便都默不作声,作沉思状,生怕一语道错丢面子。其实正是这样“故作深沉”、故弄玄虚使那条猫送了性命。赵州脱下鞋子戴到头上便是意在讽刺这些俗僧颠倒自然真谛的行为。

江苏南京鸡鸣寺

禅宗的这几个公案,从某些侧面说明了这样一个通俗的真理,就是认识客观世界,确实需要充分发挥人的主观能动性,不要轻易被事物的表相所迷惑。

(何云)

69

什么是五戒、八戒？什么是具足戒？

什么是“戒”？“戒”是指佛教徒在日常生活中应该遵守的规定和行为的限制，音译“尸罗”，意译“贯行”，转为“行为”、“习惯”、“道德”等。“律”音译“毗那耶”、“鼻奈耶”或“毗尼”、“毗泥”，意译“调伏”、“灭”、“离行”、“善治”等。按照佛教的说法“戒”和“律”之间在内容上没有什么大的不同，只是在不同场合有一些微小的区别，佛教戒本《有部毗奈耶》称“律”是专为已经出家的比丘、比丘尼而制定的，而在家修行的居士则是持“戒”。“律”与“戒”的另一个显著不同点是对违戒者必给予处罚。但是佛教通常把“戒”和“律”放在一起使用，习惯称为“戒律”。

“戒”是佛教学说的最重要内容之一，也是佛教徒安身立命、修行解脱的基础。相传佛陀在世期间就开始制订了一些简单的戒律，以后又把以戒为内容的戒学作为佛教三学（戒、定、慧）之一，佛经三藏里有专门收集的律藏分类。把戒学提到了相当高的地位。佛教认为戒的特点是“诸恶莫作”，修行者应当用戒律来约束自己的行动，磨砺自己的身体，控制自己的欲望，从而获得“升天的阶梯，入涅槃的城门”。每个皈依了佛教的人都应当受戒，持戒修行。到了部派佛教以后，由于不同的教派对教义有不同的理解，因此也产生了不同的戒律和不同的戒本。南传佛教的东南亚国家流行的是上座部的戒本，北传佛教的中国流

传大众部、一切有部、化地部、和属于法藏部的《四分律》等戒律。在中国还出现了专攻戒学，以律为宗的教派和拥有戒坛以专门授戒为特色的寺院。戒律按教派不同可以分为小乘戒律和大乘戒律，按数目可分为五戒、八戒、十戒、具足戒，按出家和不出家可分为居士戒、比丘戒、比丘尼戒等三种，下面主要介绍按数目划分的几种戒。

五戒：即不杀生，不偷盗、(也作“不与取”)、不邪淫、不妄语、不饮酒五种禁戒，这是在家修行的男女教徒(优婆塞和优婆夷)终身应遵守的戒条。

八戒：即在五戒的基础上又增加的不睡、坐高大华丽之床；不装饰、打扮及观听歌舞；不食非时食(不到规定时间的食物)三戒的八种戒条。八戒也是为在家的男女教徒制订的规定，但是它不需要终身奉行，可以临时受持，时间长短不一，少则一天，多则几周，教徒在此期间能体会到一种近似于僧侣的宗教生活。

十戒：即在八戒的基础上作了一些改动和又增加一定内容的戒条，其中把八戒的不装饰、打扮及观听歌舞分拆为两条独立的戒条，加上不蓄金银财宝戒而组成的十条戒律。十戒是专门供尚未成年的沙弥、沙弥尼使用的。

具足戒，意谓具备充足的戒条。与十戒相比，具足戒也称“大戒”。这是比丘、比丘尼所受的戒条，依戒法规定受持了具足戒就能取得正式僧尼资格，成为僧伽一员。具足戒的戒条数目说法很多，上座系佛教的比丘要守227戒，比丘尼守311戒，北传汉地佛教是依《四分律》，比丘250戒，比丘尼348戒，西藏地区流传的是喇嘛持253戒。

凡是受戒的僧侣都不允许破坏禁戒，受戒的僧侣如果不愿意过出家生活，可以声明舍戒，还俗回家。如果既不舍戒，又不放弃比丘身份，私自违犯教条叫做“破戒”。凡破戒者都要受到不同程度的惩罚，最重要的破戒行为是波罗夷(重禁，根本罪)，犯此戒的人要被驱逐出教门(不共住)。但是，如果遇到特殊情况，佛教也可以允许破例开戒，如平常遵守过午不食戒，但遇有疾病需要治病恢复体力时可以开戒。劳动的僧人因身体需要补充能量，也可以暂时不遵守这个戒律。

(黄夏年)

70

东汉楚王刘英祠佛是怎么回事？

东汉初年中国的封建贵族、统治者中已有信奉佛教的人，楚王刘英就是其中之一。

刘英是汉光武帝刘秀的儿子，汉明帝的异母兄弟，其母为许美人。因许氏无势，刘英被封在土地狭小的楚国。刘英自幼爱好游侠，广交宾客，到了晚年特别喜好黄老之术，并学习佛教的斋戒祭祀。这一斋戒仪式称作“八关斋戒”，“戒”即不杀、不盗、不淫、不妄语、不饮酒、不坐卧高广大床，不著香花鬘和不香油涂身，不歌舞唱伎，并不往观听。“斋”为过午不食。刘英后在明帝永平十三年（公元 70 年）因被人告发企图谋反而被废黜。翌年，刘英自杀。永平八年（公元 65 年）刘英曾派人向皇帝送上黄缣白纨（质地细薄的丝织品）三十匹表示赎罪。明帝特为此事下了诏书：“楚王诵黄老之微言，尚浮屠之仁祠，洁斋三月，与神为誓。何嫌何疑，当有悔吝？其还赎，以助伊蒲塞、桑门之盛馔。”伊蒲塞是优婆塞（男居士）的异译，桑门即沙门（出家人）。明帝认为刘英祠佛是件好事，应当支持，把缣纨退回给他作供养佛僧之用。

明帝说刘英“诵黄老之微言，尚浮屠之仁祠”，说明当时的人们，包括帝王们是把佛教当作黄老神仙方术的一种而接受的。浮屠黄老并祠，以求福祉。“黄”是黄帝，“老”是老子，本是道家的东西。汉代黄老之学与神仙方术，阴阳

安徽九华山

五行学说结合，演变成为一种宗教，就是后来的道教。据历史记载，文帝之后窦太后(景帝之母)好读黄老，景帝及窦姓家族于是尊黄老之术。因此汉初黄老之学就很流行。武帝也好方术，为维持其统治便积极推行方术。到了东汉，方术之风更盛。许多术士入朝做官，甚至位达三公。术士们鼓吹通过修炼可以成仙，能够不食人间烟火，凌空飞行，长生不老，永享荣华富贵。这些思想与道家有很大关系，和佛教相去甚远。两汉的人把它们看作是一回事，不是很可笑吗？可事实就是如此。因为任何一种外来思想，要想在新的土地上扎下根来，必得依附于该地原有的思想文化。佛教就是这样。佛教传入中国之初，中国人士是将它当作方术迷信的一种来接受的；佛教自身也自觉地依附于黄老道术。从佛经的翻译就可以看出这一点，后出的《牟子理惑论》也说明了这一点。从刘英奉佛的史实中我们还可以看出，东汉初年佛教只为少数人所信奉，在社会上还没有多大影响。

(黄燕生)

71

“三武一宗”灭佛事件是怎么回事?

毁灭佛法事件,佛教徒称之为“法难”。在中国佛教史上曾经发生了四次较大的灭佛事件,即北魏太武帝灭佛、北周武帝灭佛、唐武宗灭佛、后周世宗灭佛,佛教史上统称为“三武一宗”灭佛事件。

北魏时期,汉代以来的图谶历数之学颇为流行,尤其道教天师寇谦之集道教方术之大成,对原始道教进行改造,吸收儒、佛思想,假托神人,制造道书。北魏太武帝(423—451 年在位)听从司徒崔浩的劝谏,笃信寇谦之的道教,而认佛教为“西戎虚诞,妄生妖孽”,“为世费害”,便屡加排斥以致剪灭。太平真君五年(444 年)首先诛杀佛教高僧释玄高和慧崇。七年(446 年)二月太武帝西征关中,讨伐杏城盖吴谋反,至长安,见某寺有“弓矢矛盾”,又“大得酿酒具及州郡牧守富人所寄藏物,盖以万计。又为屈室,与贵族女私行淫乱”。于是以通敌、除伪存真为由,下诏尽诛长安沙门,焚毁经像,并命令留守平城的太子下令全国废除佛教,说“有司宣告征镇将军、刺史,诸有佛图像及胡经,尽皆击破焚烧,沙门无少长悉坑之”。因太子晃平时信奉佛教,暂缓下诏,使“四方沙门,多亡匿获免,在京邑者,以蒙全济,金银宝像及诸经论,大得秘藏”。只有魏境内的寺塔受到破坏。四年之后,崔浩被诛。又二年太武帝被弑,至文成帝即位(452 年),佛教又得以恢复发展。北魏太武帝灭佛前后达七年之久。

河南登封少林寺

北周武帝（560—578年在位）本来信奉佛教，因励精图治，更注重儒术。还俗沙门卫元嵩平时交游权贵，屡次上书请废佛法。周武帝天和二年（567年）又上书请省寺减僧，说“治国不在浮图，唐、虞无佛图而国安，齐、梁有寺舍而祚失”。深得周武帝之心。其时又有道士张宾利用北齐以来流行于北方的黑衣之谶（谶云“亡高者黑衣”，因沙门披缁衣而指为黑衣），散布改朝换代的言论，与卫元嵩相呼应。周武帝一时不决，集中京师沙门、道士及儒士、官僚，公开辩论，以定三教优劣。自天和三年至建德三年（568—574）先后举行七次辩论会。建德三年最后定儒教为先，道教为次，佛教为后。但佛教徒不服，抗旨争辩。在五月十四日举行的辩论会上，道士张宾与僧人智炫激烈辩论，互相攻击和揭发对方的不净之处，难有胜负。于是，次日下诏禁佛道二教：“经像悉毁，罢沙门道士，并令还民，并禁诸淫祀、礼典所不载者，尽除之”。“三宝福财，散给臣下，寺观塔庙赐给王公”。六月二十九日又下诏设立“通道观”，将佛道名僧高士集中一起，为“通道观学士”，受官吏统辖。建德六年（577年）周灭北齐，周武帝入邺又下令毁灭齐境佛教。据史载，自建德三年至六年，“毁破前代关、山西东数百年来官私所造一切佛塔，扫地悉尽”，“融刮圣容，焚烧经典”，“八州寺庙出四十千，尽赐王公，充为宅第，三方释子减三百万，皆复军民，还归编户”（《长房录》）。578年周武帝死，宣、静二帝继位，佛教才恢复。

唐武宗灭佛，发生于会昌年间，故史称“会昌法难”。唐武宗在还没有即位之前就已喜好道术，登上帝位之后，更崇信道士，尤其听信道士赵归真“释氏非中国之教，蠹害生灵，宜尽除去”的劝谏，加之宰相李德裕的极力支持，便“恶僧尼耗蠹天下，欲去之”。自即位起不断下令僧尼还俗，其钱谷田地收纳入官，拆毁天下山野山房、兰若及普通佛堂、斋堂。会昌三年(843年)四月下诏“杀天下摩尼师，剃发令著袈裟作沙门形而杀之”。至会昌五年“敕上都、东都两街各留两寺，每寺留僧三十人，天下节度观察使治所及同、华、商、汝州各留一寺，分为三等，上等留僧二十人，中等十人，下等五人，余僧及尼并大秦穆护祆僧皆勒归俗。寺非应留者，立期令所在毁撤，仍遣御使分道督之，财货田产并没官，寺材以葺公廨驿舍，铜像钟磬以铸钱”。据说当时天下所拆寺院4600余所，兰若40,000余所，僧尼还俗26万余人，收膏腴良田数千(按，“千”当为“十”之误)万顷，奴婢15万人。因当时藩镇割据，有的地方幸免于难。会昌六年武帝死，宣宗继位，又恢复佛教，但这一次灭佛，打击沉重，中国佛教至此元气大伤。

五代时期，诸国纷争，战争频繁，国力财力极其贫乏。后周世宗(954—959年在位)限制佛教，于即位第二年(955年)下诏严禁无侍养而为僧尼者及私自出家者，减裁寺院3636所。又以“吾闻佛说以身世为妄，而以利人为急，使其真身尚在，苟利于世，犹欲割截，况此铜像，岂其所惜哉”为由，下诏悉毁天下铜像以铸钱。这次灭佛虽然没有完全禁绝，但僧尼锐减，寺像全毁，典籍散失，亦受到很大的打击。

(吕建福)

72

唐代韩愈谏迎佛骨是怎么一回事？

韩愈（768—824年）谏佛骨，是中国佛教史上一桩有名的公案，说的是唐元和十四年（819年）宪宗敕迎法门寺佛骨，而刑部侍郎韩愈上《论佛骨表》加以劝谏的事。法门寺佛骨，也称佛舍利，传说是释迦牟尼的指骨。相传古印度摩揭陀国孔雀王朝第三代国王阿育王，于公元前二世纪中叶以武力统一印度半岛之后，崇信佛教，借“鬼神”之力在世界各地建造了八万四千宝塔，将释迦牟尼的舍利分置其中。传说位于陕西扶风县的法门寺塔即其中之

云南宾川鸡足山华首门

一。因此之故，法门寺在古代亦称阿育王寺，寺塔称阿育王塔或真身宝塔，所藏佛骨极受历代信徒和信佛帝王的顶礼膜拜。尤其唐代达到了狂热的程度，有七次奉迎佛骨之事。唐宪宗敕迎佛骨便是第六次。据史书记载，元和十三年功德使奏报：凤翔法门寺有护国真身塔，塔内有释迦牟尼佛指骨一节，世传舍利塔当三十年一开，开则岁丰人安。宪宗即诏许，于十四年遣使迎奉，在禁中供奉三日，然后送到京城佛寺。其间，王公士庶奔走膜拜，争先舍施，甚至“焚顶烧指，千百为群；解衣散钱，自朝至暮；转相仿效，惟恐后时；老少奔波，弃其次业”。韩愈，字退之，谥号文，河南河阳人，自谓郡望昌黎，亦称韩昌黎，精通六经百家，而以文章著称于世，累官至国子祭酒、刑部侍郎、兵部侍郎及吏部侍郎。韩愈一生，极力反对佛教，曾经以孟子辟扬墨自比。宪宗迎奉佛骨，便作《论佛骨表》上疏谏阻，力陈奉迎佛骨的弊害。认为自东汉以来，魏晋六朝，国祚短促，帝王寿夭，都是信奉佛教的缘故。又崇信佛法，危害治国安民，尤其迎奉佛骨，伤风败俗，弊害无穷，故请以高祖沙汰佛徒为例，铲除佛教，将佛骨付之于水火，永绝根本。韩愈上表之后，不但没有起劝阻的作用，反而触怒了宪宗，将处以极刑。裴度、崔群等宰臣上前劝谏，请求从宽，宪宗说：“愈言我奉佛太过，我犹为容之。至谓东汉奉佛之后，帝王咸致夭促，何言之乖剌耶！愈为人臣，狂妄敢尔，固不可赦”。最后韩愈被贬为潮州刺史。韩愈著名的《左迁至蓝关示侄孙湘》一诗，便是贬往潮州途中写的，反映了佛教史上的这一公案，诗曰：“一封朝奏九重天，夕贬潮阳路八千。欲为圣朝除弊事，肯将衰朽惜残年。云横秦岭家何在？雪拥蓝关马不前。知汝远来应有意，将收吾骨瘴江边。”

（吕建福）

73

西藏佛教史上发生的佛本之争的情况如何?

佛本之争即佛教同本教相互斗争的简称。

本教藏文称为“本波”(Bon po),也有译为本波教的,俗称黑教。它是藏族地区固有的一种宗教,是生根于西藏原始公社时期的宗教。当佛教还没有传播到吐蕃(西藏在唐朝时期的称谓)以前,本教就已经在古代藏族社会中传播开来。本教最初是在今天阿里地区的南部,古代称作香雄的地区发展起来的,后来沿着雅鲁藏布江自西向东广泛地传播到整个藏族地区。它的祖师名叫辛饶米沃且(gshen rab mi bo che),意思是最高的巫师。从内容上看,本教是一种原始宗教,或者说是一种万物有灵的信仰。它所崇拜的对象包括天、地、日、月、星辰、雷电、冰雹、山川、甚至土石、草木、禽兽等等。这种宗教在科学上又被称作灵气萨满教(Animist-shamanism)。本教同古代波斯(今伊朗)的祆教(即拜火教)有一定的渊源关系。原始本教把世界分为三部分,即天、地、地下。天上的神名为“赞”(btsan),地上的神名为“年”(gnyan),地下的神名为“鲁”,即是常说的龙(klu)。天神在古代本教中占有重要的地位。此外,原始本教还崇拜灶神(tab lha)、阳神(pho lha)、战神(dgta lha)等。本教用动物作祭祀时的牺牲,举行仪式时要宰杀大量牲畜,甚至要杀人祭天地之神。原始本教没有寺庙,仅有简单的祭坛。本教的活动主要通过巫师来进行,巫师有天本波、地本波、大

湖南长沙麓山寺僧寮

本波、神本波等不同称谓。本教巫师以鼓为法器。

关于本教的社会作用,《土观宗派源流》说,从聂赤赞普起,一直有二十六代赞普都是用本教来协助管理政务的。《西藏王臣史》说,吐蕃宫廷中有一个名叫"敦那敦(mdun na vdon)的职位,由一人充任,其职责是在赞普身边占卜吉凶。担任这一职务的人在赞普左右有崇高的地位,并可借机参与部分政治决策性的事务。此外,本教还利用宗教仪式等手法帮助统治者威胁、镇服属民。本教这种双重作用,一直延续到公元八世纪中叶,本教在吐蕃社会地位彻底削弱以前。

佛教是在公元七世纪松赞干布在位时传入西藏的。佛教刚刚传入西藏,即受到土著本教的强烈抵制和反对,从而拉开了佛本之争的序幕。据记载,松赞干布时在修建大昭寺的时候,白天建造的地基,夜里即被本教徒破坏殆尽。说明本教对外来的佛教是有极大的排斥力的。

松赞干布死于650年。松赞干布死后,本教势力抬头,公开反对佛教。藏文史籍中说,松赞干布死后文成公主带去的释迦牟尼像埋在地下有两代人之久,这是佛教徒为保护佛像而采取的措施。在吐蕃王朝的各项祭祀、盟会仪式中,本教一直起着领导作用,这种传统势力使佛教的宗教仪式等,在吐蕃社会生活中无法得到发展。

到赤德祖赞(704—755年在位)时,大力发展佛教,修了不少寺庙。金城公主进藏联姻,对汉地佛教在藏发展起了推动作用。佛教发展稍有起色。但不久,信奉本教的贵族借天花流行之机，发起驱僧事件，把外来佛教僧侣驱逐出藏。对此，赤德祖赞也无能为力。但他在暗中仍然扶植佛教。

公元755年赤德祖赞死，新赞普赤松德赞(755—797年在位)年幼即位。吐蕃王朝中信奉本教的贵族大臣欲把佛教势力全部铲除，发布了禁佛的命令。主要措施有：1. 下令在吐蕃王朝辖区内禁止信佛。2. 驱逐汉僧和尼泊尔僧人。3. 改大昭寺为屠宰场。4. 把文成公主带来的佛像埋在地下，后来又取出送到芒域。5. 拆毁寺庙。

虽然本教采取了一切手段来压制佛教，但本教也感到了其自身的软弱性，难于适应阶级社会的需要，因此，本教也开始向佛教学习，制造出一套经典和教义。这时，佛本二教开始互相吸收，互相渗透。

赤松德赞成年后，又开始大力扶植佛教。起初，他表面上执行佛本并存的政策，为佛教创造发展的条件，减少本教对佛教的压力。但当佛教发展到有相当势力的时候，赤松德赞提出让佛本二教进行辩论。结果本教失败，于是赤松德赞给本教巫师们指出三条出路：1. 改信佛教，当佛教僧人；2. 放弃宗教职业，做王朝的纳税百姓；3. 如果既不愿改教，又不愿当平民，就流放到边地去。据说赤松德赞指责本教僧人们说："我怀疑你们是在试图把我的人民夺走"。这句话是有针对性的，是指责贵族势力而言的，因为本教的背后是贵族势力在支持它，也只有贵族势力才能和王室争夺权势和人民。

甘肃甘谷永明寺僧人击鼓

赤松德赞镇压本教后，本教徒中的一些人迫于形势改信佛教了，另外有许多人选择了流放的出路，到边远偏僻的地方去了。这就形成了以后本教在西藏的东部和北部得到延续和发展的直接原因。赤松德赞还宣布，凡是把佛教经典篡改为本教经典的人要处以死刑。本教的神坛有的被摧毁，有的被佛教接管了。在此压力下，本教徒不敢公开活动，他们到处埋藏他们的经典，这些经典也就是后期的所谓“伏藏”本经。

应该说明，赤松德赞并没有通过这次镇压把本教全部地消除掉，他只不过是把本教从原来的绝对优势地位上降下来，本教实际上一直保存着力量。就是在吐蕃统治集团内部，代表本教的贵族势力也只是暂时地收敛了一下气焰，一旦时机到来，他们仍然会出来反对佛教的。

果然，到赞普热巴坚时，由于极度崇佛，引起社会上的不满，人民对佛教产生厌恶情绪。于是反佛的贵族大臣便利用这种时机发动了宫廷政变，缢杀了热巴坚，拥立朗达玛(836—842 年在位)为赞普。

朗达玛一上台即开始了大规模的禁佛运动，史称“达玛灭佛”。其措施有：1. 停建、封闭佛寺。原在热巴坚时开工修建的寺院都停了工。桑耶寺、大昭寺等著名寺院被封闭，小昭寺则变成了牛圈。2. 破坏寺庙设施。寺内壁画被涂掉，又在上面画上僧人饮酒作乐的画。许多佛像被钉上钉子扔到河里。3. 焚毁佛经。将多种、大量佛经或付之一炬，或投之于水，仅有少数经典被僧人藏于岩洞保存下来，还有些僧人带着经卷逃往远方。4. 镇压佛教僧人。许多僧人被迫弃佛归本，或者还俗。如果不愿放弃自己的信仰，就得去深山行猎，或被迫拿着本教的法器——鼓，去参加本教的宗教仪式。这次禁佛对佛教的打击是非常沉重的，以致西藏宗教史籍上把朗达玛以后的近百年间称为“灭法期”。

公元 842 年，朗达玛被一佛教僧人刺死。从此吐蕃王朝开始崩溃，藏族社会进入战乱和分裂割据时期。

公元 978 年以后，佛教在西藏再度兴起，并相继形成许多教派和教派支系。此后，佛本二教再也没有什么大的斗争了，而是互相吸收，互相渗透，以致本教在内容和形式上很类似佛教的一个教派了。解放以后，本教也参加了中国佛教协会西藏分会。

(李冀诚)

74

什么叫佛？什么叫菩萨？什么叫罗汉？

佛，是“佛陀”的简称。也有译作“佛驮”、“浮陀”、“浮屠”、“浮图”等。在梵文中的意义为“觉者”、“知者”、“觉”。觉又有三层含义：自觉、觉他（使众生觉悟）和觉行圆满，是佛教修行的最高果位。佛教宣称，一般凡夫俗子以上三项都缺，毫无觉悟可言；声闻（闻听佛陀言教而觉悟者）和缘觉（因前世修行的因缘或观十二因缘之理自行觉悟者）缺后两项；只有佛才三项都全。小乘讲的“佛”，一般是专用作对释迦牟尼的尊称。大乘除指释迦牟尼外，还泛指一切觉行圆满者。宣称三世十方，到处有佛，多得像恒河沙子，不可计算。比如，过去有七佛、燃灯佛；未来有弥勒佛；东方有阿閦佛、药师佛；西方有阿弥陀佛等。从佛身说，又有法身佛、报身佛和应身佛等。

菩萨，是“菩提萨埵”的略称。在梵文中的意义是“觉有情”，“道众生”，“道心众生”。指按大乘佛教修行，将来可以成就佛果的修行者。佛典上常提到的菩萨有弥勒、文殊、普贤、观世音、大势至等。对大乘僧侣或居士有时也可以尊称为菩萨，如印度大乘佛教学者龙树、世亲等也被称为菩萨。

罗汉，是“阿罗汉”的略称。也译作“阿罗诃”。这是小乘佛教修行的最高果位。达到这一果位者，消除了一切烦恼，受天人的供养，永远进入涅槃，再也不受生死轮回之苦。到了大乘佛教那里，认为不能以自身涅槃解脱为限，而应该以解

北京广济寺大年初一信徒礼佛

脱众生为任，于是阿罗汉就逐渐演变成了佛灭之后不入涅槃而住世护法弘法的角色。在中国流行有所谓十六罗汉、十八罗汉、五百罗汉，民间供奉罗汉的风气很盛。其中不乏土生土长，极有个性的完全中国化的罗汉形象，济公是其中最有名的一个。

(何云)

75

什么叫法身佛？什么叫报身佛？什么叫应身佛？

先讲讲“佛身”。佛身，本指佛教创始者释迦牟尼的身体，以后就把这个概念弄得神秘和复杂化了。小乘曾用所谓三十二相、八十种好来描绘佛身的神通超人。大乘佛教讲的佛身，就不限于佛陀，而泛指无数佛了，而且所谓

佛教圣地九华山

“身”也不只指肉身，更侧重精神本体含义，有“体”义，“聚积”义。由积聚功德和觉悟而成就的佛体，就叫佛身。有时也叫法身，把佛法的本质或法性人格化，都是同一个意思。

法身佛，是对佛法的人格化，象征佛法绝对真理，无时不在，无所不在。也指的人所先天具有的佛性（佛教又叫作法性、法、如来藏、真心、本觉），这是人能成就佛身的内在原因和根据。称作法身佛或法佛，含有崇敬之意。

报身佛，也叫报身或报佛，这是指以法身为因，经过艰苦修习而获得佛果之身。象征体悟真如的智慧。这又可以分为为证知与享受佛境的报身，以及为适应十地菩萨需要而呈现出来的报身。

应身佛，也称应身，指佛为度脱世间众生，随应三界六道不同状况和需要而变现之身。比如释迦牟尼生身，也可以看作应身佛，因它是为度脱世间众生而出世从事教化的。

法身佛、报身佛、应身佛，合称“三身”或“三佛”。与它们意思大致相近的还有自性身、受用身、变化身等说法。

（何云）

76

什么是三世佛?

三世的"世"字,一是从时间说的,包括过去世、现在世和未来世;一是从空间讲的,相当于现在所说的"世界",不过这里说的世界是指佛的净土(或称佛国、佛刹),如西方阿弥陀佛的"极乐世界",东方药师佛的"净琉璃世界"等。按照大乘佛教的说法,四维上下,往古来今,佛无数,佛国无数。但在中国佛教寺院中,所谓三世佛有特定的含义。(一)过去、现在、未来三世之佛一般塑燃灯佛、释迦牟尼佛、弥勒佛之像。在早期佛经中的过去佛是指迦叶等七佛,释迦牟尼为最后一位过去佛。(二)三个佛世界的佛,寺院中塑东方净琉璃世界的药师佛,娑婆世界的释迦牟尼佛,西方极乐世界的阿弥陀佛之像。俗称前三世佛为"竖三世佛";后三世佛为"横三世佛"。

福建泉州清源山碧霄岩,我国现存最早保护最好的"三世佛"石雕造像

(杨曾文)

77

什么叫阿弥陀佛？“西方三圣”是指什么？

阿弥陀佛是中国民间最信奉的佛之一。密教称作甘露王。在中国佛教宗派中，阿弥陀佛是净土宗的主要信仰对象。佛经上说阿弥陀佛是“西方极乐世界”的教主，能接引念佛人往生“西方净土”，所以又叫“接引佛”。据《无量寿经》、《阿弥陀经》及净土宗僧人的著作，只要一心称念阿弥陀佛的名号，死后就可以往生西方极乐净土。他又有许多其他的名号，如无量寿佛、无量光佛、清净光佛、欢喜光佛、智慧光佛等等，都是信众常称诵的。

西方三圣，也叫阿弥陀三尊，即阿弥陀佛和大势至、观世音菩萨。

（何云）

重庆罗汉寺

78

什么是药师佛？“东方三圣”在寺院中是什么形象？

药师佛，全称“药师琉璃光如来”，亦称“大医王佛”、“医王善逝”等，音译“鞞杀社窭噜”。是佛教中东方净琉璃世界的教主。据说药师佛在本行菩萨道时，曾经发过十二大誓愿，要满足众生一切愿望，拔除众生一切痛苦。这十二大誓愿是：(1)使自他身均光明炽盛；(2)以威德开晓众生；(3)满足众生所欲求而没有或缺少的东西；(4)使一切众生信仰大乘；(5)使一切众生行梵行(净行)；(6)使一切不具备诸根的众生(先天残废者)完具；(7)除一切众生众病，使众生身心安乐，证得无上觉悟；(8)可以转女为男；(9)使众生解脱天魔外道的缠缚和邪思恶见，而得到正见；(10)使众生脱离恶王劫贼等横祸；(11)使饥渴众生得到上食；(12)使贫乏无衣者得上妙衣。又据说凡愿生西方极乐世界无量寿佛处所，听闻正法而没有收效者，如听闻世尊药师琉璃光如来的名号，临命终时有八菩萨乘神通来指示道路，可化生于东方琉璃世界中。

东方三圣，也叫药师三尊，是指东方净琉璃世界中的教主药师佛及其左右二胁侍菩萨。左胁侍称日光遍照菩萨(简称日光菩萨)，右胁侍称月光遍照菩萨(简称月光菩萨)。在寺院的塑像或图像中，药师琉璃光如来居中，日光菩萨居左，掌中持一日轮，月光菩萨居右，掌中持一月轮。但在密教中亦有日光、月光二菩萨。日光菩萨在胎藏界曼荼罗中为地藏院上第九位尊者，主地藏光明遍照之德，左手持宝幢。月光菩萨为胎藏文殊院一尊者，左手持金莲，上有半月形，而在金刚界曼荼罗中为三昧耶会七十三尊之一，右手持莲花，上有半月形。

（吕建福）

四川成都文殊院

79

毗卢遮那佛是什么佛?

毗卢遮那是梵文 Vairocana 的音译,略译“卢舍那”、“遮那”,意译“光明遍照”、“遍一切处”、“大日”。佛名。对此佛教内部有不同的解释。旧译《华严经》译为“卢舍那”,新译《华严经》译为“毗卢遮那”。华严宗据此认为毗卢遮那与卢舍那分别为音译的全称与略称,为报身佛,是《华严经》所说莲花藏世界(佛报身之净土)的教主。天台宗分别以毗卢遮那佛、卢舍那佛、释迦牟尼佛为法身佛、报身佛、应身佛。法相宗与此同,但所称不同,分别以卢舍那、释迦牟尼二佛为受用身、变化身,以毗卢遮那佛为自性身。密宗称毗卢遮那为“大日如来”(摩诃毗卢遮那,梵文为 Mahavairocana),作为理智不二的法身佛,是尊奉的主要对象。

(李冀诚)

西藏唐卡中的毗卢遮那佛

80

什么是大日如来佛？

大日如来佛是密教的最高本尊，梵名谓之摩诃毗卢遮那(Mahāvairocana)，摩诃者大之义，毗卢遮那为日之别名，故译云大日。又毗卢遮那者光明遍照之义，谓之遍照如来。又云最高显广眼藏如来。唐代一行《大日经疏》一曰，“梵音毗卢遮那者是日之别名，即除暗遍明之义也。然世间是则别方分，若照其外不能及内，明在一边不至一边，又唯在昼光不烛夜。如来智慧日光则不如是，遍一切处作大照明矣。无有内外方所昼夜之别，世间之日不可分喻。但取是少分相似，故加以大名曰摩诃毗卢遮那也。”辽代觉苑《演密钞》二曰：“毗云遍，卢遮那云光明照。为须此方云光明遍照。”唐代不空《金刚顶经义诀》曰：“梵音毗卢遮那，此翻最高显广眼藏如来。毗者最高显也，卢遮那者广眼也。先有翻为遍照如来。又有翻为大日如来。此盖略而名义阙也”。密教金胎两部之大日各异。

(李冀诚)

止单牌

81

所谓“四大菩萨”是什么？

什么是“四大菩萨”？“四大菩萨”，有两种说法，一种是《法华经》说的弥勒、文殊、观音、普贤为四大菩萨。另一种是中国佛教中说的文殊、普贤、观音、地藏为四大菩萨，并认为各自以五台山、峨眉山、普陀山、九华山为显灵说法的道场。一般所说的四大菩萨是指后者。

文殊菩萨，全称文殊师利，旧译“满殊尸利”，新译“曼殊室利”，意译多作“妙吉祥”。专司佛的智慧，与普贤为佛的左右二胁侍，居于左，或与弥勒为佛的二胁侍，居于右。其形象如童子相貌，顶戴宝冠，或手持宝剑，骑狮子。传说文殊菩萨显灵说法的道场在山西五台山（也称清凉山），唐仪凤元年(676)西域僧人佛陀波利来到五台山，文殊曾显现一老人形，教其回去取来《尊胜陀罗尼经》，后来佛陀波利取经回来之后又见到文殊菩萨的化身。自此五台山成为中国一大佛教圣地，香火旺盛，印度、西域、日本、朝鲜等国信徒远道前来朝拜。

普贤菩萨，亦译“徧吉”，音译“三曼多跋陀罗”，中国佛教中常称“普贤大士”。被认为专司佛的理德，与文殊菩萨为佛的左右二胁侍，居于右，常骑一白象。传说普贤菩萨显灵说法的道场在四川峨眉山，山顶之光相寺常有显灵圣迹，并说普贤大士有三千徒众共住于此。

观音菩萨，全称“观世音菩萨”，略称观音菩萨。旧译“光世音”，新译“观

江西靖安宝丰寺真净克文禅师塔

自在”、“观世自在”，音译“阿婆卢吉低舍婆罗”、“阿缚卢枳多伊湿伐罗”。传说其显灵说法的道场在浙江普陀山。据说唐大中年间（847—860）有一印度僧来此自燔十指，“亲睹观世音菩萨现身说法，授以七色宝石”。遂传此地为观世音说法道场，因佛经中有观世音道场在普陀洛迦山的说法，故亦称此地为普陀洛迦山，简称普陀山。观世音菩萨形象常作女相，盛行于唐以后。

地藏菩萨，音译“乞叉底蘖婆”，以其“安忍不动犹如大地，静虑深密犹如地藏”而称为地藏。据称在忉利天受释迦牟尼佛嘱咐，在释迦牟尼入定之后，弥勒佛未出世之前，发誓尽度六道众生，拯救诸苦，始愿成佛。相传其显灵说法道场在安徽九华山，传说在佛灭后一千五百年降诞于新罗国王族，姓金，名乔觉，唐玄宗时来华入九华山，在山顶端坐数十年而圆寂，其肉体不化以全身入塔，现在的月身殿即其灵塔。

（吕建福）

82

什么是观世音菩萨？

观世音，亦译“光世音”、“观世自在”、“观自在”。为阿弥陀佛的左胁侍，西方三圣之一。以大慈大悲为德性，据称遇难者只要念诵其名号，“菩萨即时观其音声，前往拯救解脱”，故名观世音。又称观世音观众生音声，应机以种种化生普救众生苦难，故有很多观世音，有六观音、七观音、三十三观音等，但一般所说的观世音是指作为总体的圣观音。

六观音，有两种说法。天台宗所传的是：大悲观音、大慈观音、师子无畏观音、大光普照观音、天人丈夫观音、大梵至圣观音。说大悲观音破地狱道三障（烦恼、业、报），大慈观音破饿鬼道三障，师子无畏观音破畜生道三障，大光普照观音破阿修罗道三障，天人丈夫观音破人道三障，大梵至圣观音破天道三障。密宗所传的是：千手千眼观音、圣观音、马头观音、十一面观音、准胝观音、如意轮观音。

其中千手千眼观音，亦称千眼千臂观音，简称千手观音。据说观世音在过去无量劫，听千光王静住如来说《广大圆满无碍大悲心陀罗尼经》后，发誓要利益一切众生，于是长出千手千眼。其形象是除两眼两手之外，左右各有二十手，手中各有一眼，成四十手四十眼，又各配“二十五有”（即三界中有情存在的环境，包括四洲、四恶趣、六欲天等），共成为千手千眼。

印度观音像

十一面观音，具有十一个脸面，其形象是前三面作菩萨面或慈悲、寂静相，左三面作瞋怒相，右三面似菩萨相而长有狗牙，后一面作大笑状，顶上一面作如来相，十一面各戴华冠。另有一种形象有十头四臂，右边第一手持念珠，第二手施无畏，左边第一手持莲花，第二手执军持。

马头观音，为观音自性身，以头置马头称马头观音，亦称马头大士。在密教中作大忿怒威猛摧伏之状，而称马头明王，为五部明王中莲花部之明王。

另有水月观音，作水中观月影之状，常见于中国寺院观音塑像之中。

在中国佛教中，还有一个常见的观音是马郎妇观音。传说唐元和十二年(817年)，观世音化为陕右一位容貌姿态出众的美女，有众多男子纷纷前来向她求婚。美女说："谁能一夕诵读《普门品》，就嫁给谁。"于是众男子彻夜诵经，至黎明时坚持诵下来的有二十人。美女又说"我一人不能嫁给你们二十人，如有能一夕诵完《金刚经》者，就嫁给他"。而这次诵完者只十余人。美女又让求婚者在三天内诵完《法华经》七卷，三天至期时只有马氏子一人诵完，于是美女答应嫁给他。马氏子欣喜万分，大摆宴席，但席客还未散尽，迎来的新娘已经死去。几天后有一老僧来到美女所葬处，以锡杖拨尸，尸骨早已化为灰烬，只剩下黄金锁子骨，老僧说"此圣者，悯汝等障重，故垂方便化汝身"。说完即腾空而去。从此，陕右各地便以马郎妇为观音，供奉崇拜。

(吕建福)

83

什么是弥勒菩萨？什么是弥勒佛？为什么在寺院里供的弥勒佛是大肚布袋和尚？

弥勒，意译慈氏，传说出生于婆罗门家庭，后出家为佛的弟子。据说先佛入灭之后，上生于欲界六天中第四兜率天之内院，是为弥勒菩萨，兜率天内院为弥勒净土。据《弥勒下生经》说：佛曾经预言，弥勒菩萨经五十六亿七千万年出生于第十之灭劫，继承释迦牟尼佛的佛位，在穰结转轮圣王国土华林园龙华树下成佛。那时将有释提桓因、护世天王以及无数天子在华林园向弥勒佛头面礼足，合掌请求说法。弥勒佛默然受请，初转法轮。有九十六亿人不受诸法，漏尽意解，得阿罗汉三明六通，具八解脱。有三十六万天子、二十万天女发阿耨多罗三藐三菩提(即成等正觉)。时又有阎浮提城邑聚落小王、长者以及四种姓人等，皆悉聚集于龙华树下，请求说法。弥勒受请次转法轮，说四谛十二因缘。有九十六亿人得阿罗汉。又有一次，弥勒佛再转法轮，有九十二亿人得阿罗汉，有三十四亿天龙八部发三菩提心。弥勒菩萨在龙华树下成佛后，将三转法轮，称“弥勒三会”。

在中国佛教寺院中将弥勒佛塑为大肚布袋和尚形象，是根据这样一个传说：五代后梁时有僧人叫布袋和尚，名契此，号长汀子布袋师，明州奉化(今属浙江)人。形体宽胖，有一引人注目的大肚子。平时疯疯癫癫，言语无定，以杖背一布袋入市，见物即乞。而示人吉凶，必定显相灵验，卧于雪中而身不沾雪。曾作歌

云南弥勒县露天弥勒像

道:“只箇心心心是佛，十方世界最灵物，纵横妙用可怜生，一切不如心真实……万情何殊心何异，何劳更用寻经义”。后于后晋天福(936—947年)中终于奉化，临终之前端坐于岳林寺盘石，说偈道:“弥勒真弥勒，分身千百亿，时时示时人，时人自不识。”后来人们在其他州又见到他荷布袋而行。自此人们认为他是弥勒佛的化身，塑其形象，供于寺中。这成为后来寺院中的大肚弥勒佛形象。

(吕建福)

84

寺院天王殿两侧的四天王像，在佛教中有什么意义？

佛教寺庙中，进入山门的第二层殿称天王殿，正中是大肚弥勒佛坐像，两旁则塑造着四尊高大威武的四大天王像。佛教关于四大天王的记载，见于《长阿舍经》卷第二十。四大天王，又称“护世四天王”，即世界的保护者。在释迦成道之时，已有四天王献钵之说。四天王，即东方天王提多罗吒，汉译曰“持国”，能护持国土，是帝释天的主乐神，塑像着白色，手持琵琶，率领毗舍离、乾达婆诸神将，保护东方胜身洲人民；南方天王毗琉璃，汉译曰“增长”，能令他人善根增长，塑像身青色，手持宝剑，率领鸠槃荼（瘫形鬼）、薜荔（饿鬼）诸神将，保护南方阎浮提洲人民；西方天王毗留博叉，汉译曰“广目”，能以净眼观察护持人民，塑像身红色，手中缠绕一龙，率领诸龙及富单那(臭饿鬼)，保护西牛货洲人民；北方天王毗沙门，汉译曰“多闻”，有大福德，护持人民的财富，塑像身绿色，右手持伞，左手持银鼠，护持北俱泸洲人民。

据佛经记载，四大天王居住在须弥山的半腰。须弥山是古代印度神话中的山名，据说它是人类所住世界的中心，山顶为帝释天宫，在山腰有一山名犍陀罗山，山有四峰，为四天王及其眷属所居，称四天王天。四天王各护一方天下，因此称“护世四天王”。

(李富华)

85

什么叫韦驮?

在我国佛教寺院天王殿的正中供奉着两尊神像，正面是大肚弥勒佛的坐像，其背后则塑着一尊仪表端严，威武雄壮，手持金刚杵的武士装立像。这就是护法神韦驮，又称韦驮天。

在我国佛教寺庙中供奉韦驮是自宋代开始的。唐代僧人道宣曾著《道宣律师天人感通传》等书，讲述了这样一个故事：有一位天人（在天界居住的生命）来礼敬道宣，声言姓王名蟠，是南天韦将军下的使者，“将军事务极多，拥护三洲之佛法”。又据《法苑珠林》卷

山东青岛湛山寺

浙江普陀山近景

十云："又有天人韦琨，亦是南天王八大将军之一臣。四天王合有三十二将，斯人为首。生知聪慧，早离欲尘。清净梵行，修童真业。面受佛嘱，弘护在怀；周统三洲，住持为最。"据传，这就是中国佛寺把韦驮作为护法神而供奉的依据。

韦驮信仰的起源还有一种说法，即认为韦驮就是佛经中所说的韦陀天，所以韦驮又被称作"韦陀菩萨"。据佛经记载，韦陀是印度婆罗门教所尊奉的天神，如《金光明经》云："风水诸神、韦陀天神及毗纽天。"公元前1500—700年间是印度以《吠陀》为经典的宗教时代。在《黎俱吠陀》中记载着一位天神，他威力无比，战胜多种邪恶，使人间得到光明，被称作"战神"、"百威之神"、"胜利之神"。他所使用的兵器就是一金刚杵。中国佛教寺院中的韦驮塑像是一个手持金刚杵，全身披挂的武士，这与印度神话中的韦陀天神不无关系。

一般说，护法神韦驮是与中国佛教的传说有着直接的关系，但它的来源，特别是形象的塑造，其根据是多方面的。

(李富华)

86

什么叫阎魔王？

阎魔王，梵文 yamarājā 的音译，是佛教神话中管理地狱的神。

据《问地狱经》，阎魔王昔为毗沙国王，与维陀始生王进行战争，因兵力不敌而立誓，愿为地狱主。臣佐十八人领百万众同立誓愿，共治地狱罪人。十八臣佐即十八地狱之小王，百万之众即地狱中诸阿傍（阿傍即狱卒，皆牛头人身）。阎魔王宫在阎浮洲南二铁围山外，纵广六千由旬，有“七重墙壁、七重铃网，其外七重多罗行树”，“台殿园苑华池，有种种美果，香风远薰，众鸟和合”。又据《起世经》，阎魔王因前世恶业，虽处地下乐园，然每日夜三时、昼三时，王宫变为铁城，狱卒取王置热铁之上，从口中灌入熔铜汁，使其全身燋然。此时，王作是念：于往昔身作恶行，口作恶行，意作恶行，今皆受此苦。愿我从今舍此己身，但于人间相逢受生；于如来法当得信解，剃发出家。作如是愿讫，所居宫殿还原七宝，犹如诸天。

又据《禁度三昧经》，阎魔王治下有五官，鲜官禁杀，水官禁盗，铁官禁淫，土官禁两舌，天官禁酒。此外，《灌顶经》载，阎魔王主领世间名籍，若众生作恶行、不孝顺乃至不持五戒、不信正法等，地下鬼卒先报告五官，五官经过审理，再奏请阎魔王，阎魔王据其罪行给以不同的处罚。

阎魔王，又被译曰“琰摩”（yama）。在古印度吠陀时代，在崇拜的诸神中就

敦煌壁画：金光明经变局部

有称作琰摩的死神。他们是兄妹两人，父亲是太阳神，母亲名“昧光”。他们共同主持地狱之事，兄治男事，妹理女事，故称“双王”。这说明关于治理地狱之神的宗教神话在印度早就有之。佛教关于阎魔王的种种说法是后来逐渐演变而来的。

(李富华)

87

十殿阎王是什么?

十殿阎王是中国佛教所讲的在地狱中审判死者罪业的十王。这十王是秦广王、初江王、宋帝王、五官王、阎罗王、变成王、泰山王、平等王、都市王、五道转轮王。

我国佛教史传著作《佛祖统记》卷第三十三记:“世传唐道明和尚神游地府,见十王分治亡人,因传名世间。”据说,自此中国佛教才有十殿阎王的设供。十殿阎王的名称最初出自《预修十王生七经》(此经现存,为唐藏川述,见《续藏经》2编)。此经称:人死之后七日,在秦广王殿受审,二七日在初江王殿受审,三七日在宋帝王殿受审,四七日在五官王殿受审,五七日在阎罗王殿受审,六七日在变成王殿受审,七七日在泰山王殿受审,百日过平等王殿,一周年过都市王殿,三周年过五道转轮王殿。《预修十王生七经》的作者署名为“唐成都府大圣慈寺藏川述”,说明它并不是印度的佛教著作,而是出自唐代末年中国和尚之手。宋僧常瑾所撰《地藏菩萨像灵验记》所载《感应地藏记》一文云:沙门智祐,西印度人,天福年间(后晋高祖时[937—942])来清泰寺,所持经像中有地藏菩萨像和梵本《本愿功德经》。其像中央是地藏菩萨像,左右是十王,左边为秦广王、初江王、宋帝王、五官王、阎罗王;右边为变成王、泰山王、平等王、都市王、五道转轮王。中国佛教寺院中地藏菩萨及十王像的塑造,这可能是最早的依据。不过，此像是否是从印度传来就很难考定。从十殿阎王的名称来看，除阎罗王（来自佛经中的阎魔王）、五官王（从阎魔王手下五官演变而来）、平等王（阎魔王亦可意译曰平等王，即公平审判众生罪福之意）等在佛经中可找到依据外，其他均属中国佛教的创造。

总之，十殿阎王是中国佛教创造的主管地狱的神，约在唐末五代时开始流行。此后，它在中国民间影响很大，中国道教亦沿用此说。

（李富华）

山西镇国寺佛像

88

“天龙八部”是怎么一回事？

什么是“天龙八部”？“天龙八部”是佛教故事中常说的鬼神的总称，共分八部，称八部众，即天众、龙众、夜叉、乾达婆、阿修罗、迦楼罗、紧那罗、摩睺罗迦。

天众，指佛教讲的诸天神。佛教把佛所教化的世界称“三千大千世界”。这个世界又分为欲界、色界和五色界三层，而每一界又有若干天，所谓欲界六天，色界十八梵天，无色界四空天等。每一天都是一天神主宰的世界。如欲界六天中的四天王天，居于须弥山的四埵，由四大天王统领，分管四大部洲；切利天居于须弥山顶，王名帝释；炎摩天王名善时，兜率天王名善喜，化乐天王名善化，他化自在天王名自在等。在色界天中最著名的如大梵天王，名尸弃等。

龙众，龙是梵文 Naga 的意译。此神身长无足，有神力，变化云雨，住海中。种类很多，有十六龙王之说。其天敌是金翅鸟王，后皈依佛门，护持佛法。

夜叉(yaksa)，是一种能食鬼亦能伤人的恶鬼。其特点是勇健、轻捷、隐秘。有三种夜叉，一种在地上，一种在空中，一种在天上，以护持佛法，保护众生为己任。

乾达婆(Gandrva)，称乐神或香神，常侍帝释而司乐。佛经记载说，乾达婆王及五百乾达婆住雪山右城，曾持琉璃琴于佛前歌，佛曰：“汝能以琴歌称赞如来，悲和哀婉感动人心。”

北京银山塔林

阿修罗(Asura),译曰非天,即似天又非天。又称凶神。其王名罗呵,住须弥山北大海之底,有五大臣侍卫左右。其形丑而有神力,曾与帝释战斗。

迦楼罗(Garuda),译曰金翅鸟。其王名正音,一日食一龙王及五百小龙,后受五戒,归奉佛法。

紧那罗(Kinnara),歌神,侍帝释,能以歌诸法实相,颂赞世尊。

摩睺罗迦(Mahoraga),蟒神。

"天龙八部"诸天鬼神,均受佛教化,以护持佛法,保护众生为天职。如《大集经》所记:"尔时梵释天王、龙王、夜叉等,合掌向佛作是言:大德婆伽婆,已有一切如来塔寺及阿兰若处;及未来世,若在家出家人,为于世尊声闻弟子造塔寺处,我等悉共守护。"《大云轮请雨经》等大乘经典载有"天龙八部讃"一文,颂赞天龙八部之神威和功德,现抄录于后:

"天阿修罗夜叉等,来听法者应至心。拥护佛法使长存,各个勤行世尊教。诸有听徒来至此,或在地上或居空。常于人世起慈心,昼夜自身依法住。愿诸世界常安隐,无边福智益群生。所有罪障并消除,远离众苦归圆寂。恒用戒香涂莹体,常持定服以资身。菩提妙华遍庄严,随所住处常安乐。"

(李富华)

89

为什么有的寺院把关羽奉为护法神?

关羽是三国时蜀国的大将，山西解州人，以忠义名世，受到历代人民，特别是山西人民的敬仰。在我国民间有以关羽为主神的庙，称关帝庙。这种庙宇在山西特别多。在宋代以后，关羽被道教崇奉为神，称“关帝圣君”。佛教，本是外来宗教，然而，在我国有的佛教寺庙中把关羽作为“伽兰”神，即护法神供奉，这在佛教的经典中是无法找到根据的。

“伽兰”为“僧伽兰摩”的略称，意为众园，为佛教寺院的通称。在释迦牟尼传教之初，富商给孤独长者在王舍城听佛说法并皈依佛门。他舍财购买了波斯匿王之子祇陀太子的花园建精舍赠释迦说法，祇陀也将花园中的树林奉献，故其园称“胜林给孤独园”，又称“祇园精舍”。这是佛教最早的寺院。后来，中国佛教寺院中有伽兰殿，一般塑波斯匿王、给孤独长者和祇陀太子三尊神供奉，以纪念他们护持佛教的功德。此外，佛经中还有十八伽兰神的记载，据《七佛经》云：“护僧伽兰神斯有十八神，一名美音、二名梵音、三名天鼓、四名叹妙、五名叹美、六名摩妙、七名雷音、八名师子、九名妙叹、十名梵响、十一名人音、十二名佛奴、十三名叹德、十四名广目、十五名妙眼、十六名彻听、十七名彻视、十八名遍视。”

关羽作为佛教的护法“伽兰神”是唐朝以后的事。据说其来源是出自《佛

泰山关帝庙

祖统记》卷六记载的一个故事，现摘录于后：隋开皇十二年（592 年）十二月，天台顗创始人智　来到荆州，欲在当阳玉泉山创立精舍。一天，智撅正在趺坐入定，忽然“天地晦冥，风雨号怒，妖怪殊形，倏忽千变”。经十七日，师无惧色，并“闵之曰：汝所为者，生死众业，贪自余福，不自悲悔。言讫，象妖俱灭。其夕，云开月明，见二人威仪如王，长者美髯而丰厚，少者冠帽而秀发，前致敬曰：予即关羽。汉末纷乱，九州瓜裂；曹操不仁，孙权自保，予义臣蜀汉，期复帝室。时事相违，有志不遂，死有余烈，故王此山。大德圣师何枉神足？师曰：欲于此地建立道场，以报生身之德耳。神曰：愿哀闵我愚，特垂摄受。此去一舍，山如覆船，其土深厚，弟子当与子平建寺化供，护持佛法。愿师安禅，七日以须其成。师即出定，见湫潭千丈，化为平阯；栋宇焕丽，巧夺人目。神运鬼工，其速若是。师领众入居，昼夜演法。一日，神白师曰：弟子今日获闻出世间法，愿洗心易念求受戒，永为菩提之本。师即秉炉，授以五戒。于是神之威德，昭布千里，远近瞻祷，莫不肃敬”。

关羽在我国民间影响很大，并被逐渐神化。佛教把关羽这个本已神化的人物接引过来作为佛教的神供奉，是为了扩大影响，争取信众；同时，这也是佛教中国化的一个典型事例。

（李富华）

90

什么叫欢喜佛?

欢喜佛系佛教密宗供奉的一种佛像，原为印度古代传说中的神，即欢喜天，曾供举于印度和我国藏区、蒙古族地区和汉族地区的一些寺庙里。特别是喇嘛寺庙里几乎无一没有此种佛像的。

欢喜佛主要有两类：一是单体的，一是双体的（又称双尊像）。北京雍和宫密宗殿里供奉的那牛头而九体合在一起的欢喜佛，便是单体的。它的汉名叫“大威德金刚”或“大威德明王”，藏名叫“吉杰多吉”（Vjigs byed rdo rje）。这尊欢喜佛共长着九个头，但他的手和臂并不只是十八只，而是在左右肩下各伸出十八只，一共三十六只。他左右两胯下的腿和脚也是各十八只，总共三十六只脚和三十六只腿。他的脚下踩着伏卧在地的金牛和头戴金冠而裸体的少年男女。据佛教传说，“大威德金刚”是弥勒佛的化身。弥勒佛为了保护佛教，在同异教徒进行斗争的时候，是用极其凶猛和残忍的手段向敌人发动攻击的。他脚下踩着的金牛和裸体男女，是他所俘获的异教徒。这里称“大威德金刚”为欢喜佛，其“欢喜”二字并非指男女淫乐而言，而是指用大无畏和大愤怒的气概、凶猛的力量和残忍的手段，战胜异教徒而从内心发出喜悦的意思。

在西藏的寺庙里，我们常见到的“欢喜金刚”、“胜乐金刚”和“时轮金刚”，多为双体的。如“欢喜金刚”又称“喜金刚”、“饮血金刚”，藏名“杰巴多

印度欢喜佛

吉”(dgyes pa rdo rje)。双尊置莲座上。明王(男性)八面十六臂,主臂拥抱明妃(女性),十六只手皆执头器(人头骨碗)内盛物,右手执物为:白象、青、赤驴、红牛、灰驼、红人、青狮、赤猫;左手执物为:黄地天、白水神、红火神、青风神、白日天、红日天、青狱帝、黄施财。胯下挂骷髅,足踏二仰卧人。明妃名为“金刚无我佛母”,一面二臂,右手执曲刀,左手执头器,相抱于明王,头戴五骷髅冠,以五十骷首为项圈。无论单体或双体的欢喜佛,都是表示降服妖魔,取得大胜利的寓言纪念像。单体和双体的欢喜佛都是裸体,其意是象征脱离尘垢界。双体拥抱,男性代表方法(方便),女性代表智慧,即所谓方法与智慧相结合的意思。

印度佛教密宗称欢喜佛为“俄那钵底”(ganapati)。“俄那钵底”意为“欢喜”,故称欢喜佛。

关于欢喜佛的来源,还有一段神话传说。《四部毗那夜迦法》上说:“观世音菩萨大悲薰心,以慈善根力化勅毗那夜迦身,往欢喜王所,于时彼王见此妇女,欲心炽盛,欲触毗那夜迦女,而抱其身,于时,障女形不肯受之,彼王即忧作敬,于是彼女言,我虽似障女,自昔以来,能忧佛教,得袈裟,汝若实欲触我身者,可随我教,即如我至尽未来世,能为护法不?可从我护诸行人,莫作障碍不?又依我已后莫作毒心不耶?汝受如是教者,为我亲友。时毗那夜(欢喜王)言,我依缘今值汝等,从今已后,随汝等语,守护法。于是毗那夜迦女含笑而相抱时,彼作欢喜言,善哉,善哉,我等今者依汝勒语,至于未来护持佛法,不作障碍而已。仍可知,女天观自在菩萨也。是则如经所说,应以妇女身得度者,即现妇女身而为说法云云”。

(李冀诚)

91

什么叫大黑天？

佛教密宗护法神之一。梵文为“摩诃迦罗”(Mahākāla)，藏语称“滚波恰朱巴”(mgon po phyag drug pa)，意为“六臂护法尊”或“六臂依怙尊”。藏密讲此尊为大日如来为降伏恶魔示现之形象。其图像说法画法不一。一般为青色三面六臂，前左右手横执剑，中间左手执人头，右手执牝羊，后左右手执象皮，张于背后，以骷髅为璎珞。古时以大黑天为战神而祀之，谓可增军威，举事能胜。民间又视其为施福之神，每荐香火，必将饮食随列于前而供之。此神曾由西藏佛教萨迦派的八思巴送入元朝宫廷，成为元世祖忽必烈以下历代崇奉之神，入明后，又辗转入满洲。多尔衮亦祀此神，清代在北京修多处玛哈噶拉庙。

（李冀诚）

重庆北碚缙云山缙云寺

92

什么叫金刚亥母?

金刚亥母藏语为"多吉帕姆(rdo rje phag mo)","多吉"是金刚,"帕姆"是母猪,系藏传佛教密宗本尊神。头现猪形,女身,为胜乐金刚的明妃,其塑像为与胜乐金刚相抱之形。系藏传佛教噶举派修密宗时的主要本尊。

金刚亥母唐卡

西藏佛教噶举派有座著名的桑定寺,该寺僧人都是男性喇嘛,惟独寺院住持是个女活佛,名为多吉帕姆,是西藏惟一的女活佛,地位很高。宗教上说她是金刚亥母的化身。

(李冀诚)

93

十六罗汉，十八罗汉，五百罗汉各指什么？

罗汉，阿罗汉的略称。阿罗汉，梵文 Arhat 的音译，小乘佛教修行的最高果位。按照小乘佛教的说法，阿罗汉为小乘声闻四果的第四果，也称“无极果”。获阿罗汉者即断尽了一切烦恼而进入涅槃境界；阿罗汉不再生死轮回并应受到天人供养，是小乘佛教追求的最终目的。在中国，佛教寺庙中所供奉的十六罗汉、十八罗汉、五百罗汉一般指释迦牟尼的弟子。

湖南衡山怀让禅师墓

据佛经记载，这些罗汉受佛释迦的嘱托，不入涅槃，常住世间，守护佛法。最初是四大罗汉，后来才有十六罗汉的说法。关于十六罗汉及其名称，据说其最初的根据是唐玄奘所译《大阿罗汉难提密多罗所说法住记》一书。难提密多罗，汉译庆云，为师子国（今斯里兰卡）

人。《法住记》云:"佛薄伽梵般涅槃时,以无上法付嘱十六大阿罗汉并诸眷属,令其护持使不灭没,及勒其身与诸施主作真福田,令彼使者得大果报"。《法住记》所记十六罗汉的名称是:第一尊者宾度罗跋罗惰阇,住西瞿陀尼洲;第二尊者迦诺迦伐蹉,住北方迦湿弥罗国;第三尊者迦诺迦跋厘惰阇,住东胜身洲;第四尊者苏频陀,住北俱卢洲;第五尊者诺距罗,住南赡部洲;第六尊者跋陀罗,住耽没罗洲;第七尊者迦理迦,住僧迦荼洲;第八尊者伐阇罗弗多罗,住钵剌拏洲;第九尊者戍博迦,住香醉山中;第十尊者半托迦,住在三十三天;第十一尊者罗怙罗,住毕利飏瞿洲;第十二尊者那伽犀那,住广半度波山;第十三尊者因揭陀,住广胁山中;第十四尊者伐那婆斯,住可住山中;第十五尊者阿氏多,住鹫峰山中;第十六尊者注荼半托迦,住持轴山中。自《法住记》一书译出后,十六罗汉的崇拜在我国就流行起来,无论是绘画、雕塑都留有十六罗汉的佳作。在佛教寺庙中,往往在释迦牟尼佛的两边塑十六罗汉像。十八罗汉是由十六罗汉发展起来的,所知最早的十八罗汉像是前蜀人张玄所画,是在十六罗汉之后加上《法住记》的作者庆友和尊者宾头卢。后来,也有加迦叶尊者、军屠钵叹尊者,或迦叶尊者、弥勒尊者的。就是说,十八罗汉并没有经典根据,但在元朝以后,十八罗汉则取代了十六罗汉为佛寺中罗汉塑像的通常格式。

五百罗汉,一般指佛释迦去世后参加第一次佛经结集的五百比丘,以大迦叶和阿难为首,至于五百比丘的其他人,除知名的十大弟子外,一般没有名号的记载。然而,在我国流传的五百罗汉却都有名号,这在佛经中是找不到根据的,是宋人的附会之说。南宋绍兴四年(1134)所刻《江阴军乾明院罗汉尊号碑》,第一次记载了五百罗汉的名号。这块碑已不存,但明崇祯年间被重刻,后收入《嘉兴藏》。五代时,吴越王造五百铜罗汉像于五台山方广寺;后周显德元年(954年)僧人道潜在吴越王的允许下在净慈寺创五百罗汉堂。此后五百罗汉的塑像在全国的寺庙中普及起来。目前,北京碧云寺、成都宝光寺、苏州西园寺、昆明筇竹寺等都有五百罗汉堂。

(李富华)

94

佛教讲的地狱是什么？什么叫“无间地狱”？什么叫“阿鼻地狱”？

佛教的重要说教之一就是关于业报轮回的理论。这种理论认为，人及所有的有情众生，都因各自在现世的善恶行为在来世得到报应，善有善报，恶有恶报。这种报应的具体形式，就是六道轮回。六道即天、人、阿修罗（凶神）、畜牲、饿鬼、地狱。众生各依自己的善恶行为（业因）在六道中生死交替，犹如车轮旋转不停。地狱是众生恶业所得报应之极。

地狱一词是梵文 Niraya 的意译，音译“泥犁”，是只有诸苦而没有任何快乐可言的地下牢狱。在这里“刀林耸日、剑林参天；沸镬腾波，炎炉起焰”。在这里是“罪人遍满。牛头恶眼，狱卒凶牙，长叉柱肋，肝心碓捣，猛火逼身，肌肤净尽。……如斯之苦，何可言念”（《法苑珠林》卷七）。佛教关于地狱的描写可以说达到了惨不忍闻的程度。有种种不同的地狱，诸如八大地狱，八寒地狱，十六游增地狱、十八层地狱等等，总计有 134 种之多。比如八大地狱，第一种称等活地狱，在这里罪人受种种刀砍针刺之痛苦；第二种称黑绳地狱，在这里罪人经黑绳称量之后，再被锯成一段一段；第三种称众合地狱，即多种苦刑同时加予罪人之身；第四种称号叫地狱，在众苦相加之下，罪人发出悲号之声；第五种称号叫地狱，在这里，在不堪忍受的苦刑之下，罪人大哭不止；第六种称炎热地狱，在这里，罪人身处火中，苦热难熬；第七种称大热地狱，在这里，炎热到了极度；第八

雍和宫唐卡：地狱主

种称无间地狱，即罪人受种种苦永无了结，永不间断。

无间地狱，又称“阿鼻地狱”（梵文 Avicinaraka 的音译）。据小乘典籍《俱舍论》称，此地狱位于南赡部洲地下二万由旬（由旬，古代印度计算路程距离的单位，说法不一，一般以行军一日之里程为一由旬），深广又二万由旬。居于诸地狱之最下层。在这里，具有八大地狱所有诸苦，罪人被活活剥皮，并以皮缠身置于布满火的车上，最后至身体碎烂，皮肉堕落。尽管如此，还使其欲死不能，然后再“万毒俱至”。所谓“受罪不可称计”（《法苑珠林》卷七）。众生犯“五逆重罪”，即杀父、杀母、杀阿罗汉、破坏声闻和合僧，出佛身血；四大种罪，即杀辟支佛、淫阿罗汉比丘尼、动用施舍之财、破坏比丘僧以及毁谤佛法、诽谤圣贤等十一种罪将堕此阿鼻地狱。

佛教关于地狱的描述，与其关于西方极乐世界的描写，其用心都是一样的，都是为了说明现实世界的合理性，而引导人们把希望寄托于来世。当然，佛教的这些说教也包含有劝善止恶的社会动机，要人们多作善事，远离恶行。那些不能支配自己命运的下层人民，因为惧怕来世的地狱之苦，同时也是为了在来世能有一个比今世更好的处境而去信佛念经，以祈求保佑。

（李富华）

95

现存两万余卷佛经都是释迦牟尼著述的吗？佛经是如何形成的？

佛经是佛教典籍的俗称。现存的佛经包括汉文的，藏文的，巴利文的及其他文字的。据汉文佛教典籍的总集《大藏经》所收经籍，佛经的总数约在两万卷以上。然而，真正称得上是佛教创始人释迦牟尼所作只是其中很小的部分，更多的是后人假托佛的名义编的经、后人论释教义的各种论著、以及种种史书等。佛经是在佛教发展的漫长历史中形成的，经过了长期逐渐积累的过程。

公元前六世纪中叶，印度人释迦牟尼创立佛教，并在印度本土传教四十余年。然而，在释迦生年，他的佛教学说没有整理成文。释迦死后，他的弟子们为了继承他的事业，开始以集体忆诵、讨论的方法收集整理他的言论（佛教称为结集），形成了第一批佛经，这就是所谓的“三藏”典籍。这种“结集”先后有四次。第一次结集举行于释迦逝世的当年，有五百比丘参加，会议的结果形成了三藏典籍中的经藏和律藏。所谓经藏，即释迦牟尼创立佛教的种种说教的语录汇编，这大体就是后来成书的《阿含经》，它的作者可以说是释迦牟尼。律藏，即释迦规定的佛教信徒种种行为的规范，又称戒律。最初结集的律藏称《八十诵律》，是由佛弟子优婆离分八十次诵出的。第二次结集是举行于释迦死后的一百一十年左右。当时，佛教僧团内部已明显的分成两大派。以上层领导集团为代表在戒律方面坚持旧的信条，反对任何革新；而广大僧众则要求放宽戒律，于是分别

集会，根据自己的观点结集佛说。这次结集后，佛教僧团内部正式分裂为上座部和大众部两大派，也同时开始了佛教史上的部派佛教时期，即内部分裂，宗派林立的时期。这一时期先后出现过十八个派别，他们在“佛说”的名义下进一步修补以往传承下来的经和律，佛经由此大大扩展起来。比如律藏，《八十诵律》演化出《四分律》、《五分律》、《十诵律》、《摩诃僧祇律》等。公元前三世纪的印度阿育王时代又进行了第三次结集，这次结集“宣说”了三藏中的论藏部分。论藏，即佛弟子注释和发挥经藏内容的著作。这次结集后，三藏典籍得以完备。此后约一个世纪的贵霜王朝，国王加腻色迦又主持了第四次结集，重新整理三藏，并以文字形式载录成书。

就在印度佛典形成的历史进程中，佛教及其典籍也开始向印度本土之外传播。公元前三世纪时，向南传入了今天的斯里兰卡，此后逐渐形成了今天的南传巴利文藏经。公元一世纪以后，大乘佛教在印度兴起，大乘佛教的著名经典《般若经》、《华严经》、《法华经》等先后问世。稍晚，大乘论师龙树、提婆、无著、世亲等人又著述了阐述大乘思想的大批著作，从而形成了大乘三藏典籍。大乘经也是以“佛说”的名义出现的，但“大乘非佛说”已被学术界所论定。大乘经典因其学说更能适应时代的需要，其流行领域更广，向北传入了今天的中亚，通过中亚又传入我国内地，并再传至日本、朝鲜等国，形成了以我国汉族地区为中心的北传佛教，其经典随之被译成汉文。同时，在七世纪以后，从中国内地及通过尼泊尔传入我国西藏，成为藏传佛教及藏文典籍的重要来源。

随着佛教的进一步发展，佛教内部的新理论，新学派不断涌现，比如印度的中观学派，瑜伽行学派及密教，中国的佛教诸宗。他们为了阐述自己的观点，著述了体裁不同，风格各异的种种著作，其数量十分可观。这些著作也成为佛经的一部分。

总之，佛经是一个内容庞杂的佛教典籍的略称，佛经的作者（包括译者），能举出名姓者数百人，而不知名者又不知有多少。释迦牟尼作为佛教的创始人，只是其中最著名的一个。

（李富华）

96

比较真实地记载释迦牟尼传教活动、宗教学说的是些什么经？

比较真实的记载佛祖释迦牟尼传教活动和宗教学说的经典主要是《阿含经》。

《阿含经》是佛经中形成最早的一部经典。据记载，在释迦牟尼逝世的当年，五百弟子集会，在弟子大迦叶的主持下，共同会诵审定释迦牟尼的说教。弟子优婆离分八十次诵出律藏，另一位弟子阿难诵出经藏，形成了最初的佛经。这次集会审定的经藏就是现存的《阿含经》。阿含（梵文 Āgama 的音译），意译曰法归，又译曰无比法、教传。意为佛法之最上者，或传承之教说。《阿含经》是早期佛教最基本的经典，比较真实地反映了佛祖释迦最初说教的内容，

山东青岛崂山那罗延窟

所以又有“根本佛教”之说。

汉译《阿含经》分四部，称《长阿含经》22卷；《中阿含经》60卷；《增一阿含经》51卷；《杂阿含经》50卷。在南传巴利文佛经中，亦有内容大体相同的经典，称《长部》、《中部》、《相应部》(相当于《杂阿含经》)、《增支部》(相当于《增一阿含经》)和《小部》。《小部》在汉译中没有相应的完整译本，但部分内容有单译本。南传巴利文藏经是公元前三世纪时传入斯里兰卡并在以后逐渐形成的，它与公元三世纪以后由梵文本逐渐译成汉文的《阿含经》如此相似，说明《阿含经》的来源和内容是比较可靠的。

《阿含经》实际是一部大丛书的总名，这部大丛书又包括四部(或五部)小丛书，即《长阿含》、《中阿含》、《增一阿含》和《杂阿含》，称四阿含。关于四阿含的名称，一般说没有特别的意义，只是以经文文字的长短略作区分而已。据律藏典籍《五分律》记载云：“迦叶问一切修多罗已(修多罗即经藏意)，僧中唱言，此是长经，今集为一部，名长阿含；此是不长不短，今集为一部名中阿含；此是为优婆塞、优婆夷天子天女说，今集为一部，名杂阿含；此是从一法增至十一法，今集为一部，名增一阿含”。四阿含的每一部又包括数十种乃至上百种小经。长阿含包括30种经，中阿含包括222种经，增一阿含包括72种经，而杂阿含则包括1362种经，总计近两千种。《阿含经》可以说是释迦牟尼的言行录，每一小经就是一次说法的实录，是通过弟子回忆讲述而成，故每一经总是以“如是我闻”(或“闻如是”)开始，并交代是在什么地方，何时，向什么人讲什么等内容。阿含经就是这样一部经一部经累积而成。佛释迦的宗教理论就是通过这些小经从多方面作了论述，其中有以“四圣谛”为核心内容的佛教的人生哲学；以“十二因缘”说为主要内容的关于缘起的理论；以“八正道”、“四念处”、“四正断”等为内容的关于佛教修行方面的理论，以及“五蕴”、“业报轮回”、“三法印”等早期佛教最基本的教义。同时，通过《阿含经》中释迦活动的行踪，一定程度地展示了释迦创立佛教及其传教活动的历史背景。

总之，《阿含经》是我们今天探究佛教的基本教义及历史渊源的最基本的素材，应受到特别的重视。

(李富华)

97

《般若经》基本内容是什么？

什么是《般若经》?《般若经》全称为《般若波罗蜜多经》,因篇幅大小不一,有很多种不同译本的《般若经》。在我国,佛教《般若经》的第一个译者是东汉末年的支娄迦谶,他于汉桓帝中平年间(178—189)译出《道行般若经》;此后,在晋代,竺叔兰和无罗叉译出《放光般若经》,般若思想开始在我国流行。当时,佛教适应我国的国情,在魏晋玄学思想的影响下形成了我国般若学的“六家七宗”,它们在当时的思想界占据一定地位。后秦时,著名佛经翻译家鸠摩罗什等译出《小品般若经》(《道行般若经》的异译)、《摩诃般若经》(《放光般若经》的异译)、《金刚经》及发挥大乘般若经思想的《大智度论》、《中论》等论著,大乘佛教在我国的传播得到了进一步深入,我国佛教宗派也由之而发源。译介般若经的集大成者是我国著名高僧玄奘。他在晚年以极大的毅力编译了六百卷的巨著《大般若波罗蜜多经》,从而使汉译般若经得以完备。在汉译佛经中属于大乘般若类的经典译本有二十几种,但都不出《大般若经》的范围,《道行般若经》、《小品般若经》属《大般若经》的第四会,《放光般若经》、《摩诃般若经》属《大般若经》的第二会,而《金刚经》(前后有五种译本)则属《大般若经》的第九会。用历史眼光来进行考察,《大般若经》实际是在以往大、小品《般若经》的基础上发展而来的。

印度立佛像

《般若经》类经典是大乘经典中形成最早的一类经典。所谓“般若”(梵文prajñā),意为智慧;“波罗蜜多”(梵文pāramitā),意为到彼岸,是大乘佛教所讲的六种修行,即六度之一(六度指布施、持戒、忍辱、精进、禅定和般若)。那么,什么是般若波罗蜜多呢?这就是《般若经》所要阐述的理论。概括地说,这种理论就是“诸法性空”。诸法,即一切主客观事物和一切对于这些事物的认识,性空,即“一切诸法性皆空”,即万事万物从本质上说都是不真实的、虚假的,也如《般若经》所讲是“如幻如化如梦”的,在认识上是“不可得”的,“无所住”的假相。这就是“诸法性空”。《大般若经》长达600卷,所要论证的道理,归根结底就是这一命题。《般若经》把人们对现象世界的正常认识称为俗谛,即世俗的真理,认为这是“颠倒”的,“凡夫愚人”的认识。而人们又执著这种认识,从而产生种种贪爱,使之流转生死,不得解脱。而只有具有“般若”这种智慧的佛、菩萨才能彻悟“诸法性空”的真理,这就是“真谛”。菩萨就是用“般若”这种智慧引导众生,从执著的迷妄认识中,领悟“诸法性空”的道理,摆脱生死苦恼,获得解脱。

在佛教修行方面,《般若经》提出了“菩萨乘”思想。菩萨(梵文Bodhisattra的音译),意译曰“觉有情”,指修持六度,求无上菩提(般若智慧),利益众生,成就佛果的修行者。菩萨乘以广度一切众生为目的,即引导众生,通过六度修行,体悟诸法性空的道理,成就佛那样的觉悟(佛果)。

般若思想是大乘佛教思想的基础,稍晚形成的《华严经》、《法华经》及《涅槃经》等都是在般若思想的基础上发展起来的。

(李富华)

98

《般若波罗蜜多心经》是一部什么经?

什么是《般若波罗蜜多心经》?《般若波罗蜜多心经》可略称《心经》。《心经》是大乘经中最短的一部,唐玄奘所译《心经》只有260余字。“心”者核心、纲要之义,顾名思义,《心经》就是大乘般若经的内容提要,因其言简意明,易于背诵,故广泛流行。

《心经》前后有八种汉译本,据传为姚秦鸠摩罗什所译的称《摩诃般若波罗蜜大明咒经》;唐玄奘所译、唐般若所译,唐智慧轮所译,唐法成所译均称《般若波罗蜜多心经》;唐法月所译称《普遍智藏般若波罗蜜多心经》;宋施护所译称《佛说圣佛母般若波罗蜜多经》。其中以玄奘所译最有名,现今流行的一般指玄奘的译本。

《心经》以极简明的文字高度地概括了大乘般若思想。经文的开始一段,即“观自在菩萨,行深般若波罗蜜多时,照见五蕴皆空,度一切苦厄”。这是全经的总纲。“观自在菩萨”即观音菩萨。“五蕴”即色、受、想、行、识,略相当于物质世界(色)和精神世界(受想行识)的总和。这段经文的意思是:观音菩萨所具有的般若智慧能洞识“诸法性空”这个真理,从而度脱一切苦难众生。这是般若思想最简单的表述。接下去的经文是这一总纲的展开和论证。“五蕴皆空”,即“色即是空,空即是色,受想行识亦复如是”,由此,佛教所讲的六根(眼耳鼻舌身

印度恒河洗沐

意)、六境(色声香味触法)、四谛、十二因缘皆是“空相”,因为“以无所得故”。菩萨具有这种般若智慧而“究竟涅槃”,即不住涅槃之境而利乐一切有情的道果;诸佛具有这种般若智慧而获得“阿耨多罗三藐三菩提”,即无上正等正觉(最高的觉悟)。经文的最后一节,从“故知般若波罗蜜多是大神咒……”至“揭谛揭谛……”,是用更具宗教色彩的语言,指出只要成就般若智慧,就可觉行圆满,达到佛教的最高理想境界。

总之,《心经》虽短,但内容丰富,它几乎概述了般若思想的一切方面。同时,也由于玄奘译文的精到流畅,使之受到广大信徒以至学界文人的普遍重视和喜爱。

(李富华)

99

西方净土信仰的经典根据是什么?

中国的净土信仰源远流长,东晋时名僧慧远在庐山与刘遗民等一百余人建莲社,共同立誓,以期往生西方,是中国净土信仰之始。此后净土信仰在中国广泛传播,出现了许多弘扬净土法门的著名僧人,如昙鸾(476—542),晚年以山西玄中寺为道场,著《往生论注》、《安乐净土义》等,传播净土教义;道绰(526—645),他于隋大业五年(609)住玄中寺,在昙鸾事迹的影响下,一心专修净土法门,精勤不舍,一日念佛七万遍。他劝导信众称念佛名,以麻豆计数,每念一遍放一麻豆,累计至数百斛。道绰的弟子善导,被认为是中国净土宗的创始人,他师事道绰,在道绰死后,赴长安传扬净土教义,他所著作的《观无量寿佛经疏》、《往生礼赞偈》等为中国净土宗的创立奠定了基础。

"净土",又称佛国、佛刹,是佛所居住的世界,相对于人间世界"秽土"而言,在这个世界里"无有众苦,但受诸乐"。生活在这里的天人等众生都具有同样"超世稀有"的容貌和智慧;住的"精舍"由七室组成,吃的"百味饮食""香美无比";他们之间"敬事如兄如弟"。在这里没有四时交替,一切都是那样"自然相和"。……人们只要诚心诚意地持名念佛,死后即可往生佛国净土,过天堂般的生活。

宣扬这种宗教思想的,在佛教大乘的经典中很多,但讲的最多最集中的是

山西双林寺

所谓净土三经，它们是《阿弥陀经》、《无量寿经》、《观无量寿经》以及世亲所著，实际是发挥《无量寿经》的《往生论》。净土诸经约在公元一世纪以后在印度形成，东汉末年传入我国。最早的译经是《无量寿经》，为曹魏时康僧铠所译。它的异译本有吴支谦所译《阿弥陀三耶三佛萨楼佛桧过度人道经》及西晋竺法护所译《无量清净平等觉经》；《阿弥陀经》为鸠摩罗什所译，异译本是唐玄奘所译的《称赞净土佛摄受经》；《观无量寿经》为刘宋畺良耶舍所译。

净土信仰以及以弘扬净土信仰为宗旨的净土宗的最大特点，是其很少烦琐的理论说教，而是向人们虚构了一个美妙无比的天堂世界，人们只要经过持名念佛等简单的宗教修行，就可在死后转生于西方净土。比如《阿弥陀经》云："若有善男子善女人，闻说阿弥陀佛，执持名号，若一日、若二日、若三日、若四日、若五日、若六日、若七日，一心不乱，其人临命终时，阿弥陀佛与诸圣众，现在其前；是人终时，心不颠倒，即得往生阿弥陀佛极乐净土"。很清楚，按照《阿弥陀经》所说，只要坚定地信奉阿弥陀佛，七日内一心不乱，即可在死后往生净土。这是多么容易的事啊！这种"速超生死"的简易成佛法迎合了人们的心理，特别是对向往改变贫困状况的下层劳动人民具有很大的吸引力，因此得到迅速传播。

（李富华）

100

《妙法莲华经》是一部怎样的经典？

什么是《妙法莲华经》？《妙法莲华经》又译曰《法华经》，是大乘佛教经典中的一部重要经典，流行很广。在汉译佛典中有三种译本，西晋竺法护所译称《正法华经》，十卷，内容比较完整，但译文不太好读；后秦鸠摩罗什所译称《妙法莲华经》，七卷，是三种译本中影响最大的一种，我们这里所讲的《妙法莲华经》就指此种；隋朝阇那崛多所译称《添品妙法莲华经》，除增改个别品目外，基本因袭鸠摩罗什译本，影响甚微。

《妙法莲华经》自译出之始，即在中国僧俗中产生广泛影响，以至在南北朝时研习《法华经》成为时尚。陈隋间《法华经》成为天台宗创宗的基本依据，并被大量传抄、刻印、散发，在民间几乎家喻户晓。

《妙法莲华经》所以有如此影响，一是因为它们宣扬的大乘佛教的理论适应了佛教发展的需要，二是它流畅的语言和生动的比喻故事吸引了信众。《妙法莲华经》共分 28 品，约八万字。它通过许多生动的比喻，阐述了大乘佛教与小乘佛教的区别。它认为小乘是佛释迦牟尼为教化“钝根众生”而“曲垂方便”的权宜之说，而他的学说的真谛和真正目的是教化众生具有佛的“智见”，从而达到成佛的目的，所谓三乘之说是为达到最终目的“施设”的种种“方便”，即《法华经》所讲“初说三乘，引导众生，然后但以大乘而度脱之”（卷二《譬喻品》)。这就是所谓“开权显实”,“会三归一”的思想。

为了阐述这一思想,《法华经》运用了一些十分生动的比喻,构成了引人入胜的故事。比如“三车喻”讲:一长者诸子被困于火宅之中,但“贪著戏玩,无求出意”,为哄诸子尽快走出火宅,长者喊云:“羊车、鹿车、牛车皆玩具中王,今置门外,汝等迅取勿误。诸儿闻言,踊跃争出”,而免于难。出门后,诸子索车,长者说:“三车仍劣,惟有大白牛车最称殊胜,遂各赐一乘。诸儿得未曾有,大喜过望”。这里三车比喻三乘,是诱导的权宜之说,是虚设;以大白牛车比喻大乘,才是实相。以三乘之假设显一乘之实,这就是“开权显实”,“会三归一”。与此相类同的比喻还有“化城喻”、“穷子喻”等。

同时,《妙法莲华经》还提出了“诸法实相”的概念。“诸法”即千差万别的客观存在,“实相”是独立存在的事物的本性,即反映事物本质的不可改变的本体,也就是佛教所讲的真如、佛性。在《法华经》看来,事物千差万别,但有一个共同的本体,它是真实的永恒存在,也是宇宙和人生的真相。如果众生远离诸识,独存本性,就可彻悟人生的真相,获得无所不知的“一切种智”而成佛。具体说,实相就是“诸法空无所有”的“空性”,但表现它的又是种种“世间相”,即事物的千差万别。就是说,《妙法莲华经》没有完全停留在大乘般若空观的思想上,而是在大乘空观理论下对千差万别的世俗世界作了进一步认识。《法华经》的这种思想对印度大乘中观学派及中国佛教都有着直接影响。

(李富华)

101

佛性学说的经典根据是什么?

佛性，简单地说，就是众生成佛的内在原因和依据。佛性学说包括这样一些内容：什么是佛？什么是佛的本性？众生能不能成佛？怎样成佛？等等。

佛性学说对中国思想文化传统影响非常深。在这方面产生影响的佛教经典很多，比如《华严经》、《法华经》、《维摩诘经》、《胜鬘经》、《如来藏经》、《楞伽经》以及《大乘起信论》，都是很重要的佛典。在这些经典中所说的"心"、"如来藏"、"佛知见"等，大致相当于"佛性"，是后世论证心性论的重要依据。但是，影响最大的是《大般涅槃经》，此经明确提出"一切众生悉有佛性"及"一阐提亦可成佛"的思想，成为中国佛性学说所依据的最主要经典。

(何云)

青海塔尔寺

102

《华严经》是部什么经?

什么是《华严经》?《华严经》全称为《大方广佛华严经》。在汉译佛经中主要有两种译本,东晋义熙年间佛陀跋陀罗所译为60卷,被称为“六十华严”;唐朝,在武则天的主持下,由实叉难陀主译的为80卷,称“八十华严”。《华严经》是一类佛经总集的名称。在汉译本中,在《华严经》译出之前,已有许多属《华严经》内容的小经译出,如《兜沙经》、《菩萨本业经》、《菩萨十住经》、《渐备一切智德经》、《如来兴显经》、《度世经》等共30余种。

《华严经》从结构上说,六十华严分为七处八会,34品;八十华严内容更为完整,分为七处九会39品。所谓“会”,指结集之集会,“处”指集会的地方。按照佛经的说法,《华严经》是在七个地方举行的八次或九次集会上,由大乘菩萨们分别会诵出来的。

《华严经》是大乘佛教的重要经典之一,在大乘佛教的发展史上占据着重要地位,我国的华严宗就是以《华严经》为依据而创立的。《华严经》包括的内容比较复杂,带有浓厚的宗教色彩。这部经描述了一个神奇的世界称“华严藏庄严世界”,是释迦牟尼的前世,佛教称作毗卢舍那佛(法身佛,中国有的宗派认为是报身佛)所住。这个世界包括上下二十重世界。这个世界的外面又有十个二十重世界相围绕,像蛛网一样,重重叠叠相互辉映,无边无际,成一“华严藏庄严世界海”。与这个“十方各万刹尘数世界”相同名，有“万刹尘数”诸佛。《华严经》所描述的“十方成佛”的思想，是对佛教教义的发展。小乘佛教只承认在现世有释迦牟尼一个佛，在释迦牟尼生前曾有过六佛，而未来是弥勒佛，不能同时有两个佛。而《华严经》则指出有无量无边的佛同时分布于十方万千世界。这是对小乘佛教的一个很大突破。同时，《华严经》还提出种种成佛的十法阶次，即成佛的不同途径和步骤，每一种步骤都有十个高下不同等级的阶段。就是说，菩萨要成就佛那样的觉行并不是容易的，要经过种种艰苦的修行，这被称作“菩萨行”。比如“十地”，又称“十住”，即菩萨通向“佛智”的十个修行阶段。这种修行与“六度”修行相应，在六度之外又加上“权方便”、“誓愿”、“势力”、“慧”四度，共为十度，以十度规定十地的内容。一地称“欢喜地”，与布施相应，要广兴佛教，普度众生；二地称“离垢地”，与戒度相应，要“弃十恶，建十善，亦能劝他”；三地称“明地”，与忍度相应，要修习四禅八定，救护十方，供养诸佛；四地称“焰地”，与精进度相应，要修行三十七道品（包括四念处、四正勤、四如意足、五根、五力、七觉支、八正道）；五地称“难胜地”，与禅度相应，要如实解四谛及真俗二谛之胜义；六地称“现前地”，与般若相应，解一切空义；七地称“远行地”，与“权方便度”相应，以般若空观得“无生法忍”，即洞识诸法空相，不生不灭之理；八地称“不动地”，与“誓愿度”相应，由无生法忍进而“消一切想”，不为一切时行所动；九地称“善慧地”与“势力度”相应，通晓一切众生善恶报应差别，成就四无碍智（指义无碍、法无碍、词无碍、乐说无碍），得“大法师”名；十地称“法云地”，与慧度相应。此地“具足度世众德之本”而至一切智慧位，即得佛之觉性。

《华严经》还提出“三界所有，唯是一心”、“十二有支、依于一心”的思想。“三界”指世界及一切有情众生；十二有支指人生的一切现象。就是说，世界上的一切现象，包括人本身的一切，都不过是人的主观意识，即心分别和变现的结果。

（李富华）

103

天台三大部是指什么？

天台三大部指天台宗创始人智𫖮所著的三部书，即《法华玄义》、《法华文句》、《摩诃止观》。这三部书是智𫖮创立天台宗的基本著作，奠定了天台宗的理论基础。据记载，这三部书均为智𫖮口述，由其著名弟子灌顶记录整理而成。灌顶曾说：“余二十七于金陵听受，六十九于丹丘添削，留赠后贤，共期佛慧”。

《法华玄义》，全称为《妙法莲华经玄义》，20卷，是智𫖮讲述《妙法莲华经》经义的著作。全书共分五部分：释名第一，辩体第二，明宗第三，论用第四，判教第五，详细讲解了《妙法莲华经》“诸法实相”、“开权显实”等主要观点，并提出了“权因权果”、“实因实果”以及在佛教判教方面的藏、通、别、圆；人天位、声闻缘觉位、六度菩萨位、通菩萨位、菩萨位、圆教位等许多重要概念，充分发挥了智𫖮的佛教思想。

《法华文句》，全称为《妙法莲华经文句》，20卷。这部书的特点是从分析经文的组织结构入手讲述《妙法莲华经》的内容。《文句》把《妙法莲华经》分为许多部分分析，第一部分是序品，是全书的发起之端；第二部分从第二品“方便品”至第十一品“授学无学人记品”是“迹门正说”，中心内容是先略说“开三显一”（即会三乘而归一乘），后广说“开三显一”。其中“譬喻品”是为上根

黑龙江五大连池市钟灵寺

人说，“信解品”以下是为中根人说，“化城喻品”等是为下根人说。再后几部分，有的专说“大通智圣如来”的神迹，有的劝持众生先修持三乘，然后再转修一乘；最后是释尊付嘱。总之，此经从内容上讲与《玄义》同是讲《妙法莲华经》经义的，但方法大异。

《摩诃止观》是智𫖮关于止观著作的一种，其他还有三种，即《修习止观坐禅法要》、《释禅波罗蜜次弟法门》、《六妙门》。《摩诃止观》是它们中部头最大的一种，全书共20卷。在智𫖮看来，他所主张的止观说是所谓的“圆顿止观”，即所谓“此之止观，天台智者说已心中所行法门”。它与佛教传统所说之静虑（止）、观想（观）不同，而是天台宗三谛圆融说的引申，即“今圆顿者，初缘实相，造境即中，无不真实。系缘法界，一念法界，一色一香，无非中道”。这与“三谛于一心中得”是一个意思。《摩诃止观》洋洋二十卷，极尽铺陈推演之能事。这部书的正说部分分为十章，即大意、释名、体相、摄法、偏圆、方便、正观、果报、起教、旨归。大意一项又分为五，即发大心、修大行、感大果、裂大纲、归大处。而发大心一项又分十种……。可以说十分烦琐。

这三部书作为天台宗经典性的代表著作备受天台后学的重视，诠释、节录及注解一类的著作很多，如湛然的《法华玄义释笺》、《法华文句记》、《止观辅行传弘决》、《止观义例》。宋法照的《法华玄义读教记》、宋善月的《法华大部妙玄格言》等等。

（李富华）

104

《华严五教章》原名是什么？是谁写的？什么内容？

什么是《华严五教章》？《华严五教章》是我国佛教唐代华严宗的重要著作，原名为《华严一乘教义分齐章》，或《华严一乘教分记》。作者为华严宗的实际创立人法藏。

法藏，又称贤首，生于公元643年，卒于公元712年，俗姓唐，原籍康居，其祖和父都在唐朝廷做官。法藏十七岁出家，从云华寺智俨学《华严经》。他曾随玄奘译经，后因二人见解不同，法藏退出译场，后又参加过义净的译场。武则天当政时大力扶植宗教，罗致各派高僧，法藏因此被请入宫中。他深受武后宠爱，被赐别号“国一法师”，政治地位极高。据说“贤首”一名也是武则天所赐，实际上可

浙江普陀山不肯去观音院

能是得自于《华严经·贤首品》。实叉难陀译出《华严》新经（八十卷，或称《八十华严》），武则天请法藏在宫里开讲。据传，当他讲到《华藏世界品》时，讲堂震动起来。武后听说后，以为是祥瑞，并亲自为新经作序，自我标榜。法藏又为武则天讲经，以金狮子为喻，则天“豁然领解”，后录为《华严金狮子章》，是名传一时的佳作。

法藏一生致力于《华严经》的研究与宣讲，并对华严经诸译本进行对勘，整理出一部比较完善的译本。他的著述极多，大多是对华严教义的解说与阐发。主要的著作有：《华严经探玄记》、《华严经旨归》、《华严经文义纲目》、《华严策林》、《华严一乘教义分齐章》（即《华严五教章》）、《华严经问答》等。华严宗的基本教义和理论，是在法藏的努力下逐渐完备的，因此他虽被推为华严宗三祖，而实际上是华严宗的真正创立者。

《华严五教章》共分四卷，先介绍了佛教各派的判教主张，然后阐述了华严宗的五教说。华严宗将释迦创教以来的不同教派和教义分为五种：一、小乘教，此为“愚法二乘教”；二、大乘始教；三、大乘终教；四、大乘顿教；五、大乘圆教。圆教等级最高，指的是华严宗。圆教又称别教，因华严宗自认为有别于其他教派，故称。这是以教来分，若以理分，则有十种：一、我法俱有宗；二、法有我无宗；三、法无去来宗；四、现通假实宗；五、俗妄真实宗；六、诸法但名宗；七、一切皆空宗；八、真德不空宗；九、相想俱绝宗；十、圆明俱德宗。华严宗的判教虽以标榜本宗为最终目的，但对研究印度部派佛教及其演变极有参考价值。

《华严五教章》还论述了十玄门和六相圆融理论。十玄门为：同时具足相应门、一多相容不同门、诸法相即自在门、因陀罗网境界门、微细相容安立门、秘密隐显俱成门、诸藏纯杂具德门、十世隔法异成门、唯心回转善成门、托事显法生解门。这十门论证的是一与多、表与里、时间的对立统一关系。华严宗注意到事物的对立与差别，但又否定了任何差别，主张事事物物相即相入，圆融无碍。为了进一步说明这一理论，又提出了“六相圆融”说，认为总相和别相，同相和异相，成相和坏相的差别和对立是圆融无碍的。通俗一点讲，这六相相当于我们今天说的一般与个别，共性和个性，统一和对立。在华严宗看来，事物与现象只有统一，没有对立，与其判教学说遥相呼应，正是唐朝大一统局面的写照。

（黄燕生）

105

《华严原人论》是谁写的？主要内容是什么？

什么是《华严原人论》？《华严原人论》是华严宗的一部重要著作，它的作者是唐代华严宗五祖宗密。宗密，俗姓何，果州西充（今属四川）人。他生于唐德宗建中元年（公元780年），死于武宗会昌元年（公元841年）。宗密出身于富家，少年时学习儒家经典，二十八岁时拜荷泽宗道圆为师，学习禅法。后宗密读到澄观的《华严经疏》，很受启悟，于是改归澄观门下。以后他长期住于陕西终南山草堂寺南圭峰，因此又被称为圭峰大师。

宗密虽是华严五祖，但其思想体系中不仅有华严教义，还含有大量禅宗南宗的思想，同时又吸收了不少儒、道理论，体系庞杂，力主禅教一致。他的主要著作有：《华严原人论》、《华严经行愿品别行疏钞》、《注华严法界观门》、《圆觉经大疏》、《圆觉经大疏钞》、《盂兰盆经疏》、《禅源诸诠集都序》、《禅门师资承袭图》等。

《华严原人论》以探讨“人趣之生起”为宗旨，论述世界、人类的起源和人世富贵贫贱的原因等问题；并对华严宗从杜顺到法藏的理论体系提出了批评和修正，提出了自己的判教原则。

《华严原人论》共分四部分：斥迷执第一，斥偏浅第二，直显真源第三，会通本末第四。斥迷执主要是斥所谓的外道，即儒家和道家。他驳斥了道家的“道法自然、生于元气”的天道自然观，儒家的天命观。理由是，如果说贫富贵贱都是天命决定的话，天就太不公平了。如果说万物是从道而生，大道就是吉凶祸福的根了，根基常存，祸乱凶愚也就不能消除，福庆贤善不能增加，老庄之教又有什么用呢？宗密还以有鬼论来否定元气说。如果生是因气而有，死就是气散而无，那么鬼神是什么呢？可以说宗密是抓住了古代朴素唯物主义的缺陷而进行诘难，宣扬佛教的轮回、鬼神说。“斥偏浅”斥的是佛教内部华严宗以外的教派。华严宗以自己为佛教最高等级，其他派别如人天教、小乘教、大乘法相教、大乘破相教的教义都有片面性和浅薄性，“不达身本”，“未能原人”。只有《华严经》所说的一乘显性教义才是真理。一切有生命之物都具有本觉之真心，因被妄想执著掩蔽而未能显现。如果能破除妄想，“一切智”、“自然智”、“无碍智”便即刻现在眼前。这就是直显真源。而宗密所吹嘘的一乘显性教，实际是将华严宗的“一真法界观”和禅宗的顿悟成佛说融合在一起。最后宗密将他前面所破斥的偏浅之见调和在一起，认为它们都是“同归一源”，互相并不矛盾，这就是所谓的会通本末了。

香港天坛大佛

(黄燕生)

106 《成唯识论》是部什么书？

什么是《成唯识论》？《成唯识论》是中国唐代著名的佛教僧人、学者、翻译家玄奘译出的一部大乘佛教瑜伽行派（亦名唯识派）的理论汇释，又名《净唯识论》或《唯识论》。公元7世纪，玄奘留学印度期间，印度已经出现了围绕瑜伽行派创始人之一世亲所著的《唯识三十颂》作注释的十大论师。玄奘回国以后原打算将十大论师的注释一一译出，后来接受门人窥基的建议改变主意，只译十论师之一护法注释的传本，杂糅其他各家注释，由玄奘口译，窥基笔受遂成此论。

按照玄奘门人的说法，《成唯识论》原名应是《唯成识论》，此名因不符合唐代语言的规范，故作调整改取《成唯识论》。全书共10卷（章），约10万字，按内容可分为三个部分。①阐述唯识现象。唯识论者认为：大乘佛教所说的我（主体精神）和法（世界及组成因素）的存在，只是一种假有，实质是不存在的。因为诸事均由因缘而生，离开因缘就不成立，对外在事物的认识，只能通过"识"来认识，所以外境（客观世界）并非真实，内境（识）才是真实的，外境只是内识的不同显现而起，是故"万法唯识"。识有眼识、耳识、鼻识、舌识、身识、意识、末那识、阿赖耶识八种，其中阿赖耶识是根本识。八识各司其职，又有能动、被动两种作用，依识体转起"相分"（识体的所缘部分），"见分"（识体的能缘部分）两个方面。②说明唯识的特征或性质。识的真性是一种不假因缘，而由自身存在着的一种绝对实在。这种实在具有远离妄执的我和一切事物，有无相空寂，一切清净的特征，它是通过取得无上智慧的人在瑜伽实践中亲证得到的神秘直觉，被认为是最圆满和最真实的存在，也是真如的永远显现。世俗的人或是执著于一切事物都是确实存在的主观迷妄，或是认为诸事物因缘和合就是识的真性，其实因缘是识的流转，实非永恒存在。③介绍了取得唯识认识的方法和实践。已经掌握了唯识的现象和唯识特征的人，再通过瑜伽实践修证，经历资粮、加行、通达、修行和究竟五位的次第阶梯，可以渐渐掌握和悟解唯识的真谛。此外全书对佛教的一些名词也做了解释。

玄奘把十大论师的学说糅合在一起放入《成唯识论》书中，因此各家论师的原有主张很难被分辨出来，同时玄奘在阐述唯识主张时，又在罗列批驳小乘和其他派别的观点，使此书内容丰富，但过于简略，不易读懂。为了使众人了解掌握唯识理论，于是出现了围绕此书而作的注疏，其中重要的注疏有唐窥基《成唯识论述记》、《成唯识论掌中枢要》（简称《唯识枢要》）、慧沼《成唯识论了义灯》、智周《成唯识论演秘》及圆测《成唯识论疏》等。这些注疏都对《成唯识论》的内容作了各方面详尽的讲解，是阅读此书必不可少的参考书。如《成唯识论》里没有提到十大论师的具体名字，在《成唯识论述记》里则提到了论师的名字。《成唯识论》对后世的影响很大，在中国出现了专讲唯识学的宗派——唯识宗（亦名法相宗），历代僧人和学者都对《成唯识论》作了不同的解释及撰写了专著，直到近代中国还出现了以熊十力为代表的推崇唯识论的新唯识论学者。

（黄夏年）

湖南长沙麓山寺湖南佛学院图书室

107

《六祖坛经》是中国人写的，为什么也称之为经？

先来谈谈什么是佛经。广义的“佛经”，是泛指一切佛教典籍，包括经律论等各种著述。狭义的，也就是我们这里讲的“佛经”，是专指经律论三藏中的经藏部分，其中有佛教相传为释迦牟尼所说而在后世结集起来的经典，也有历代陆续以“如是我闻”形式创制的经籍。佛教传到中国以后，由中国人写的佛教著作，是不能称作佛经的，因为按道理，佛经只能在印度产生，而且只能是佛所宣说的（尽管实际上并非如此），然后翻译到中国来的。

但是，《六祖坛经》是惟一获得公认的由中国人写的却冠之以“经”的名义的一本佛书。这是因为以《坛经》作为经典的禅宗是一个完全在中国土生土长的宗派，这一派后来流传最广、影响最大，《坛经》也就随之从名称到内容上都获得了中国佛教徒的公认。

《坛经》是禅宗六祖慧能说法与事迹的记录，最早由慧能的弟子法海整理而成。历史上有多种版本，比较流行的是元代僧人宗宝改编本，题为《六祖大师法宝坛经》，近年国内也出版有从敦煌遗书中找到的唐代写本的新校点本。

《坛经》基本上体现了六祖慧能的主张。“识心见性，顿悟成佛”是慧能革新禅宗的旗帜，他在人人皆有佛性的思想基础上，坚决反对静坐观心的修习方法，认为“不见自性本净，起心看净，却生净妄，妄无处所，故知看者却是妄也。”

新疆高昌古佛残像

他一再比喻:“自性常清净”,好比“日月常明,只为云覆盖,上明下暗,不能了见日月星辰。忽遇惠风吹散,卷尽云雾,万象森罗,一时皆现”。慧能说的顿悟,不是指历尽苦修之后的恍然大悟,而是人们当下之每一念心,都有可能从自心中顿现佛性(也叫做真如本性)。

禅宗曾以“拈花微笑”之类的神话传说标榜,认为自己的学说是得自佛祖的秘传,其实,真正使佛教的佛性学说和解脱理论彻底中国化的,是从慧能这里开始的,《六祖坛经》是其重要标志。

研究《坛经》,应先看编写于唐代的敦煌本《坛经》,然后再看在宋初由惠昕改编的《坛经》及元代由宗宝改编的《坛经》等本。从中可看到《坛经》由简至繁的演变过程,从一个方面反映了禅宗思想的发展。

(何云)

108

最常用的禅宗史书是什么？

禅宗是我国佛教中势力最大，活动范围最广，延续时间最长的一个派别。有关禅宗的史书多得不胜枚举，不过常用的有以下几部：宋代道原编的《景德传灯录》，明代圆极居顶编的《续传灯录》，宋普济编的《五灯会元》，惠洪的《禅林僧宝传》，元念常的《佛祖历代通载》等。此外还有宋代契嵩编的《传法正宗记》、《传法正宗定祖图》、《传法正宗论》及明瞿汝稷的《指月录》等。现将几部常用的禅史简单介绍如下。

禅宗认为，灯能照暗，并能灯灯相传，禅宗谓以法传人，犹如传灯。《景德传灯录》撰于北宋真宗景德年间，所以有此名。该书共30卷，自传说中的过去佛始，至北宋法眼文益的法嗣，共录有禅宗传法世系52世，1701人，附有语录者951人。该书以记述禅僧言论为主，即禅宗的语录。前二卷记过去佛七祖，西方二十七祖；卷三述东土五祖；卷四记道信和弘忍的旁门弟子法系；卷五记六祖慧能法系；卷六至卷十三是南岳怀让的法嗣，包括沩仰宗、临济宗法嗣；卷十四至二十六是青原行思的法系，包括曹洞、云门、法眼三宗。后四卷为宗外之禅者及名禅师语录和赞颂诗文等。此书写成后上真宗，真宗命翰林学士杨亿、兵部员外郎李维、太常丞王曙等裁定润色。因此该书等于官撰。《景德传灯录》录有许多非常宝贵的史料，是研究禅宗史不可或缺的一本书。但该书以慧能南宗为正统，其他派别如北宗神秀、洪州道一、牛头、保唐等，记述很少或根本略去，这是一大缺陷。

宋代普济编的《五灯会元》，共 30 卷，是将《景德传灯录》、《天圣广灯录》、《建中靖国续灯录》、《联灯会要》、《嘉泰普灯录》五种灯录合编为一，删繁就简，重复者择其一，内容包括过去七佛直到宋代各派禅僧的机缘和语录。以上五种灯录分别属于法眼、临济、云门宗，合编在一起，多少避免了偏颇、片面的毛病。但因经过了删削改编，其史料价值稍逊于《景德传灯录》。

北宋惠洪著《禅林僧宝传》，也是 30 卷。不同于前二书的是以记事为主。记有 81 人，其中青原法系者 11 人，曹洞 10 人，临济 11 人，云门、黄龙各 15 人，法眼 5 人，沩仰 1 人，杨岐 4 人。

元代念常编纂的《佛祖历代通载》，共 22 卷，与前面几部书的体例不同，是编年体通史著作。该书以禅宗为正统，兼及其他教派，自过去七佛到元代元统元年(1333 年)有关佛僧的著述、传教、译经等活动及历代皇室兴废佛教事件、儒道佛三教的关系等都有较详细的记载。该书按年叙述，注以干支纪年及帝王年号，便于读者检阅。作者自己的著述主要是宋元二代，其他部分如西方二十八祖的内容抄自《景德传灯录》，汉明求法至五代的内容抄自南宋祖琇《隆兴佛教编年通论》。该书资料较为丰富，但某些记述过于繁冗，史实也有谬误之处。

明代的圆极居顶继承《景德传灯录》之体例，集录慧能以后第十世到第二十世的传法世系，编成《续传灯录》。该书内容主要采自《五灯会元》、《禅林僧宝传》、《禅门宗派图》等。主要是记语录，事迹很少。记有 1203 人，附见 3110 人。

我国在 20 世纪初出土的敦煌文献中，有不少禅宗史书，如《楞伽师资记》、《传法宝纪》、《历代法宝纪》等，记载了早期禅宗的历史，极为珍贵。唐代宗密著的《禅源诸诠集都序》、《圆觉经大疏钞》中也有一些早期禅宗的史料。

(黄燕生)

109

《五灯会元》是部什么样的书?

什么是《五灯会元》?《五灯会元》是一部佛教禅宗史书。宋代普济编写,共二十卷。

所谓“五灯”,指五部禅宗史书,它们是:(1)《景德传灯录》,法眼宗道原撰。(2)《天圣广灯录》,临济宗李遵勗撰。(3)《建中靖国续灯录》,云门宗惟白撰。(4)《联灯会要》,临济宗悟明撰。(5)《嘉泰普灯录》,云门宗正受撰。作者均宋代人。

这五灯各三十卷,其中有很多重复之处,普济删繁就简,合五为一,所以叫《五灯会元》。这部书以禅宗语录的形式,汇辑禅宗传说的从过去七佛直到唐宋时期各派禅僧所留下来的“机缘”和语录。

所谓“灯”,是佛教的比喻,认为无明众生不懂得佛教真理,犹如生活在黑暗之中,而佛教思想及著作就如同黑暗中的指路明灯一样,指示众生脱离苦海。

(何云)

110

中国有几部《高僧传》？各有什么学术价值？

我国的《高僧传》，有南北朝梁僧慧皎著的《高僧传》，又称《梁高僧传》；唐朝道宣所著《续高僧传》，又称《唐高僧传》；宋代赞宁著《大宋高僧传》，简称《宋高僧传》，以及明代如惺著的《大明高僧传》，简称《明高僧传》。现将各《高僧传》的作者、内容、价值作一简要介绍。

《梁高僧传》的作者慧皎，原籍会稽上虞（今浙江上虞）人，姓氏已无考。据载他通儒道经典，研究佛教经律，博学多才，住在嘉祥寺。在春季、夏季讲经传道，弘扬佛法，秋冬二季就在寺内著书立说，撰有《涅槃义疏》10 卷及《梵网经疏》等。在慧皎以前，已有宝唱的《名僧传》、法济的《高逸沙门传》及陆杲的《沙门传》等流行于世。这些都是僧传一类的著作，各有所长，也有不足之处。慧皎看了这些书，认为有的繁简不当，有的遗漏太多，有的混滥杂芜，因此慧皎决心另编一部僧传。为此，慧皎作了大量准备工作，博览群作，广为搜求。

《梁高僧传》所记载的僧史上下共四百多年，始于汉明帝永平十年(67)，止于梁天监十八年(519)，正传 257 人，附见者 200 余人。全书共 14 卷，其中第 14 卷为序和总目。前 13 卷分为 10 科：译经、义解、神异、习禅、明律、遗身、诵经、兴福、经师、唱导。是按僧人的专长或活动分类的。慧皎认为佛教传入中国全仗翻译之功，所以把译经列在篇首。有了译经，就要有人讲解经义，因此义解排在第

浙江杭州净慈寺

二。每“科”之末，慧皎都有一篇总论来概括本科的内容，说明本科之僧的重要地位和影响。僧传之所以取名为“高”，是因为慧皎认为过去的僧传多为“名僧”传，而名僧的德行不一定高，有些只是趋炎附势，迎合时势者流；德行高者不一定有名。慧皎决心为有德行而名不显者立传，所以取名为《高僧传》。

慧皎的《高僧传》是中国佛教史上第一部系统的僧传，对后世有很大影响，以后各家的僧传都沿袭了慧皎的体例，慧皎也因其著作而留名于世。

《续高僧传》的作者道宣，俗姓钱，丹徒（属今江苏）人，也有说为长城（今浙江长兴）人的。他十六岁时便剃发出家，隋大业年间（605—618）在律师智首处受具足戒，研习佛教戒律。后来创立了律宗。道宣与孙思邈交往甚深，同住终南山，因此又被称为南山律师。道宣曾为长安西明寺上座，并参加玄奘译场，负责润饰文字。他著有《四分律删繁补阙行事钞》、《四分律比丘含注戒本》等，专讲《四分律》。同时道宣又是一位佛教史传学者，撰写了《广弘明集》、《续高僧传》、《集古今佛道论衡》、《大唐内典录》等重要的佛教史传与经录。《续高僧传》基本沿袭《高僧传》旧制，但不尽相同。分为译经、义解、习禅、明律、护法、感通、遗身、读诵、兴福、杂科十科。全书起止的年代，据道宣自序为梁初运至唐贞观十九年（502—645）的144年。实际他自己后又作了补充，止于唐高宗麟德二年（665），共164年。正传人数也不是他说的340人，而是492人；附见为215人，不是160人。在这部书中，道宣收集了相当丰富的史料，其内容远远超过了慧皎的《高僧传》。该书不仅对研究中国佛教史，对研究隋、初唐时期我国的思想、文化也是非常重要的原始资料。

《宋高僧传》的作者赞宁，俗姓高，后梁时人。其先祖为渤海人，隋朝末年迁居吴兴的德清县（今属浙江）。赞宁生于后梁贞明五年（919），卒于宋真宗咸平四年（1001）。他很小的时候就在杭州祥符寺出家，学习律宗教义。因精通律宗教义，能够熟练运用，被人称为“律虎”。吴越王钱俶封他为两浙僧统，并赐号“明义宗文”大师。宋太宗太平兴国三年（978），赞宁随钱俶入朝。赵匡义早已听说赞宁的大名，把他召入内道场滋福殿，请教佛教大义。太宗十分欣赏赞宁，特赠紫方袍，并赐号“通慧大师”，敕住左街天寿寺。太平兴国七年（982），赞宁奉皇帝之命修撰《大宋高僧传》，并被准许回浙江写作。六年后，《大宋高僧传》完稿。太宗为表彰赞宁，赐绢三千匹，委以重任，除为翰林、左街讲经首座、史馆编修，掌管都城的宗教事务。后又升任汴京右街僧录，不久又任左街僧录。赞宁还著有《大宋僧史略》三卷、《三教圣贤事迹》一百卷，《内典录》、《外学集》等。

《宋高僧传》共30卷，完全是根据慧皎、道宣的体例撰写的，也分十科：译经、义解、习禅、明律、护法、感通、遗身、读诵、兴福、杂科。正传有533人，附见的僧人有130人。该书的史料经过反复考校，内容翔实可靠。赞宁才思敏捷，“以博物称于世”，所著《大宋僧史略》、《内典录》都有相当重要的史料价值。

明代如惺所著《大明高僧传》仅8卷，包含年代为南宋、元至明万历四十五年（1617），正传138人，附见71人。该书与以前诸《高僧传》有较大不同，分为译经、解义、习禅三类。《明高僧传》的影响远不如前三部高僧传。其后又有明河撰《补续高僧传》，共26卷，民国初年喻谦撰《新续高僧传》65卷。

（黄燕生）

111

"众圣点纪"是部书名吗?

众圣点纪,并不是书名,而是佛教的一种年纪。据隋费长房《历代三宝纪》卷十一所载的《善见律毗婆沙》译记,释迦牟尼逝世,优婆离在集结佛教律藏后,于其年七月十五日夏安居时,以香花供养律藏,并在律藏之后记一点,以记一年之岁,后来师师相传,年年如此,便成为"众圣点纪"。中国南朝齐永明六年(488)印度沙门僧伽跋陀罗(僧贤)至齐,译出其师三藏法师所授的《善见律毗婆沙》,在永明七年(489)夏安居结束,"如前师法,以香花供养律藏讫,即下一点。当其年计得九百七十五点"。据此,释迦牟尼当逝世于公元前485年,活八十岁,生于公元前565年。此为我国佛学界认为比较可靠的佛生卒纪年。

敦煌壁画:如意轮观音

(吕建福)

112

汉文大藏经是从什么时候雕印的？最常使用的有哪些版本？

大藏经是佛教典籍的总集，是从佛教“三藏”典籍发展起来的佛教丛书。第一部汉文佛教大藏经是宋太祖开宝四年（961）至宋太宗太平兴国八年（983）在四川刻印的，称《开宝藏》，又称《蜀版大藏经》。《开宝藏》的初印本收录佛经1076种，5048卷，在以后的百余年间又有增补，最后增至5425卷。《开宝藏》已基本散失，国内外现存仅只13卷。《开宝藏》刻印后，宋朝统治者曾分送四邻各国，因此在不久之后出现了第一批覆刻本，它们是初刻于高丽显宗朝（1010—　），高丽高宗朝再雕的《高丽藏》；始刻于辽兴宗景福年间（1032年前后）的《契丹藏》，全藏5790卷，和

浙江新昌大佛寺

《赵城金藏》。《赵城金藏》因1933年首次发现于山西赵城广胜寺而得名，此藏刻于金熙宗皇统九年(1149)，完成于金世宗大定十三年(1173)。上述几种大藏经均为卷轴装，与《开宝藏》十分相似。北宋末年至南宋，在我国南方，以寺院为中心，由僧人组织募捐又相继刻印了《崇宁藏》(刻于福州)、《毗卢藏》(刻于福州)、《圆觉藏》、《资福藏》(以上二藏同刻于浙江吴兴)、《碛砂藏》(刻于江苏吴县)等不同版本的大藏经。元朝刻过几部大藏经，现存的是刻于杭州的《普宁藏》。明清两代又刻过《洪武南藏》、《永乐南藏》、《永乐北藏》、《嘉兴藏》及《龙藏》几部大藏经。以上各版藏经除《嘉兴藏》为方册本装帧外，均为折子本。据现存资料统计，我国历代刻印的大藏经在17种以上。这些木刻本大藏经保存至今日者，除明清本当属完整外，几乎都已残缺不全了。它们，包括明清本在内，都是十分珍贵的古籍善本。

近代以来，我国没有再刻印过大藏经，但在20世纪40年代影印过《碛砂藏》。另外，在此以前的清末宣统二年(1910年)至民国二年，上海的佛教组织“频伽精舍”据日本刊印的铅排本大藏经《弘教藏》，排印过一部大藏经称《频伽精舍大藏经》。目前，学术界使用最多的大藏经是《影印碛砂藏经》和《频伽精舍大藏经》，此外，就是日本出版的《大正新修大藏经》(简称《大正藏》)。

《大正藏》始编于日本大正十一年(1922年)，完成于昭和九年(1934年)，前后费时十三年，全书一百册，包括经文85册，《昭和法宝总目录》3册和图像12册。该藏的前55册略相当于我国历代藏经的内容，收录佛教经籍2276部9041卷，第56册至84册为日本佛教著述，85册的“古逸部”和“疑似部”收录了近代以来，主要是敦煌发现的一些佛教典籍，很有价值。《大正藏》据日本学者的观点，重编了目录，以《高丽藏》为底本作了校勘及铅字排印，每页编码，分上中下三段刊印，标有标点，使用方便，故较为流行。

(李富华)

113

《中华大藏经》有些什么特点?

1982年,国务院古籍整理出版规划小组召开了全国会议,把重编佛教大藏经列为古籍整理九年规划的重点项目。此后不久,古籍整理小组组长李一氓委托任继愈教授主持,以世界宗教研究所佛教研究室为核心,成立《中华大藏经》编辑局,开始展开《中华大藏经》的编辑工作。至今,这项规模很大的重编工作已进行了六年,完成书稿40余册,由中华书局正式出版的已有30余册。

《中华大藏经》拟将历代藏经中的特有经籍按内容体系全部收录,同时,收集一切有校勘价值的藏经版本作参校本进行对勘,从而通过新版藏经不仅向读者提供一部佛教典籍的完整资料,同时通过比勘它们的异同,使读者了解历代各版藏经的概况。

《中华大藏经》拟分正、续两编。正编以《赵城金藏》为底本,收录历代藏经中以千字文编次的部分,总计约2000种10000卷。续编收录历代藏经中无千字文编次的部分,约2200种13000卷。正续两编的总数可达4200余种23000余卷。

《中华大藏经》有些什么特点呢,概括地说可以有以下三个方面。

一、收录完整。

历代刊印的大藏经收经最多的莫过于日本近代出版的《大正藏》,其总数

北京房山云居寺藏经洞

为3053种12175卷，但其中有572种2808卷纯属日本诸宗著述，是历代藏经中很少收录的。如果除去这部分著作，则《大正藏》的收经总数亦不足万卷。我国明末清初刻印的《嘉兴藏》，包括续藏、又续藏几部分，收经总数约为12600卷，超过《大正藏》，而《中华大藏经》正续两编收录佛教经籍的总数（不包括《大正藏》收录的日本著述）则为4200余种23000余卷，是历代藏经无法相比的。《中华藏》基本上囊括了历代藏经的内容，是集大成的总集，是目前最为完整的佛典全集。

二、版本考究。

《中华大藏经》的正编是以《赵城金藏》作底本。《赵城藏》是我国第一部刻本大藏经《开宝藏》的复刻本，在版式、装帧及收录内容方面都保留着《开宝藏》的基本特点。同时，《赵城藏》是现今保存最多的稀世孤本，全世界仅此一部。抗日战争时期日本侵略者曾派人去抢，我八路军战士不畏牺牲把它转移到安全地方。解放后，《赵城藏》保存在北京图书馆并经过十几年的整理、修补，才得以完好的保护。《赵城藏》现存 4800 余卷。《中华藏》以《赵城藏》作底本影印，这是首次公之于世，不仅具有很高的学术价值，也具有很高的文物价值。

三、校勘精到。

我国及国外刊印的大藏经有二十几种版本，反映了不同时代的风格和特点。在以往大藏经编印的过程中也曾进行过校勘，比如日本的《大正藏》就校对过宋《资福藏》、元《普宁藏》及明《嘉兴藏》几种版本。而《中华藏》则选用了保存较为完好的八种不同时代的版本作校本，这是前人没有的，也是不可能做到的。这八种版本中有《房山石经》，这是始刻于隋，完成于明代的石刻大藏经，1956 年首次进行大规模整理和拓印，至今未曾公开发表。我们把它作为校本，无疑将引起学术界的关注，因为它揭示了刻本大藏经前大藏经版本的情况。这是前人无法做到的。其他校本有宋《资福藏》、《碛砂藏》，元《普宁藏》，明《永乐南藏》，明清之际的《嘉兴藏》、清代的《龙藏》及《高丽藏》。其中《碛砂藏》发现于 20 世纪 30 年代，后影印问世，前人还来不及利用；《龙藏》刻印较晚，传入国外者极少，《中华藏》用《龙藏》作校本也属首次。以上这些版本大体反映了上自隋唐下迄清代大藏经版本的基本面貌。《中华藏》采用底本与校本逐字对校的办法，将诸本异同整理成校勘记，附录于每卷经之后，使之成为佛典研究的重要资料。正编部分已于 1997 年完成，由中华书局出版。

(李富华)

114

常用的佛教辞书和工具书有哪几部?

释迦牟尼逝世以后，他的弟子们就开始编纂佛陀的教法，形成了佛教经、律、论三藏。经过两千多年的增补，佛教藏经已是卷佚多繁，浩如烟海，使想了解佛教的人和研究佛教的学者有一种茫茫无所适从的感觉。佛教除了众多的佛经外，对佛教的名词也有一套专门术语，每个国家、每个地区都又根据本地的实际情况，对佛教的教义有不同的解释，这些都给想学习佛学的人带来了困惑，不知该从何做起?因此，欲了解佛教、研究佛教必须借助一些工具书，它可以使学习者少走弯路，获得事半功倍的效果，迅速找到想要了解的内容。我国历来有编集佛教工具书的优良传统，不少古代僧人学者，编著的工具书至今仍然受到学者的重视和利用，国外佛学界和学术界特别是日本学者也做了不少工作，编著了一些工具书。近年来，国内学术界也在前人成果的基础上编出了系统的工具书。现在我国学术界通常使用的辞典工具书有以下几种。

1. 综合类：国内有《中国大百科全书·宗教卷》、《宗教辞典》，其中都有佛教条目。这些条目是我国现在数百名学者历时多年劳动的结晶，对佛教教义、经典、历史事件及宗派作了详细的介绍，并且吸收了最新发现的资料，条目按笔画或拼音字母排列，专题分类，易于检索，使用方便，通俗易懂，是我国近年来佛学界最新的学术成果，基本上体现了现今我国学术界的佛学研究水平。我国解放前由丁福保编集的《佛学大辞典》是一本专释佛教的工具书,此书撷录古籍,搜罗了与佛教有关的学说,条目3万多条,三百余万字,是我国迄今收词最全、内容最广的辞书。条目仿《康熙字典》检字的体例,书前附有索引便于查找。每个条目将古代不同的解释一一罗列注明出处,为利用原文者提供了线索。《实用佛学辞典》将最切实用、经常出现的佛教条目汇释发行,方便了读者。此外,中国佛教协会编纂的《佛教常识问答》、《中国佛教》等也是学者经常翻阅的佛教知识手册。但是这类书籍专业性较强,佛学味较浓,要具有一定佛教基础知识的人才能读懂。国外出版的工具书有日本《织田佛教大辞典》、《望月佛教大辞典》。后一部辞典是由日本著名佛教学者望月信亨领衔主编,数百名专家学者,工作数年才完成的大型佛教辞书。所收词条完整,广引经典原文,注明出处,系统性强,连一些佛教的俗语和成语也作了介绍,还有专册《佛教大事年表》,并备有梵文等多种文字索引。英文的工具书有斯里兰卡出版的《南传佛教百科》,此书由东南亚国家的佛教学者负责统编,很多国家的学者参加了词条的写作,所以实际上这是一本国际佛学界通力合作的成果。值得重视的是,它反映了拉丁语系国家,主要是欧洲的佛教学者的研究成果。其中关于南传上座部佛教的介绍尤其重要,弥补了我国学术界对南传佛教了解不足的缺陷。除了上述各书之外,我国和国外出版的有关哲学辞书和《辞海》也收集了一些佛教词条可借学术界参考、利用。

2. 经典类:我国古代僧人所编的《出三藏记集》、《大国唐内典录》、《开元释教录》、《阅藏知津》等书都是古人编纂的经典的目录书。这类书记录了翻经目录,指出了译者、佛经的真伪、今译与重译等,有的附有内容提要,为历来《大藏经》所收,也是《大藏经》编目的标准。查找《大藏经》可以利用日本出版的《大藏经索引》和我国过去刊行的《佛藏子目引得》等,但以上各书按佛教经、律论的编目分类,或按笔画排列,查找起来颇不方便。现在我国学术界正在新编《中华大藏经》,此项工作完成之后,按照科学分类法做的《大藏经索引》将会给读者带来便利。此外,学术界常利用的还有日本的《佛书解说大辞典》,此书13卷,将汉、日佛典、丛书、全集等作了介绍,是当今最全的佛教图书提要。比其规模较小的则有我国台湾的《佛教经典总论》和日本的《佛典解题事典》等,但是这些辞书或是借助日语,或要懂古代汉语,对国内许多人有一定的局限性。

3. 历史类：有《中国佛教史辞典》、《日本佛教史辞典》、《佛教史年表》等，以上各书全部是日本编出。这些书记载了各国的佛教大事、教义、语言、寺院、书名、地名、人名、宗派及与佛教有关的道教、儒家诸事项，并兼涉朝鲜、中亚等地。其中《年表》记述了自释迦以来到1975年数千年时间的佛教事件，时间跨度大，涉及数国，内容丰富，是一本极为有用的工具书。

4. 宗派类工具书：日本《佛教宗派辞典》是一部介绍印度、中国、日本、朝鲜、南传佛教各国的学派和宗派演变、教义内容、流行地域、现存状况的辞书。日本的《禅学大辞典》、《禅宗辞典》、美国《禅宗辞典》都是国外介绍禅宗的专用辞书。内容有禅宗人物、地名、书名、寺院名、故事、俗语、仪式、禅法、公案、历史等，类似禅宗百科。日本的《密教大辞典》则是了解密宗情况内容最齐全的参考书之一。

5. 传记类：伦敦《佛教人物辞典》介绍佛教人物和佛教学者。我国台湾《中国佛学人名辞典》，日本《高僧传索引》，前者介绍了自汉至当代，中外各国、哲学、文学、艺术、工艺、医学各领域对佛教有贡献者；后者则专把我国古代记载有贡献的高僧如《梁高僧传》、《唐高僧传》、《宋高僧传》、《大明高僧传》诸书中人物传记作了索引，既指出其人名、僧名，所在寺名、活动地区，还摘录一段原典的内容作示例，使学者可以大略知道所要了解的内容，减轻了查阅原典的大量工作。此外，想要了解、查找日本佛教僧人的有关情况，可以查《日本佛教人名辞典》。《中国人名大辞典》也收了一些我国古代高僧的事

缅甸建筑艺术

迹。

6. 文字、语音类：这是一类最多的工具书。我国古代就编纂有《一切经音义》、《慧琳音义》、《慧苑音义》和《翻译名义集》等书。这类书都解释了佛经的音义，音译了梵文，作了反切，受人重视。但是它们当中有的已佚，分类方法也不科学，查找起来不方便，作为资料比辞书更有价值。我们现在所使用的今人所编的有《佛教语大辞典》，此书把佛教音义各种说法加以汇总，只注明出处，不做解释，同时又把梵文、巴利文、日文等不同文字全部写出，使读者一目了然知道各国语言的书写形式，收词范围包括印度、中国、日本、东南亚等国的佛教音义。与此类似的还有日本的《翻译名义大集》。我国台湾出版的《中、英、梵、泰佛学辞典》、《中英佛学辞典》，则把佛教词汇用多种语言汇集，特别是给懂英文的学者带来了便利。《中国佛教手册》，梵语词头，中文音译，英文释条，是外国人研究佛教的工具书。此外，日本的《印度佛教固有名词辞典》、《日英佛教辞典》都是学者常用的参考书。

7. 思想类：我国近年出版的熊十力的《佛家各相通释》可以参考，但该书缺陷是不列出处，使学者无法核对原文，不好引用。我国台湾的《佛学名相汇解》，日本的《佛教思想辞典》、《佛教哲学大辞典》等则叙述比较详细，而且全部列出处，有多种文字索引。

总之，佛教的工具书还有很多，此处只简略地介绍了一些常用的辞书供读者参考。现在我国出版的佛教辞书还不是很多，但是随着佛教研究水平的提高，会有一些具有中国特色的佛教工具书涌现出来，满足更多学者的需要。

(黄夏年)

115

什么是日本的新兴宗教？有哪些主要的佛教新兴团体？

日本新兴宗教可概指19世纪中叶至20世纪后半叶，即日本德川幕府末期至第二次世界大战后创立、发展起来的各宗教派别。它不同于传统的寺院佛教和神社神道，其产生和发展与日本近一个半世纪社会、政治变迁有着密切联系。日本新兴宗教涉及佛教、神道、基督教及民间宗教。以佛教、神道教两大系统为主。其中佛教的新兴宗教又以日莲宗系的法华信仰占绝大多数。日本新兴教团主要创立于三个时期。德川幕府末，一些较能反映民众现实要求的新宗教，如黑住教、如来教、天理教、金光教、本门佛立宗及丸山教先后兴起。神道系的天理教和金光教是这一时期的代表性宗教。1868年明治维新之后，是新兴宗教竞相创立教团、各树一帜的时代。先后成立有大本教（1892年创立）、本道教团（1913）、灵友会（1925）、人道教团（1924）、生长之家（1925）、世界救世教（1934）、孝道教团（1935）、创价学会（1937）和立正佼成会（1938）。战后，日本新兴宗教获得飞跃发展，地方性中、小教团大批涌现，其中天照皇大神宫教和玺宇教曾闻名一时。战前创立的主要教团组织迅速扩大，教势扩展到国外。现日本约有新兴教团七百余个，其中创价学会、立正佼成会、灵友会、生长之家、PL教团和佛所护念会等都拥有数百万信徒。新兴宗教已成为日本社会中的巨大势力。在教义上，新兴教团具有如下几个特点：其一，神化教团组织的创立者。教徒奉

教祖是转达神意的“亲神”、“活神”、“救世主”而崇拜之。一般说来，教主的权威是神圣不可侵犯的。其二，教团的教典通俗易懂，礼仪简单，教义多具混合性，融合佛教、神道、基督教、儒学及民间信仰成分。其形成过程可分作以民间信仰为基础和以传统宗教的教理、思想为中心的两种途径。前者如大本教，后者如创价学会和立正佼成会都具有代表性。其三，比较注重现实利益和社会问题。新兴教团教主大部分出身于一般平民家庭。经历过贫穷、失业、疾病、丧夫失子等人生不幸，这对于形成“现世主义”、“人类救济”的教义有直接的影响，也反映了当时中、下阶层人民要求变革现世的愿望。其四，由于社会的前进，科学的发展，教团不断修正教义。这也是新兴教团能不断发展的因素之一。较大的新兴教团有严密的组织机构，开展多形式的组织活动，广泛应用电影、电视、广播、书刊杂志等现代手段展开传教活动。其基层单位“法座”、“组”、“座谈会”是会员交流信仰体会、探讨现实中各种矛盾及解决方法的重要场所。佛教系的新兴教团主要有创价学会、立正佼成会和灵友会。关于创价学会的情况，已有专题介绍，不再赘述。立正佼成会属日本佛教日莲宗系，1938 年由庭野日敬（1906— ）和长沼妙佼（1889—1957）脱离灵友会而创立，原称“大日本立正佼成会”，含义是“立于正法，广交同道，成就佛果。”立正佼成会在战后获得飞速发展。现有会员 580 余万。实行中央领导体制，会长世袭制。以《法华经·寿量品》中所说的“久远实成”佛为本尊，以“法华三部经”为主要经典。1958 年庭野发表“真实显现”宣言，进一步确立法华信仰。此外，还强调祭祠祖先，相信“七位”、“七神”等方术。该

山东青岛崂山

敦煌壁画:十一面观音

会是世界宗教徒和平会、亚洲宗教徒和平会的主要发起者和组织者。1978年成立的“庭野和平财团”致力于世界和平运动,向对世界和平作出贡献者颁发“庭野和平奖金”。灵友会是日莲宗系新兴宗教。创立于1925年。创始者是久保角太郎(1892—1944)和其妻小谷喜美(1901—1971)。现有会员310万人。青年部是教团活动的中心。灵友会尊崇《法华经》,会员朝夕读诵“法华三部经”的摘录简易经本《青经卷》(久保角太郎编于1930年),所唱题目“南无妙法莲华经”。强调祖先供养,看作是在家信徒的“菩萨行”,认为供养祖先之灵即供养三界万灵,通过虔诚信仰就可得到祐护。其组织机构大体由总部、教会、支部、法座组成。所办学校有明法学院。

(张大柘)

116

日本创价学会是什么组织？教义是什么？

创价学会全称“日莲正宗创价学会”，是日莲宗系的新兴教团，在国内外皆有相当的影响。它创立于 1937 年，创始人是小学教员牧口常三郎(1871—1944)和户田城圣(1900—1958)。创会初期，会员主要是青年小学教员。1942 年因拒绝参拜天照大神和拒受神符，牧口、户田及学会主要干部以“违反治安维持法”和“不敬神社”的罪名，被当局逮捕。牧口病死狱中，户田等人直至战后才被释放。出狱后，户田着手学会的重建工作。1946 年改称“创价学会”，自任理事长。1951 年正式就任第二任会长。在他所提出的“折服大行进(传教大进军)”的口号下，在全国范围内广泛开展了传教活动，组织迅速扩大。1960 年池田大作任会长后，学会再次获得较大发展。现国内会员有 1680 万，国外会员 30 余万；并在世界许多国家和地区建立了分会和传教点，其国际组织“国际佛教徒联盟”包括有 51 个国家和地区，已成为日本首屈一指的新宗教团体。创价学会有严密的组织系统。其中央机构总部由正、副会长、正副理事长、中央会议议长及监正审查委员长等组成，下设事务局、文化局及各种委员会、部，负责学会各项具体事务。教学部是学会传教的指导机构；传教和参加竞选的中间力量是青年部；海外部负责指导国外传教活动。会长终身制，有权指定后任会长、任免高级干部，指挥学会全部重大活动。其地方组织由基层单位组→班→地

区→支部→总支部→地方本部组成。经常举办多形式的活动，以此扩大影响。其中以组为单位的座谈会是会员交流体会、探讨各种现实问题的重要日常活动。学会还办有创价大学、创价学园、东洋哲学研究所、亚洲文化研究所、亚洲民族协会、民主音乐协会及第三文明出版社等学术机构和文化宣传团体。出版《圣教新闻》、《大白莲华》、《圣教画报》、《大学新报》及文艺刊物《潮》等。创价学会自户田任会长时，便开始跻身于竞选活动。1955年在地方议会上获得53个议席，政治上取得初步成功。翌年在参议院取得3个席位，1959年增至6席。1961年建立“公明政治联盟”，1964年结成公明党，并迅速发展成众参两院第三政党。1970年学会宣布与公明党政教分离，将活动的重点转移到教育、文化、国际交流与世界和平等方面。但创价学会仍是公明党的支持团体。创价学会和公明党对我国友好，多次派遣代表团访华，为恢复中日邦交和发展两国友好关系作出了努力。创价学会是由日莲正宗信徒组成的宗教团体，信奉日莲正宗传统教义。供奉在日莲正宗总部大石寺中的“南无妙法莲华经”楠木牌位（传说日莲亲笔所写）是创价学会的最高崇奉对象，被称作“大御本尊”。认为它揭示了宇宙生命的本质，即人死后的生命复归宇宙生命中，遇缘而生成新的生命。人们只要信奉它，每日早晚面对戒坛，诵念本门题目“南无妙法莲华经”，就可以改变宿命，消灾祛病，获得幸福。创价学会的领导层主要由中小企业主和知识分子阶层组成，以实现“社会繁荣和个人

广东乳源云门寺虚云纪念塔

幸福相一致”的福利国家为目标，主张确立议会制民主政治，充实社会保障，维护中小企业权益和劳资协调主义，提出反对核武器、公明选举、净化政界等项政策。其“王佛冥合”、“人性社会主义”、“佛法民主主义”、“地球（世界）民族主义”等政治观念是学会的政治理论，也曾列入公明党的建党纲领之中。“王佛冥合”，即社会繁荣和个人幸福相一致，是学会认为的理想政治；“地球民族主义”是将全世界各民族同视为一个地球民族，认为只有通过“王佛冥合”和“地球民族主义”才能遏止战争爆发，实现世界持久和平。“人性社会主义”的中心是认为资本主义埋没个人人性，社会主义不尊重人性，只有通过以尊重人性为基调的“人性社会主义”，才能实现理想的大众福利社会。“佛法民主主义”系指基于佛法（创价学会的信仰）建立起来的民主主义，认为它是建设大众政党，实现真正民主主义的惟一正确的理论依据。

北京雍和宫唐卡：释迦牟尼本生如意树

（张大柘）

117

佛教徒为什么叫做“四众”？有哪些人组成？什么称谓？

佛教僧尼团体称为“僧伽”（Saṁgha），意译为“众”等。“众”一般需4人以上。佛教有佛、法、僧三宝之说，其中佛指释迦牟尼诸佛；法指教义；僧则指佛教徒。僧团内部必须是志同道合，怀着对佛教的信仰，愿意遵守佛教戒律，出家到寺院同住一起共同生活的人。出家的僧人也称沙门，或“桑门”，意译“息恶”、“修道”等。沙门是古印度及婆罗门教思潮的各个派别出家者的通称，后来成为佛教僧侣的别名。佛教把佛教徒分为四众，出家男女二众，在家男女二众。已出家男众又名“比丘”或“苾刍”，意译“乞士”、“薰士”等。“比丘”必须是年满二十岁受过具足戒的男僧人，依靠乞食为生，具备破烦恼、持戒、止恶修善的良好戒行。和尚也是比丘，原为印度称呼师父的俗称，中国则一般为对佛教师长的尊称，后演变为泛指僧人。但是西藏地区例外，藏族地区习惯把僧人称做喇嘛，含有师父尊称的意思。比丘、沙门多用于文字著作，和尚多为口头用语。与比丘相对应的女出家者是比丘尼，也称“沙门尼”，“尼”是梵文阴性名词语尾的发音，代表女性。因为比丘尼都是一些受过具足戒的女性，在中国俗称为“尼姑”。七岁以上至二十岁以下受过十戒的男僧是“沙弥”，俗称“小和尚”；与沙弥一样的出家女子则是“沙弥尼”。在家男女二众俗称“居士”，音译“迦罗越”，原指居积财货的富人，转称居家修道的佛教徒。在家男众称“优婆塞”意

印度灵鹫山

译清信士，也称近事男，谓亲近奉事三宝的人。在家女众称“优婆夷”，意译清信女或近事女。佛教除了以上“四众弟子”的说法外，还有按出家五众即比丘、比丘尼、式叉摩那（学戒女）、沙弥、沙弥尼和在家二众优婆塞、优婆夷的“七众”说法。其中“学戒女”是指年满十八岁受式叉摩那戒的沙弥尼，因为佛教规定沙弥尼到比丘尼必须要经过二部受戒，只有受过式叉摩那六戒的女子，才能在二十岁时受具足戒成为比丘尼。

（黄夏年）

118

佛教寺院内部是怎样管理的?

僧伽是佛教僧侣团体,僧侣居住的地方是“僧伽蓝摩”,简称“伽蓝”,意谓大众共住的园林。在印度它一般是由国王和富人施舍给僧人居住的。“阿兰若”意为空闲处,指单独僧人或二三个僧人建筑的小屋,也是僧侣居住修道之所。伽蓝可以接纳远道来的僧人,又称十方僧物,又如树林丛聚,也名丛林。在中国自唐代以后则更多地使用“寺院”来代替伽蓝。“寺”原指古代官署,后来成为佛教伽蓝的别称。“院”指寺内的院落,有些建筑规模较小的伽蓝也可以称为院。但更多的时候是把寺和院连在一起统称寺院。寺院有时也被称“庙宇”。佛教的寺院必须男女分开居住,不得混住一起。习惯上把比丘居住的地方称为“寺”,比丘尼活动的场所则称为“庵”。由百姓在公共场所建立的奉佛场所和一些佛教徒在家里辟出的供佛之地叫做“佛堂”。唐宋以前,建立寺院不太受限制,以后国家对佛教进行了控制,规定新建寺院要向政府申请,得到批准方可兴建,甚至寺院名称也要由政府颁发。至元时期,寺院按禅、教、律三种内容划分,规定各守其业,不得兼跨他派。到了近代又有从大寺派生的“小庙”或“子孙”寺院,这些小寺多是丛林、十方的法脉续延,地位很低,不能买卖,只能转让。

寺院既是僧侣居住的地方,也是僧侣念经、坐禅的活动场所。在印度和南传上座部佛教国家,僧侣的膳食通常由百姓供养,僧人必须每天到外面化缘,回寺修行。伽蓝的僧侣依受戒时间长短按序排位，戒腊（从受戒时起到农历七月十五日为一腊）最长的人称为“上座”，集会时坐在最前面，表示受人尊敬，地位最高。日常事务由大家推选的“知事僧”负责管理，但是较重要的事务则由全体僧人开会讨论共同决定，取得一致意见后，方可办理。在中国，凡是出家的僧人其衣、食、住、行都离不开寺院，寺院就是僧人之家。寺院由上座、寺主、维那三人组成，俗称三纲。唐代对佛教控制较严，三纲的人选由政府任命。到了宋代，寺主改由当地官员和百姓共同荐举邀请就职。中国寺院管理制度受禅宗影响最大，唐百丈怀海编过《禅门规式》（已佚），元代据此重修《百丈清规》，对寺院组织管理有详细规定。寺主为一寺之主，负责统管寺院的工作。寺主也称住持，意谓久住护持佛法之人。住持的住所称“方丈”，意谓地方狭窄仅方丈之地，却容量无限。后来方丈也成了住持的另一称谓。维那就是领导众僧念颂修持的负责人。住持一般6年一任，可以连任，也有实行终身制的，退休的住持被称为“退居和尚”。唐以后，禅宗强调衣法传承的重要性，寺院住持遂演为宗派门人来继承。寺院除了三纲之外，还有负责全寺经济，管理库房财务的“监院”，接待客人的“知客”，管理外来寄宿僧人的“寮元”，监督僧人仪表行为的“僧值”，安排众人饮食的“典座”，职掌书翰文疏的“书记”，住持的助手“衣钵”等管理人员。他们都是由住持委任，任期一年。在西藏佛教三大寺里则设有堪布（相当住持）、翁则（相当维那）、格贵（相当僧值）、涅巴（相当监院）、强佐（相当衣钵）等职分司各事。以上是佛教寺院内部管理的概况，因为佛教流布亚洲大部分国家，内部宗派林立，各个国家、派别的寺院管理都不尽相同，读者如果有兴趣不妨再作一些比较，你一定还会发现不少有趣的内容。

福建福鼎太姥山平兴寺

（黄夏年）

119

古代的僧官是怎么回事？

佛教传入中国初期，由朝廷的鸿胪寺兼管僧尼事务，并无专门的僧尼机关和僧官。至后秦始设僧官。据史载，后秦帝敕任道䂮为僧正，僧迁为悦众，法钦、慧斌掌僧录，僧正秩同侍中。这是中国僧官制度的开始。南北朝时，开始设立专门机构，设置僧官处理佛教事务。北魏设立监福曹，管理全国僧尼事务，后改昭玄统，内置最高僧官沙门统，后改称道人统，再后改称昭玄统，或称僧统、都统、统。北魏皇始二年（397）任僧法果为沙门统，后文成帝命罽宾沙门师贤为道人统。和平元年（460）师贤卒，昙曜代之，称昭玄沙门都统。北齐天保元年（550）文宣帝诏置昭玄十统，以沙门法上为大

上海玉佛寺新年祈福晚会少林寺僧人表演

统，令史员置五十余人，管辖僧尼四百余万。南朝设立的最高僧官有僧主、僧正等。宋明帝泰始元年(465)诏僧瑾为“天下僧主”，赐法技一部、亲信二十人，并给车舆吏力，一月给钱三万。齐武帝永明元年(483)，敕玄畅、法献同为僧主，住正觉寺。僧正原为后秦设立，南朝沿用，如宋时命尼宝贤为僧正，梁时以法云为大僧正。有时地方上的僧官也称僧主、僧正，如齐和帝中兴元年(501)敕慧球为“荆土僧主”，梁时以法超为都邑僧正。隋代设置崇玄署管理佛教，僧官沿用北朝制度。唐初由鸿胪寺(一度改称习宾司)管理佛教，后恢复崇玄署，置令、丞各一人。武则天延载元年(694)敕全国僧尼隶祠部，玄宗时一度属鸿胪寺，天宝六年敕僧尼属左右街功德使，宪宗时功德使下设僧录司管理。僧录司置僧录，掌管全国寺院僧籍以及僧官补授等。至元和、长庆间(806 年左右)分置左街僧录、右街僧录，分属左右街功德使。僧尼事务先由僧录处理，然后上报两街功德使。僧录由二人充任，如唐宣宗大中八年(854)敕三教首座辨章充左街僧录，沙门僧彻充右街僧录。但有时只有一人充任僧录，如唐文宗开成元年(836)敕沙门云端充左右街僧录。五代及宋大致沿用唐制，但不设左右街功德使，而归属鸿胪寺，而南唐中兴(958)年之后，又属礼部。金代，最高僧官称国师，帅府设僧录司、僧正司，置僧录、僧正，列郡设都纲司，置都纲，县设维那。元代，初设总统所、总制院、功德使司等机构管理。后改设宣政院，管理全国佛教事务及西藏军政事务，设置宣政院使，秩同从一品，一般由国师及西僧高僧充任。元初西藏萨迦高僧帕思巴至京师，遂授以玉印，任中原僧总统，管天下释教。至元二十五年(1288)以尚书右丞桑哥兼宣政院使。宣政院下设派出机构，有江南行宣政院、福建行宣政院、西藏行宣政院。元代的地方僧官沿用金代制度。明、清两代，中央设僧录司，置僧录，属礼部；地方的府、卫设都纲司，置都纲；州设僧正司，置僧正；县设僧会司，置僧会。

(吕建福)

120

什么是藏传佛教金瓶掣签制度？

“瓶”在藏语中发音为“奔巴”（或“本巴”），所以“金瓶掣签”也称“金奔巴掣签”，是清朝中央政府对西藏、蒙古地区行使主权，通过特定的宗教程序，由中央政府官员会同藏、蒙地区政教领袖和代表，在皇帝所赐金瓶中抽签以认定西藏达赖、班禅及蒙古章嘉和其他大活佛（“呼图克图”）的转世灵童（“呼毕勒罕”）的做法，后成为藏传佛教的一项重要宗教仪规和中央政府确认藏、蒙地区活佛合法地位的重要制度。

18世纪中叶，尼泊尔建立由廓尔喀族统治的王朝，对外进行扩张。清乾隆五十三年（1788）出兵侵犯我国西藏的聂拉木等地，但清派往西藏援助的军政长官令西藏地方政府与廓尔喀妥协议和，答应每年给以“地租”。乾隆五十六年（1791）廓尔喀以索取“地租”为名第二次侵犯西藏，攻进日喀则，占领班禅驻锡的扎什伦布寺，将前六世班禅遗留的金银钱财抢掠一空。六世班禅曾在1780年到热河承德避暑山庄朝觐乾隆皇帝，乾隆为他建造行宫，但不久因患天花死于北京。在这期间，他从乾隆皇帝和在京王公大臣、内外蒙古贵族收到巨额金银财物的赏赐和供养施舍。在他死后这些金银财宝被他兄弟、在日喀则扎什伦布寺担任“商卓特巴”（掌管大活佛仓库之僧官）仲巴活佛占有，他的另一兄弟宁玛派喇嘛沙玛尔巴为此不满，前往尼泊尔唆使并且带领廓尔喀军队入侵西藏，

新加坡居士林

除抢劫扎什伦布寺外，所到之处烧杀掠夺。清政府派福康安、海尔察等人率兵入藏，击退廓尔喀侵略军，迫使其退回掠夺钱财宝物并保证今后不再入侵西藏。这一事件暴露出西藏地方政府的腐败无能和地方政治体制的不健全，为此清政府随后进行改革，除了确定驻藏大臣拥有与达赖、班禅平等的地位，增强他在西藏的军政权力，规定地方军、政、经济制度外，还正式规定了以金瓶掣签认定活佛转世灵童的做法。

乾隆皇帝五十七年（1792）八月给军机大臣等的上谕中，指示在清军撤离西藏之后，福康安等人须筹议制定善后“章程”，“务期经久无弊”，首先提出的条款就是关于“金奔巴瓶”抽签的做法。他说：

> 查藏内达赖喇嘛、班禅额尔德尼等呼图克图（按：活佛）示寂后，令拉穆吹忠（按：原意为护法神，此指称能使护法神附身指示转世灵童方位者，也称之为“护法”）做法降神，俟神附伊体，指明呼毕勒罕（按：意为化身，此指转世灵童）所在。乃拉穆吹忠往往受嘱，任意妄指，以致达赖喇嘛、班禅额尔德尼等亲族姻娅，递相传袭，总出一家，与蒙古世职无异。……嗣后应令拉穆吹忠四人，认真作法降神，指出实在根基呼毕勒罕若干，将生年月日各书一签，贮金奔巴瓶内，令达赖喇嘛等会同驻藏大臣，对众拈定，作为呼毕勒罕。不得仍前妄指，私相传袭。（《清高宗实录》卷1411）

以往西藏在认定达赖、班禅等活佛的转世灵童过程中，地方权贵家族往往操纵“吹忠”，选择自己的家族或亲戚的人为活佛继承人，活佛之位如同世袭；乾隆提出先由“吹忠”四人指出方位选择几位灵童，将他们姓名和出生年月日写在签上，放到金瓶内，由达赖喇嘛等人会同驻藏大臣，当众抽签确定转世灵童。接着，乾隆皇帝派御前侍卫将所赐金瓶送往拉萨。

福康安等人奉旨于同年十月与八世达赖、七世班禅等“公同筹议”，制定在西藏以金瓶掣签确定转世灵童的具体宗教仪规，上呈朝廷。其中提到：签上的灵童姓名出生年月等须用满、汉、藏三种文字书写，御赐金瓶安置在拉萨大昭寺宗喀巴像前，举行抽签仪式前须请喇嘛念经七日，请各地大活佛喇嘛等会集在佛前，“驻藏大臣亲往监视”等。并且规定不仅达赖、班禅“示寂”后的转世灵童，而且前后藏的大活佛的转世灵童，“亦令驻藏大臣监同达赖喇嘛照例掣签，方可定准”。（《卫藏通志》卷5）福康安等人先后分事项拟定的“章程”是逐次上奏朝廷的，并在乾隆皇帝钦定后汇集一起颁给西藏地方政府实施，至乾隆五十八年（1593）总共有29条，称《钦定章程》，现有藏文本收藏在拉萨大昭寺和日喀则扎什伦布寺内。其中第一条就是上述以金瓶掣签认定转世灵童的条款。（牙含章著，1984年出版《达赖喇嘛传》上编《八世达赖强白嘉措》）

清初达赖、班禅的承袭与转世必须得到清朝廷的册封，自此以后，达赖、班禅的转世和合法地位必须通过金瓶掣签的仪式加以确定，并且由驻藏大臣主持坐床（升座继位仪式）。

乾隆皇帝五十七年十月在北京雍和宫所立《喇嘛说》碑文中历数西藏、蒙古的黄教大活佛“皆以兄弟叔侄姻娅，递相传袭”的弊端，除提到在西藏设立金瓶掣签制度确定转世灵童外，还提到依照此例在雍和宫设置金瓶，将蒙古的大活佛（“大呼必勒罕”）的候选灵童的名字等书写签上，“理藩院堂官会同掌印之札萨克（按：蒙古地区官名）、大喇嘛等，公同掣签”，加以认定。

乾隆皇帝在《喇嘛说》中对确立金瓶掣签制度的意义予以充分肯定，其中有“去转世一族之私”，“安藏缉藩，定国家清平之基于永久”。确实，这一制度在防止西藏、蒙古地区的地方贵族操纵活佛转世以控制地方政教大权，维护祖国的统一和当地社会的安定等方面起到积极的作用。

进入现代之后，西藏第十四世达赖喇嘛丹增嘉措作为第十三世达赖喇嘛的

新加坡光明寺

转世灵童并“免于抽签”,“特准继任”,是由当时的中央政府(即国民政府)于1940年2月5日批准的,并派专员到拉萨主持于2月22日在布达拉宫举行的坐床典礼。第十世班禅额尔德尼·却吉坚赞也由当时的中央政府于1949年6月3日批准“免于掣签,特准继任为第十世班禅额尔德尼”,并派特使到青海西宁主持8月10日于塔尔寺举行的坐床典礼。(牙含章《达赖喇嘛传》下编)

1989年1月28日,第十世班禅额尔德尼圆寂,遵照历史定制和藏传佛教宗教仪规,并出于对第十世班禅的尊重,经国务院决定,成立了班禅转世灵童寻访领导小组和顾问小组,并由扎什伦布寺的主要活佛、堪布、高僧组成寻访班子,遴选出三位转世灵童候选人。经报请国务院批准,1995年11月29日在拉萨大昭寺释迦牟尼佛前,由国务院代表、特派专员主持庄严的金瓶掣签的仪式,认定出身于西藏那曲地区嘉黎县的坚赞诺布为第十世班禅转世灵童。经国务院批准,他成为十一世班禅额尔德尼·确吉杰布,同年12月8日在国务院代表和特派专员的主持下于扎什伦布寺举行了坐床典礼。

(杨曾文)

121

什么叫袈裟？它有多少种名称？

袈裟，原译为“髦毠”，东晋葛洪作《字苑》，改作“袈裟”。可意译为“不正色”、“坏色”、“染色”等。一般用以指称佛教的法衣。按规定，僧人法衣，避免用青、黄、赤、白、黑五正色，及绯、红、紫、绿、碧五间色，而只许用青（铜青）、泥（皂）、木兰（赤而带黑）三杂色（不正色），故以袈裟称法衣是从颜色而说的。中国历史上有时称僧人为缁衣，是因其法衣色浊而指称的。实际上，法衣的名称不只袈裟一种，而是从不同的方面有很多不同的称呼，从形制上称敷具、卧具，从其割裁形相上称割裁衣、田相衣，从其作用上和德性上而称忍辱铠、解脱幢相等。俗有“袈裟十二名”之说，包括：一袈裟，二道服，三出世服，四法衣，五离尘衣，六消瘦服（指服有损消烦恼之德性），七莲花服（指不染著如莲花），八间色服，九慈悲服，十福田服，十一卧具，十二敷具。

袈裟的披法因地理气候而有差异。法衣有大中小三件，小的称安陀会，又称五条，是上衣；中的称郁多罗僧，又称七条，是中著衣；大的称僧伽梨，也称九条，是众聚时衣。印度僧除此三件之外，别无法衣，有时只穿一件，有时五条上挂七条和九条。中日僧人除三件法衣之外，另有内衣，法衣披于内衣之外面。作为法衣的袈裟被认为具有很多意义，常有五德十利的说法。五德是：一犯重邪见之四众，以一念敬心，尊重袈裟，必于三乘受记；（预言可达到解脱，得到果位）；二离

湖南南岳山门

寒热蚊虫；三若鬼神及人得袈裟少分乃至四寸，则饮食充殷；众生共违反，念袈裟便生悲心；五常在兵阵时持此少分，恭敬尊重，常得胜利。十利是：一覆身离羞耻而具惭愧；二离寒热蚊虫；三示沙门之相，见者欢喜、离邪心；四示人天宝幢相，生梵天之福；五穿着时生宝塔想，灭诸罪；六坏色生不贪欲；七永断烦恼而作良田；八消罪而生十善；九如良田能增长菩提之芽；十如甲胄，烦恼之毒箭不能害。

（吕建福）

122

什么叫度牒？什么叫戒牒？

度牒，也叫祠部牒，是由唐代尚书省祠部颁发给合法出家人的证明书。唐玄宗天宝五年(746)五月，敕令祠部给合法出家者颁发度牒，以此为僧尼身份证明，可免除徭役，以及便于管理。后来一直沿用。按照佛教戒律规定，出家者必须剃除须发，叫剃度。据说释迦牟尼出家时，以利剑自剃须发，发誓“今落须发，愿以一切断除烦恼及习障”。此后形成戒律，凡出家者须先剃除须发，认为由此可度越生死之因。又规定，在剃度出家时，必须先于师前“三皈依”，即皈依佛、法、僧三宝，表示由此归顺依附于佛法僧，以佛为师，以法为药，以僧为友。

戒牒，则是向出家者受戒之后所授予的受戒证明书，上记十位授戒师之名及本人签名、出家誓愿等。唐宣宗大中十年(856)敕法师辨章为三教首座，始令僧尼受戒给牒。日本自天平胜宝(749—756)之后，始发由授戒三师七证签字的戒牒。僧尼受戒时，由授戒师起法名，称戒名。僧尼有了戒名之后不再称俗姓俗名。戒名是一种法名，但法名还包括出家时由师傅所起的名字。按规定，受戒者在受戒时举行一定的仪式，而戒有很多种，主要有五戒、八戒、十戒、具足戒四级。在家信徒持受五戒，出家信徒持受八戒，比丘和比丘尼持受具足戒，即取得正式僧尼资格。一般需受具足戒才授给戒牒。

(吕建福)

123

什么叫"嗣法"？什么叫"衣钵相传"？

"嗣法"是指弟子对师傅所传之佛法的继承，隋唐以后由于寺院经济的发展，佛教僧侣采取世俗地主的宗法传承方法，师傅在传授佛法的同时，也把寺产传给嗣法弟子，此嗣法弟子称"法嗣"。而衣钵相传是中国禅宗的继承方法。衣指袈裟法衣，钵指食器。师傅在临终前将衣钵传授给弟子，以此证明传法授受关系。据传弘忍传衣钵给慧能，说当年达摩祖师来中国传法给二祖，恐世人不相信其师承关系，故传给他的衣钵为证明，因此之故，禅宗的嗣法便称为"衣钵相传"。

(吕建福)

江西宜黄县石巩寺

124

什么叫"合十"？什么叫"五体投地"？

合十，也叫合掌，左右两手合掌，十指并拢，置于胸前，表示衷心敬意。原为古印度一般礼节，佛教沿用，后传入其他国家后，便成为佛教特有的礼节。合十的规范动作是：从座起立，修整衣服，偏袒右肩，或左膝着地，一心合掌，曲躬恭敬，瞻仰尊颜。

五体投地，也是佛教礼节。五体也叫五轮，指两肘、两膝和头。佛教规定，在行顶礼时，五体都要着地，为佛教最高礼节。其做法是：先立正合掌，尔后右手撩衣，屈二膝，及二肘，以手承足，然后顶礼，五体投地，后起顶头、次肘、次膝，以为次第。据说阿难起整衣服，正身西面，恭敬合掌，五体投地，礼无量寿佛，从此便有此礼。

僧人在印度菩提伽耶行五体投地礼

(吕建福)

125

什么叫夏安居?

夏安居，也叫雨安居，或安居。古印度僧尼在雨期的三个月中，禁止外出，认为外出极易踩伤幼小动物和小虫，而坐禅静修，接受信徒供养，这段时期称安居期。安居期有三安居与二安居之说。“三安居”始于四月十六日为前安居，始于五月十六日为后安居，而始于其中间者为中安居，其日数共九十日。“二安居”始于五月十六日为前安居，始于六月十六日为后安居。在中国和日本，安居期在阴历四月十六日至七月十五日。安居在南亚及东南亚各国称雨安居，中国称夏安居，或简称夏坐、坐夏，开始阶段叫结夏，结束阶段叫“安居竟”或“解夏”。

(吕建福)

河北柏林禅寺僧举行安居法事

126

什么是佛诞节？为什么在这一天要浴佛？

中国、日本、朝鲜等大乘佛教流行的国家，以阴历四月八日（日本近代以后改用阳历）作为纪念佛祖释迦牟尼诞生的日子，此即为佛诞节。佛经上说，佛母摩耶夫人在四月八日这一天于蓝毗尼花园的无忧树下“从右胁”生下佛陀。佛陀无人扶持自行七步，说：“我于一切天人之中，最尊，最胜！”四天王用柔软的丝绸包着佛陀之身，放置到宝几之上，帝释天和大梵天（佛教所说的护法神）侍立左右，两位龙王在天空中“吐清净水，一温一凉，灌太子身”（《普曜经》说九龙在天上往下吐香水，洗浴佛身）。天龙八部（本书有介绍）在空中歌舞欢庆，烧香散花。后世在这一天为纪念佛的诞生，寺院举行法会，取法龙降香雨浴佛的传说，用香料浸水灌洗佛降生像，并供养各种香花、灯烛、茶果珍馐等。故此日也称“浴佛节”。

东晋时已有此节，《邺中记》载，后赵石虎命巧匠制作一辆载有佛像的檀木车，“广丈余，长二丈，四轮作全佛像坐于车上，九龙吐水灌之。又作木道人，恒以手摩佛心腹之间。又十余木道人长二尺余，皆披袈裟绕佛，行当佛前，辄揖礼佛，又以手撮香投炉中，与人无异。车行则木人行，龙吐水；车止则止”。将佛像安放到车上，由僧人簇拥着沿街巡行，叫做“行像”。东晋法显《佛国记》中记载于阗（今新疆和田一带）在佛诞节的行像活动。北魏杨衒之《洛阳伽蓝记》卷三记载洛阳在逢佛诞节时，事先各寺都把佛像（大寺是一佛二菩萨塑像）集中送到景明寺，有时达一千多躯，到八日这天用车载着，由僧俗信徒结队相随，沿街到宫南门接受皇帝的散花。“于时金花映日，宝盖浮云，旛幢若林，香烟似雾。梵乐法音，聒动天地。百戏腾骧，所在骈比。名僧德众，负锡为群；信徒法侣，持花成薮。车骑填咽，繁衍相倾”。在唐代，宫廷中也举办纪念活动，懿宗时在宫中“结彩为寺”，伶人(乐人)在安国寺组织人“作菩萨蛮舞，如佛降生”(《旧唐书》卷177)。宋代京城开封十大禅院在四月八日“各有浴佛斋会，煎香药糖水相遗，名曰浴佛水”(《东京梦华录》卷8)。元代重修《百丈清规》，对寺院组织体制、宗教活动、日常生活作出详细规定。其中对“佛降诞”、“佛成道涅槃”的仪礼都有规定。在佛诞日，“严设花亭，中置佛降生像，于香汤盆内安二小杓佛前，敷陈供养毕，住持上堂祝香”。明清时期佛诞节已深入民俗，成为民族的重要节日。在北京，各寺浴佛。僧俗中盛行称念佛号，用豆计次数，在这一天“煮豆微撒以盐，邀人于路请食之，以为结缘也”。朝廷在每年此日“赐百官午门外食不落夹(按，今之粽子)”(《日下旧闻考》卷147)。

山东崂山法显像

在日本古代，佛诞节的纪念活动与中国略同，明治维新(1868)后改用阳历。四月八日正值樱花盛开，因浴佛仪式中供养鲜花，也称此节为“花节”。南亚东南亚的南传佛教流行地区，把佛的诞生、成道和涅槃(入灭、去世)在同一天举行，称为“吠舍佉节”(或维萨迦节)。“吠舍佉”(梵文 Vaisākha)为印度梵历二月，相当中国的阴历二月中至三月中，当地一般选择阳历的四月至五月间的月圆日举行纪念活动。

(杨曾文)

127

什么是佛成道日？阴历十二月八日为什么喝腊八粥？

佛经记载，释迦牟尼出家之后先修苦行。在今印度比哈尔邦的西北加雅附近，有一条尼连禅河（今法尔古河）。在河畔有个称做“伽阇山苦行林”的地方，释迦牟尼曾在此修苦行六年，露天静坐思惟，“净心守戒，日食一麻一米”，“乃至七日食一麻米”，最后“身形消瘦，有若枯木”。释迦认为这样苦行下去无助于达到解脱，决定放弃苦行，改用“思惟法”，“离欲寂静”，达到解脱。于是到尼连禅河中洗澡，因身体瘦弱，洗完后竟上不了岸，据说由“天神”放下一根树枝，他拉着树枝才上了岸。此时由一位牧牛女人向他献乳糜（奶粥）。他吃了之后，体力恢复，便走到一棵毕波罗树（后称菩提树）下静坐思惟，发誓说：“我道不成，要终不起！”经过七天七夜的潜心思考，对人生之所以痛苦的原因及达到灭苦的方法等真谛大彻大悟，此即“成道”或“成佛”。这一天恰有两位商主提谓、波利从山下经过，知释迦成道，即以所带在路上吃的“蜜麨”（用蜜和的炒面）献给他吃，成为最早的佛教徒。后世把这一天称为佛“成道日”。印度的佛经记载这一天是二月八日，而在中国汉族地区作阴历十二月八日。据《百丈清规》的解释，二月八日是周历。周历以建子（十一月）为正月，故二月八日是夏历（建寅为正）的十二月八日。这种解释是否正确，可以不论。

古代称十二月为腊月，故十二月八日称“腊八”。为纪念佛的成道，寺院僧

江西宜黄曹山寺遗址

人举行诵经供养法会。大概到了宋代又兴起了以煮“腊八粥”供佛(取法牧女向佛献乳糜的故事)和食用的纪念做法。宋代孟元老的《东京梦华录》卷10记载：十二月初八日，“街巷中有僧尼三五人作队念佛。以银铜沙罗或好盆器，坐一金铜或木佛像，浸以香水，杨枝洒浴，排门教化。诸大寺作浴佛会，并送七宝五味粥与门徒，谓之腊八粥。都人是日，各家亦以果子杂料煮粥而食也”。这里说的“七宝五味”，大概取法于佛教中的“七菩提分”和“五善”、“五菩提”之类，实际是以枣、桃仁、瓜子、莲子和米豆等物煮粥。元代《百丈清规》规定寺院住持要率僧众“严备香花灯烛，茶果珍馐，以伸供养”，祝香诵经。《析津志》记载寺院煮“红糟粥”以供佛饭，宫中和百官平民作“朱砂粥”。明清时期，朝廷还向百官赐腊八粥，“民间亦作腊八粥，以米果杂成之，品多者为胜”(《日下旧闻考》卷148)。这种习俗一直流传至今日，但已难看出有什么宗教色彩了。

(杨曾文)

128

盂兰盆会是怎么回事？

阴历正月十五日是上元节，七月十五日是中元节，是中国的旧俗。这一天佛教徒举行盂兰盆会，是根据《盂兰盆经》。此经最早见于隋代经录，费长房《历代三宝纪》作西晋竺法护译。“盂兰盆”，梵文 Ullambana 的音译，意为“倒悬”。经文说，目连(大目犍连)“欲度父母，报乳哺之恩”，用自己已得神通之眼，看到亡母转生于“饿鬼”之中，不得饮食，皮包骨头，如处倒悬，求佛救度。

苏州西园寺盂兰盆节举行法会的现场

佛告诉目连，在七月十五日僧人的“夏安居”(三个月，四月十六日至七月十五日)结束之日，准备百味饮食及各种生活用品，供给“十方大德僧众”，由此功德，“现世父母、六亲眷属”可以超脱苦难。佛又告目连，今后如果“国王太子、大臣宰相、三公百官、万民庶人，行孝慈者”能为现在父母、过去七世父

日本的盂兰盆节盛会

母，于七月十五日以百味饭食供养十方僧众，那么他们现在的父母可平安长寿，七世父母可脱离地狱饿鬼之苦，“生人天中，福乐无极”。古人有人把“盂兰”解为“解倒悬”，“盆”解为放置供品的器具。后世佛教徒据此经兴起盂兰盆会。据《佛祖统纪》卷37记载，梁武帝大同四年(538)始设“盂兰盆斋”。节日期间，除施斋供僧外，寺院还要举行诵经法会及举办超度水陆亡灵的水陆法会、放焰口(饿鬼名“焰口”，放焰口是向饿鬼施食的仪式，仪式中要念诵专门经咒)、放灯等。

北宋孟元老《东京梦华录》卷八载，在中元节之前，市上有人卖冥器：纸做的鞋靴、幞头、帽子、衣服等，印卖《尊胜目连经》，用竹制“盂兰盆”。在中元这天，在盂兰盆内放置纸做的衣服及冥钱等用火焚烧，表示供奉祖先亡灵。还供养祖先素食，“城外有新坟者，即往拜扫”。朝廷命寺院设道场，“焚钱山，祭军阵亡殁”。此后，盂兰盆节已演变为中国民间祭祀祖先，超度亡灵的宗教节日。清代于敏中等编的《日下旧闻考》载，在中元节到来之前，人们如清明节一样要上坟祭祖，在节日这天，各寺设盂兰盆会，以北京长椿寺为盛，儿童手持安放灯火的荷叶，绕街而走。

在日本，盂兰盆节的时间或作阳历七月十五日，或作八月十五日，一些做法与中国略同，但男女老幼在灯光下，伴着乐曲唱歌跳舞，是独特的习俗。这里也包含着庆丰收的意思。

(杨曾文)

129

藏传佛教有哪些主要节日?

藏传佛教的主要节日有以下几个:

1. 林卡节:藏语为“赞林纪桑”,系藏传佛教的祭神节。每年藏历五月十五至二十四日在拉萨市郊的柳林内举行。此节来源于吐蕃王朝牟尼赞普(797—798在位)时创立的四大供养之一(即在大昭寺供养律藏,在昌珠寺供养论藏,在桑耶寺供养经藏和菩提)。据说藏历五月十五日世间诸神聚会,群众普遍烧柏树枝,熏香缭绕,以示供养。从这天起为此节日开始。节日期间,群众在柳林内搭起帐篷尽情玩耍。

2. 竹巴慈希节:藏语音译,意为“六月四日”(藏历),又称“六四转山会”。系藏传佛教纪念释迦牟尼初转四谛法轮说法布道的节日。是日,信徒全家到各寺庙朝拜,礼佛进香。

3. 萨噶达瓦节:藏语音译,意为“氐宿月”(即出现二十八宿之一氐宿的月份)。系藏传佛教纪念释迦牟尼降生的节日。每年藏历三月三十日至四月十五日氐宿出现,故名。藏传佛教相传释迦牟尼于藏历四月内降生、出家、圆寂。僧众在此期间举行宗教活动,信徒礼佛诵经。群众绕行拉萨转经路,至布达拉山后龙王潭内泛舟游玩。其他藏族地区也举行同样的节日活动。

4. 驱鬼节:每年传小召时于藏历二月二十九日在拉萨鲁布广场举行驱鬼

印度鹿野苑

仪式。"鬼"名"路恭"(为一本教徒,灭佛大臣,全名为恩兰•达扎路恭),由喇嘛装扮成半黑半白的面孔,人们把它驱逐郊外,扮鬼者须到桑耶寺住宿几日再潜回拉萨,仪式即告结束。

5. 默朗道嘉:西藏拉萨每年藏历正月传大召结束时,于正月二十四日在拉萨举行大规模的送鬼仪式,藏语中"道嘉",意为"除祟",故称。参加者有甘丹赤巴、布达拉宫朗杰扎仓和哲蚌寺阿巴扎仓密宗院等僧众。由五百名化装蒙古古代骑士列队游行,并燃烧草堆,火枪齐鸣,以示驱逐本年内一切灾祸。

6. 局阿曲巴:藏语音译,意为"正月十五供奉",俗称"灯节"。原为藏传佛教宗教活动,后形成民间节日。每年藏历正月十五日夜在拉萨街头陈列酥油供品、酥油花、供灯,供人参观,歌舞通宵达旦,以纪念释迦牟尼示现神变,降伏邪魔,是传大召期间最热闹的时刻。

(李冀诚)

130

印度现在有些什么重要佛教遗迹？

佛陀创立佛教后，古印度各地出现了很多佛教圣迹，如蓝毗尼园、王舍城、那烂陀寺等都是佛教徒所熟悉的，佛经里也经常提到这些地方，在世界上影响很大。然而在释迦牟尼生活创教的故土，由于各种原因佛教未能持续发展，反而逐步走向衰微。这些圣迹也在历代风雨中饱受创伤，几经磨难。其中有的已经湮灭无闻了，有的还有断垣残壁，真正完整的保存下来的已不多了。现在我们还能见到的古印度佛教的重要遗迹有这样一些地方。

蓝毗尼园，亦译“岚毗尼”、“龙弥尼”、“腊伐尼”等。古印度善觉王夫人的花园，释迦牟尼的出生地，现属尼泊尔境内。蓝毗尼园圣地全盛时期曾有过不少精美建筑物，后来基本上被毁掉了，仅剩下一根刻有阿育王敕文的石柱和摩耶夫人祠。现在尼泊尔政府已将部分修复，并正在集资准备将花园全部修复。

菩提伽耶，又名“菩提道场”、“伽耶城”等，在今比哈尔邦南部。佛陀成道之地。这里早先曾建有木结构或石头结构的寺院，以及阿育王留下的石刻敕柱。现在所能见到的有52公尺高的金字塔，此塔曾在1870年改建。此外还有据说与佛陀修持禅定有关的“佛陀大道”，通过大道到塔的西边有佛陀成道时的菩提树，那里树立了一块红沙石板，代表佛陀的圆满智慧和成道之处。现在此处又建了一些由各国佛教组织和僧人修建的寺院。

鹿野苑，亦称“仙人论处”、“仙人住处”等，在今瓦腊那西城西北。释迦最初说法的地方。公元 5～7 世纪我国僧人法显、玄奘曾经礼拜此地。现存有一些砖结构佛塔，有一座佛教博物馆，里面保存了阿育王时所刻的石柱，上面刻有“此为法轮初转之处”和其他佛教艺术品，其中阿育王柱的狮子柱头是现印度共和国国徽的图案。

拘尸迦罗，又称：“俱尸那”、“拘尸那揭罗”，在今印度联合邦的迦夏城。释迦涅槃的地方。过去曾遭到毁灭，成为荒无人烟之地。19 世纪中通过考古发掘，找到了释迦涅槃像及其石榻等珍贵文物，现又陆续修建了一些佛教寺院。

王舍城，又译“罗阅祇”、“曷罗阇姞利呬城”等，在今印度比哈尔邦底赖雅附近。佛陀传法居住之处，第一次集结之所。由灵鹫山、竹林精舍等组成了佛教遗迹区域。

那烂陀寺，印度佛教的教学研究中心。在今比哈尔邦巴腊贡地方。曾是中、外僧人学习的场所，鼎盛时期常达万人以上，我国著名学者唐玄奘曾在此受学。12 世纪毁于战火，成为废墟。20 世纪印度政府做了发掘，取得不少精美佛像，铭文印章。后又在原址新建那烂陀佛教学院及玄奘纪念堂一座。

阿旃陀石窟，著名的佛教艺术遗址。在南印度德干高原文达雅山的悬崖上。以其壁画著称于世。始凿于 2 世纪，完于 7 世纪中叶。佛教衰落后，曾一度被人忘却，至 19 世纪才又被人发现，引起关注。现存约 30 个石窟。

桑奇，是另一个著名的佛教艺术遗迹，在中央邦。以直径 120 英尺，高 54 英尺的桑奇大塔举世闻名，还有凿刻在阿育王柱的四只背靠背的石狮精品和伽特耶洞顶部栩栩如生的精美壁画。

除了以上的一些佛教遗迹之外，在印度还有一些比较重要的佛教遗迹，如安得拉邦的阿马拉瓦蒂的宽 162 英尺、高 95 英尺的大塔，此塔比桑奇大塔规模还大，享誉东南亚国家。近几十年发现的龙树山塔也是安得拉邦的又一重要遗迹。佛教虽然在印度走向衰灭，但是它的文化艺术却在印度被保存下来，直至今天。

(黄夏年)

131

浙江天台山国清寺在中国佛教史上有什么意义？

国清寺位于浙江省天台县佛霞岭的东北。它与山东泰安的灵岩寺、南京摄山的栖霞寺、湖北当阳的玉泉寺并称为我国的四大名寺。国清寺是我国天台宗的发源地，与天台宗的创始人智顗及其弟子灌顶有着密切关系。陈宣帝太建七年(575)，当时已声名普闻的名僧智顗来到天台山、陈宣帝为智顗在天台山上敕建寺院称“修禅寺”，并“割始丰县(即今天台县)调(赋税)以充众费，蠲两户民(劳役)以供薪水”。智顗在修禅寺坐禅修行，前后十年。此后，智顗在陈后主的恳请下，下山到金陵讲经说法，但正值陈末战乱之时，智顗不久即离开金陵云游，先后至庐山、南岳、荆州、扬州，最后于隋开皇十五年(595)回到天台山，前后又经历了约十年时间。此时，修禅寺已荒废了，智顗发愿要在天台山另建佛刹，但没有如愿即去世了。智顗死后，弟子灌顶根据智顗的遗愿，并得到晋王杨广的支持，在天台山修建了一座寺院，这就是国清寺。国清寺初建时称天台山寺，大业元年(605)杨广称帝，敕赐“国清寺”额，国清寺遂有今名。

国清寺是在灌顶主持下兴建的，灌顶也是国清寺的第一位住持。灌顶一生跟随智顗，智顗死后，他将智顗一生传弘天台宗教理的言行整理成书，其中包括被称为“天台三大部”的《法华玄义》、《法华文句》、《摩诃止观》，并以国清寺为基地传弘天台宗教法。灌顶是智顗事业最忠实的继承人。天台宗就是由智顗

天台山国清寺

开创，而后由灌顶继承并发展起来的。

国清寺是一座保存着诸多天台宗遗迹的寺院。在这里有埋葬智顗的塔院，有灌顶大师的墓塔，有隋炀帝为智顗修建的隋塔等。

国清寺也是日本天台宗的祖庭。唐贞元二十年（804）日本名僧传教大师最澄及弟子义真来天台山师事道邃、行满学习天台教义并受菩萨戒。他们回国后在比叡山创立了日本的天台宗。

（李富华）

132

西安青龙寺在中外佛教交流史上有什么意义?

青龙寺，原位于今西安城南八里许的乐游原上。始建于隋文帝开皇二年(582)，名灵感寺。唐高祖武德四年(621)寺废。高宗龙朔二年(662)花阳公主因病愈奏请立观音寺。睿宗景云二年(711)改名青龙寺。会昌五年(845)唐武宗灭佛，受到破坏，次年改称护国寺。宣宗大中九年(855)又恢复原名。北宋哲宗元祐元年(1086)以后，寺院废毁。1981年至1982年应日本空海故乡四县的要求，中日双方在原址上建立了空海纪念碑。随后又应日本真言宗有关方面的要求，中日双方于1984年在原址上建成惠果和空海纪念堂。

青龙寺在历史上是一座著名的寺院，它的最盛期是在唐中后期，以作为唐代密宗的根本道场而闻名中外，在中外佛教交流史尤其在中日佛教文化交流史上占有重要地位。公元八世纪初的唐玄宗开元初期，印度密教的两位大师善无畏和金刚智先后来到长安，与中国高僧一行共同创立了唐代密宗，后经不空的发展，至惠果时达到了鼎盛阶段。惠果从师玄超和不空二人，得传胎藏和金刚二部密法，因此由他建立灌顶道场的青龙寺成了当时的密教中心，中外密教学徒云集于此。通过这里，向外输送中国佛教文化，也向内吸收各国佛教文化，而更重要的是通过佛教文化，中外的生产技术、语言文学、工艺美术等也得以交流，同时增强了中外人民的友好关系，对各国文化历史产生了积极影响。所以，经历

印度桑奇大塔

了一千余年后的今天，日本人民还忆念不忘，在它的遗迹上建立起了纪念碑和纪念堂。

在惠果时，来青龙寺学密法的外国僧人有诃陵国（今印度尼西亚）辨弘，新罗国（今朝鲜南部）惠日、悟真，日本国空海。后来又有日本僧人圆仁、圆珍、圆载、遍明、宗睿等先后来青龙寺学法。这些外国僧人后来学成归国之后，为本国文化发展和两国文化交流起了积极的作用。其中空海对日本佛教的发展和中日文化交流起了很重要的作用。空海（774—835）于唐德宗贞元二十年（804）入唐求法，从青龙寺惠果受金刚密法，唐宪宗元和元年（806）回国。回国时带去二百多部经论、十多幅曼荼罗和祖师影画、十三种密宗道具及许多咐嘱物，还带去大量天文、医学、书法、诗文等。空海回国后，在日本建立了真言宗，真言宗后来发展为日本佛教一大宗派。空海还主持水利建设、兴办学校，他的事业对日本文化产生了很大影响。其他日本僧人回国时也带去大量经籍文书和实物，对日本文化产生了影响，如日本奈良时期的印刷术就受唐代印刷术影响，日本真言宗寺院道场是根据青龙寺建立的，至今仍保持唐代建筑风格。唐代很多经籍文书在中国失传了，而在日本得到保存，现在又回赠和流传于中国，说明唐代佛教文化交流一直影响到今天。通过青龙寺，中外僧人互相交流，增加了中外人民的友谊，很多日本僧人回国时依依惜别，作诗相赠，便是真实写照。空海赋诗赠义操曰："同法同门喜遇深，游空白雾忽归岭。一生一别难再见，非梦思中数数寻。"

(吕建福)

133

河南嵩山少林寺建于何时？在佛教史上有什么意义？

少林寺，位于河南登封县西北十三公里少室山北面的五乳峰下。据传是佛教禅宗和少林派拳术的发源地。传说为北魏孝文帝太和十九年（495）印度僧人跋陀（也叫“佛陀”）居住传法而建起来的。禅宗初祖菩提达摩“面壁”就在这里。有的禅宗文献记载，他的弟子慧可最初去少林寺拜师，终夜站立在积雪中，到天明仍然没得到达摩的许可，于是用刀自断左臂来表示求道的诚心，这样才得到达摩许可入室面谒，从而大悟，成为禅宗二祖。唐代初期少林寺僧人助战有功，受到唐太宗

河南嵩山风雪少林寺

的嘉奖和保护。唐末少林寺逐渐衰颓。南宋中曾有过中兴。清代雍正十三年(1735)重修。规模宏大，包括山门、天王殿、大雄宝殿、达摩亭、毗卢殿等建筑，在西北面还有初祖庵，西面有塔林，西南有二祖庵，五乳峰山还有达磨面壁修行的遗迹达磨洞，总称为少林寺。其中天王殿和大雄宝殿已在1928年军阀混战中被战火烧毁。寺中现在保存有许多石刻，其中著名的有《秦王告少林寺主教碑》、《武后诗书碑》、《灵运禅师功德塔铭》、《嵩岳少林寺碑》、《息庵禅师碑》等。

少林寺大雄宝殿

(何云)

134

浙江宁波天童寺，在中日佛教文化交流史上有何意义？

天童山位于浙江省宁波市附近，山高树茂，溪水潺潺，从我国古代起就是一个著名的风景名胜。相传在西晋时期，佛教僧人义兴在此结茅修行，因业行昭著感化了太白星老人，化为童子，为他担柴提水，因此又称“太白山”。唐代僧人法璿附会天童的故事，遂改名为“天童山”。以后又在山上建立了寺庙。到了宋代，佛教禅宗新建规模宏大的景德禅寺，禅宗一支的曹洞宗大师宏智禅师(名正觉，1091—1157)在此立寺院新规，传授佛法，以“默照禅”著称(认为默念不动的坐禅本身就是佛行，主张“通过寂照静默”来“休歇身心”，体悟自性，以达到解脱)广交朋友，纳徒授法，兴盛佛教达三十年之久，使其成为禅宗的著名道场。明朝时，禅寺改称“天童寺”，天童山也被册封为禅宗五山第二山，受到僧人们的重视。天童山也是日本佛教徒的圣地。南宋嘉定十六年(1223)日本僧人道元从曹洞宗僧人、天童寺住持如净禅师学习三年禅法，以后又回日本于1236年建立日本曹洞宗。道元号希玄，俗姓源氏，是村上天皇第九代的后裔，内大臣久我通亲之子。13岁剃发出家，24岁随其师明全入宋。在天童山期间成为曹洞宗第十四代传人，从如净禅师处得传芙蓉道楷禅师的法衣、嗣书以及洞山良价的《宝镜三昧》、《五位显诀》等书物。回国后在越前建永平寺作为传布曹洞宗的根本道场，后嵯峨上皇敬闻禅师的操行，敕赐紫色方袍。1253年道元在京都

浙江宁波天童寺

的西洞院病逝，时年 53 岁。死后先后被敕赐“佛性传东国师”、“承阳大师”的谥号，这是日本禅宗受“大师”号之始。道元死后，他的弟子继承师志，守持清规，护法布教，曹洞宗很快在岛国传遍，很多名僧出于此门。道元被尊为曹洞太祖，他所住过、受法的天童山也成为日本曹洞子孙心目中的祖庭，每年都有不少日本佛教徒漂洋过海来朝拜，参观古迹，缅怀祖师。天童山促进了中日佛教的交流，在中日佛教史上起了重要作用。

(黄夏年)

135

广州光孝寺在佛教史上有何意义？

光孝寺位于广州老城西北隅，是一座有着一千多年历史的古老寺院。据记载，现光孝寺址在三国孙吴时代是失意官吏虞翻的私宅，称虞苑，又称苛林。东晋安帝隆安年间(397—401)罽宾三藏昙摩那舍始改建为佛教寺院，称王园寺。刘宋元初元年(420)著名佛僧求那跋陀罗在该寺创戒坛，称制止道场，故其名又曰制止寺。唐太宗贞观十九年(645)改制止王园寺为乾明法性寺。北宋时，该寺曾一度为道观，宋徽宗时寺名为崇宁万寿禅寺，南宋高宗绍兴七年(1137)改崇宁万寿禅寺为报恩广孝寺，不久易“广”字为“光”，即今之光孝寺。

光孝寺作为一座古老的寺院与我国佛教史上的禅宗有着极密切的关系。在禅宗史上有着这样一段广为流传的历史故事。六祖惠能在黄梅东山得五祖弘忍所传衣法，为避免传宗承祖所引起的杀身之祸，南遁广东，在经过数年隐居生活之后，约在唐高宗仪凤元年（676）来到广州法性寺。当时正值印宗法师在该寺讲《涅槃经》，“因二僧论风幡义，一曰风动，一曰幡动，议论不已。惠能进曰：不是风动，不是幡动，仁者心动。众僧骇然”（《法宝坛经》）。印宗由此得知惠能是得衣法之祖，遂执弟子礼，并会名德大师为惠能薙发授戒。第二年，惠能回归曹溪宝林寺（今南华寺），大开东山法门，开创了影响深远的禅宗南宗，惠能也从此以禅宗的第六代祖名世。正由于惠能的地位也带来了关于法性寺的一些传说。

云南祥云县水目山塔林

比如，传说刘宋时求那跋陀罗在法性寺建戒台后就预言：后当有肉身菩萨于此受戒。又传说梁武帝时梵僧智药三藏来寺，植菩提树一株并志曰：吾过后 170 年有肉身菩萨于此树下开演上乘，度无量众生。这里说的肉身菩萨就是指惠能。

惠能因在法性寺机遇印宗而创宗成祖，法性寺也因与六祖惠能的特殊关系而声名日隆。因此，法性寺在宋以后各代备受重视，一再重修扩建，遂成为一座颇具规模的独具特色的著名的佛教寺庙。这座寺庙除具有一般寺院的天王殿、毗卢殿（即大雄殿）、钟鼓楼等殿堂外，还有风幡堂、六祖殿、发塔、菩提树等与惠能有关的历史古迹及有关禅宗的文物，为研究禅宗史提供了十分有价值的资料。

新中国成立后，光孝寺被定为国家重点文物保护单位。

（李富华）

136

北京房山县云居寺收藏着哪些石经？

石刻佛经在我国的发现很多，最早的是北齐时代泰山经石峪的《金刚经》，字大半米，现存1067字，虽经一千余年的风雨浸蚀，尚清晰可见。此外，还有泰山东南徂徕山映佛岩的《大般若经》、山东邹县的《大集经》、太原风峪的《华严经》、河北武安北响堂山的《维摩诘经》以及四川安岳卧佛沟藏经洞的唐代石壁刻经等，而始刻于隋，结束于明崇祯年间的石刻大藏经——房山云居寺石经则是我国石刻佛经中的瑰宝。

云居寺位于北京房山周口店西南的白带山中。隋炀帝大业十一年(615)名僧静琬鉴于佛教史上的“法难”，为使佛法“永留石宝，劫火不焚”，发愿于云居寺刻造石经，至唐贞观十三年(639)静琬去世时共刻造石经129部。其后，他的弟子玄导、仪公、惠暹、法玄等继续了他的事业，“凡五代不绝”。唐开元十八年(731)唐金仙公主“奏圣上，赐大唐新旧译经四千余卷，充幽府范阳县为石经本”，此后，石刻佛经的事业以更大的规模发展起来，隋唐两代共刻石经四千余片。这些经版被封存于云居寺东石经山上的藏经洞中。

唐末五代，因战乱刻经事业曾一度中断。辽金时代，朝廷积极复兴房山的刻经事业。在辽代，初始于圣宗朝(982—1031)，其后，兴宗、道宗各代亦十分热心。金灭辽后，房山的刻经仍在继续，并刻经数十种。元朝以后刻经事业逐渐衰落，

江西云居山真如寺

直至明朝末年才最后停止，明朝共刻了四十卷本《华严经》、《宝云经》、《法宝坛经》等十余种。

总之，房山石经始刻于隋朝大业十一年(615)，终止于明崇祯四年(1631)，前后延续了一千余年，共刻佛教经籍 1000 余种 3000 余卷，为后世留下了一部石刻的佛教大藏经。现存经版 14270 余片，如果加上残损的在内，其总数超过 15000 片。1956 年，在我国政府的关怀下，中国佛教协会组织人力对房山石经进行了空前规模的清理和拓印，得拓片 30000 余张。

房山石经历经隋、唐、五代、宋、辽、金、元、明共十二个朝代，不知有多少僧俗学者和刻石工人付出了艰辛的劳动，它的数以万计的碑刻可以说是我国石刻资料的一大宝库，也是历史留给我国人民的一份珍贵的文化遗产。它不仅在佛教史上留下了不可磨灭的史迹，为佛教史的研究提供了丰富的资料，就是在金石、书法、美术及社会经济、文化历史等多方面也为后人提供了极其丰富的宝贵资料。

(李富华)

137

西藏拉萨的布达拉宫在西藏历史文化和佛教史上有什么意义？

布达拉宫在西藏拉萨西北角布达拉山（红山）上。相传为七世纪时吐蕃赞普松赞干布时始建，后世屡有增建。至清顺治二年（1645）五世达赖大加扩建后，具今日规模。从五世达赖起，西藏重大宗教、政治仪式都曾在此举行。格鲁派（黄教）掌权后，这里又是地方政权所在地，同时也是达赖喇嘛的冬宫和全西藏的政治中心。建筑依山垒砌，高十三层，达119.17米，东西长420米，南北宽300米，房屋近万间，有宫殿、灵塔、佛殿、经堂、僧舍、平台、庭院等，五座宫顶覆盖镏金瓦，群楼高耸，气势雄伟。宫内珍藏大量雕塑、壁画和明、清两代的敕书、印鉴、礼品、匾额及佛教典籍等文物，因此又是西藏的历史文化中心。由于它的特殊地位，在西藏佛教史上它又是整个藏传佛教的宗教中心，为藏传佛教各派所敬仰。

（李冀诚）

布达拉宫建筑艺术

138

黄教三大寺是什么？分布在何地？

黄教三大寺是：

1. 甘丹寺：清世宗（1722—1735年在位）曾赐名“永泰寺”。在拉萨东六十里达孜县境内拉萨河南岸汪古日山上。明永乐七年（1409）黄教创始人宗喀巴兴建，为黄教祖庭。该寺法台甘丹赤巴即为宗喀巴法座继承人。寺内有宗喀巴肉身灵塔及其他宗教和历史文物。后历经扩建，规模宏大。今已毁。

2. 色拉寺：在拉萨东北郊。明永乐七年（1409）宗喀巴弟子降钦却杰代表宗喀巴进京，后受封为大慈法王。回藏后为供奉皇帝所赐佛像、佛经等，于永乐十七年（1419）兴建此寺，后经多次增修，建筑宏伟华丽，雕塑精细，壁

西藏甘丹寺

画优美。有显宗扎仓二(结巴扎仓、麦巴扎仓)、密宗扎仓一(阿巴扎仓),曾有僧侣约八千余人。

哲蚌寺

3. 哲蚌寺:在拉萨西郊更丕乌孜山下。明永乐十四年(1416)宗喀巴弟子嘉样却结兴建,第二、第三、第四世达赖喇嘛均在此坐床,曾在寺中建立甘丹颇章(宫),掌管西藏地方政教大权。寺内原有七大扎仓,后合并为洛色林、果莽、德扬、阿巴四大扎仓,拉萨学经的僧人,多入该寺果莽扎仓。寺庙殿宇宏大,曾有僧侣近万人。保存有大量藏族古代历史文献和经籍。

三大寺是黄教的中心寺院,它们分别为母寺,下属许多子寺分布在西藏各地。

(李冀诚)

139

河北承德外八庙包括哪些寺庙？

在承德避暑山庄东面和北面的山麓，星罗棋布地分置着宏伟壮观的寺庙群，这就是著名的承德外八庙。

外八庙是自1713年（康熙五十二年）至1780年（乾隆四十五年）陆续修建的，原有寺庙十一座，现仅存七座。当年十一座庙中有八座分八处“下处”（办事机构）管理，因而习惯称作外八庙。在山庄东、武烈河东岸磬锤峰下，自南而北，有溥仁寺、溥善寺（已不存）、普乐寺、安远庙；山庄东北，松树岭南武烈河北，有普宁寺、普佑寺（已不存）；山庄正北，隔狮子沟，自东而西，有须弥福寿之庙、普陀宗乘之庙、殊像寺、广安寺（已不存）、罗汉堂（已不存）。

现将目前仍存在的七座寺庙介绍如下：

溥仁寺：位于武烈河东岸的山麓下。1713年（康熙五十二年），各部蒙古王公贵族来承德，为庆祝康熙六十岁生日建造寺庙，康熙同意修建溥仁寺和溥善寺（已不存）。因溥仁寺在前，俗称前寺，溥善寺在后，俗称后寺。溥仁寺内有巨碑两通，其一为康熙撰写的《溥仁寺碑记》。溥仁寺现仅存正殿，内供三世佛和二侍者，两侧有十八罗汉像。该寺是外八庙中建造年代最早的寺庙。

普宁寺：在山庄东北五公里处，因寺内供有巨大的千手千眼菩萨像（实际上只有四十二只手），故当地群众称为大佛寺。建于1755年（乾隆二十年）。是年，清政府平定准噶尔达瓦齐叛乱后，乾隆在避暑山庄大宴厄鲁特蒙古四部（准噶尔、都尔伯特、辉特、和硕特）的上层人物，并分别封以汗、王、贝勒、贝子等爵衔。因为他们信奉喇嘛教，所以乾隆下令“依西藏三摩耶庙之式”，建此庙为纪念。庙内有以满、汉、蒙、藏四体文字刻写的《普宁寺碑文》。此外，还有《平定准噶尔勒铭伊犁之碑》、《平定准噶尔后勒铭伊犁之碑》，分别记述了清政府平定达瓦齐、阿睦尔撒纳叛乱的经过。普宁寺的主体建筑有“大乘之阁”，四周有“日殿”、“月殿”、白塔数座。该寺是外八庙中至今保存最完好的一座。

安远庙：位于武烈河东岸的高地上，建于1764年（乾隆二十九年），俗称伊犁庙。原来，在新疆伊犁河北有固尔扎庙，是准噶尔部众夏季进行宗教活动的地方。阿睦尔撒纳叛乱时毁于战火。1759年，准噶尔部的达什达瓦部迁居承德，为了满足他们的宗教信仰，乾隆命“肖固尔扎庙之制，营建斯庙。”庙建成后，每年夏季，各少数民族王公贵族来承德朝见清帝，也常在这里集会，进行宗教活动。安远庙的主体建筑是普渡殿，内供大型木雕地藏王像，墙上绘有佛经故事为题材的壁画。

普乐寺：在武烈河东岸，磬锤峰下的高地上，俗称圆亭子。建于1766年（乾隆三十一年），次年八月竣工。是清政府平定新疆上层反动分子叛乱后，特为厄鲁特蒙古杜尔伯特部及哈萨克、布鲁特（今柯尔克孜族）等少数民族来承德朝见时观瞻建造的。庙内有巨碑一通，为乾隆所撰《普乐寺碑记》，以记其事。普乐寺的主体建筑“阇城”上的旭光阁，类似北京天坛祈年殿，有很高的建筑艺术价值。

河北承德溥仁寺

殊像寺：处于山庄北最西端。建于1774年（乾隆三十九年），次年完工。

是乾隆命照北京香山宝相寺修建的，而其殿堂楼阁大体仿照五台山的殊像寺而建。该庙喇嘛都习满文。殊像寺的规制是汉族形式，其主体建筑宝相阁今已不存。

普陀宗乘之庙：在山庄以北，因山而建，南隔狮子沟与山庄相望。该庙自1767年（乾隆三十二年）动工，到1771年（乾隆三十六年）建成。当时正值乾隆六十岁生日和其母八十岁生日，内外蒙古、青海、新疆等地的蒙古族、维吾尔族上层人物齐集承德祝贺，因为他们信奉喇嘛教，于是下令仿照拉萨布达拉宫，修建了这座外八庙中规模最大的寺庙。庙的主体建筑大红台，就是象征布达拉宫法式的。

普宁寺千手千眼观世音菩萨像

须弥福寿之庙：在普陀宗乘之庙以东，是山庄北最东的一座庙。建于1780年（乾隆四十五年），是外八庙中建造最晚的一座。这年，六世班禅自西藏来承德为乾隆庆祝七十岁生日，班禅在日喀则居扎什伦布寺，乾隆下令“肖其所居”营建该庙以供班禅讲经和居住，因此该庙俗称“班禅行宫”。其主体建筑内有“妙高庄严殿”，为班禅讲经处所；有“吉祥法喜殿”为六世班禅的住所。该庙主要建筑，都覆以鎏金铜瓦，极其金碧辉煌。

（李冀诚）

(140)

什么是犍陀罗佛教艺术？

印度的佛教艺术始兴于孔雀王朝的阿育王时期(公元前 273—前 232)，这时已出现佛教雕刻艺术品，如鹿野苑(Mrgadàla)、蓝毗尼(Lumbini)、王舍城(Ràjagrha) 石柱和巴拉巴尔石窟等。在继之而起的北印度巽伽王朝 (公元前 185—前 73)、南印度安度罗王朝(公元前二世纪——公元三世纪)时期，印度佛教艺术继续发展，著名遗址有帕鲁德塔 (Bharhut)、桑奇大塔(Sanc̀hi)、菩提伽耶石雕(Budaha Gayā)、巴查石窟(Bhāja)、阿玛拉瓦提(Amarāvati)石雕等。这些佛教雕刻造型精美，内容主要表现佛传和本生故事。其突出的特点，是公元二世纪以前的佛教艺术品中并没有佛的形象。

这是因为，早期的佛教思想认为，佛陀具有超人化的品格，不能具体表现其相貌，不作为偶像而崇拜。因而早期佛教艺术品中表现佛前生(本生)和今世生平(佛传)的种种圣迹，都以象征手法来隐喻佛陀的形像，如佛足迹、佛发、法轮、伞盖、宝座或菩提树等。直至犍陀罗艺术时期，才出现了佛陀的形象，这是佛教艺术史上的一个重大转变。

公元前四世纪，马其顿国亚历山大大帝征服了印度西北部。公元前二世纪，希腊人建立的大夏统治这一地区。公元一世纪，原居住中国西部的月氏族南进，占据印度西北部，建立贵霜王朝，定都犍陀罗(Gandhàra，相当于今巴基斯坦白

巴米扬大佛

沙瓦和毗连的阿富汗东部）一带。贵霜王朝第三代国王迦腻色迦（约于二世纪前期），在阿育王时期佛教传入的基础上，大力提倡佛教，兴建寺塔，雕凿佛像。就在这一时期，大乘佛教开始流行，允许民众礼拜佛像，而犍陀罗地区长期受希腊文化影响，原来就有崇拜佛像的传统。因而，印度的佛教思想与希腊文化艺术相结合，产生出兼有印度和希腊风格的犍陀罗佛教艺术。犍陀罗艺术打破早期佛教雕刻的禁忌，仿照希腊的神像雕刻，直接雕出了佛陀的形像。

犍陀罗艺术遗存主要有白沙瓦的迦腻色迦大塔、旁遮普省的坦叉始罗（Taxila）城址等地出土的石雕佛像。三世纪以后，犍陀罗艺术向阿富汗东部发展，五世纪进入后期犍陀罗艺术，以塑造佛像为主，六世纪以后渐至衰竭。

犍陀罗造佛像脸呈椭圆形，眉细长，鼻修直，眼窝略凹，薄唇，波浪状发式，具有典型希腊风格。头顶上的肉髻，眉间的白毫相和头后的圆光等，则表明了佛陀的印度身份。面部表情宁静而庄重，流露出沉思内省的神态。肩宽体壮，身披袈裟衣褶厚重，似为毛质厚衣料，具有印度西北部的地区特征。六世纪以后的犍陀罗艺术，出现一种被称为“印度——阿富汗”派的新作风，这就是以巴米扬大佛为代表的作品。

（丁明夷）

141

什么是秣菟罗佛教艺术？

与犍陀罗艺术约略同时，贵霜帝国时期还流行另一种艺术样式，因其主要集中于秣菟罗(Mathura，今新德里东南)一带，所以称为秣菟罗艺术。

秣菟罗艺术较之犍陀罗艺术，保留了更多印度本土的风格。这种艺术喜爱裸体，崇尚肉感的表现，人物的形象和衣着也更接近印度人。

二世纪中后期，秣菟罗地区受犍陀罗艺术的影响，开始雕造佛像。这种秣菟罗造像，面相方圆，眉筋隆起，嘴唇较厚。头发剃光，肉髻作螺蛳形(螺髻)。佛着偏袒右肩的袈裟(犍陀罗为通肩衣)，衣纹轻薄贴体，显得肩宽胸实，肌肉匀称。身后圆形背光上雕刻了精美的装饰图案。

秣菟罗造像给人一种健壮强烈的感觉。轻薄贴体的服装，为热带气候的穿着，洋溢着人体的生命力和力量感。与犍陀罗艺术的沉静内省作风不同，秣菟罗的艺术风格显得强悍有余而文雅不足。但它终以反映印度古典艺术的魅力，引起人们的注意。

到了笈多王朝时期 (320—600)，犍陀罗与秣菟罗艺术逐渐互相借鉴和融合，完成了希腊式佛像向印度式佛像的过渡，实现了印度本土传统与外来影响的完美的结合，创造了印度佛教艺术的黄金时代。因而，人们把笈多艺术称为印度古典艺术的复兴期。

(丁明夷)

142

中国佛教石窟主要有哪些？它们有些什么共同的特色？

公元前后，佛教经西域传入中国。佛教石窟伴随佛教传入出现于中国，最早当属始凿于三世纪的新疆龟兹石窟。四世纪后，龟兹以东受其影响，在焉耆、吐鲁番一带凿窟造像，并渐次入关。四世纪中后期，敦煌就有开窟的早期记录，并在凉州一带蔚为风气。五世纪中期以后，敦煌以东广大地区开凿石窟，分布广，数量多，直至八九世纪，形成中国石窟雕凿的盛期。中国石窟开凿的尾声，可延续至十八、十九世纪。

云冈石窟古阳洞全景

中国佛教石窟是世界上保存数量最多，分布地区最广，延续时间最长的佛教艺术遗存。按其地区分布和石窟类型，大体可分为新疆地区、中原北方地区和南方地区三大种类。其中，新疆地区石窟又可分为古龟兹区（以今库车县为中心，主要有三至八

世纪的克孜尔石窟和四五世纪至十一世纪的库木吐喇石窟)、古焉耆区(主要有七格星石窟)和古高昌区(今吐鲁番一带,主要有五世纪的吐峪沟石窟和九至十三世纪的伯孜克里克石窟)等三个区域。新疆石窟多禅窟与僧房,多中心塔庙窟和大像窟,题材内容从反映小乘佛教过渡到反映大乘佛教,是国内硕果仅存的小乘佛教石窟集中地。中原北方地区石窟,亦可分为:河西地区石窟,主要有五至十四世纪的敦煌莫高窟和五六世纪的凉州石窟遗存;甘肃、宁夏黄河以东地区石窟,主要有五六世纪的麦积山、炳灵寺和须弥山石窟;晋、豫及其以东地区石窟,主要有五世纪后半期的北魏云冈石窟、继其开凿的龙门、巩县石窟和六七世纪东魏、北齐的响堂山、天龙山石窟。中原北方地区石窟,五六世纪为其盛期,直至十一世纪后渐衰。这一地区充分体现了佛教石窟东方化的具体过渡。南方地区石窟,主要有长江下游石窟,包括五六世纪的栖霞山和新昌石窟;四川地区石窟,包括六至十二世纪的金川各地石窟;云南大理剑川石窟,开凿于九至十三世纪,主要为南诏、大理时期。

中国佛教石窟绵延历久,就中以大同云冈石窟、洛阳龙门石窟和敦煌莫高窟,并称为中原北方地区三大石窟,并与新疆、四川石窟同为中国石窟的代表。就石窟演变历程而言,可概括为龟兹模式、凉州模式、平城模式等诸种石窟类型,从而渐次实现中国佛教的中国化,具有鲜明的时代、民族和地区特色。上述三大区石窟分布,各具特色,互相影响,南北交流、东西影响,形成了内容丰富、前后延续的中国佛教石窟体系,成为研究中国历代政治、经济、文化乃至建筑、美术、音乐、舞蹈等许多方面的重要实物资料。中国佛教石窟艺术,是中华民族珍贵的文化遗产,也是世界性的精神财富。

(丁明夷)

143

云冈石窟修建于何时？有何宗教意义和艺术成就？

山西大同市城西16公里处的云冈石窟，开凿于北魏文成帝和平元年(460)，是国内第一处由皇室显贵主持开凿的大型国家级石窟。

云冈石窟的创建，与北魏佛教的兴盛有着直接的关系。建都平城(今大同市)的北魏佛教，具有强烈的国家政治色彩。道武帝时的道人统法果，曾带头礼拜皇帝，声称皇帝即“当今如来”，拜天子乃是礼佛。太武帝太平真君七年(446)，下诏毁灭佛像和佛经，这是中国佛教史上“三武一宗”废佛事件的首次。这次事件，成为促成云冈石窟开凿的间接契机。史载文成帝即位，下令恢复佛法，翌年即召凉州名僧昙曜至京师。和平初(460)，任昙曜为沙门统，由他主持于城西武州塞开凿五所石窟，鐫建佛像各一，雕饰奇伟，冠于一世。这五个大窟中，分别为北魏太祖以下五位皇帝各凿一像。昙曜还在云冈石窟主持翻译《付法藏因缘传》等佛教经典。云

云冈石窟佛像

云冈石窟佛像

冈石窟开凿伊始，就成为祈求佛法昌盛、维护皇室权威的得力工具。

云冈石窟主要开凿于北魏中后期。石窟依山开凿，东西绵延约1公里，现存主要洞窟45个，小龛1100余个，大小造像5万余躯，是我国中原北方三大石窟群之一。北魏时期的云冈石窟，主要经历了昙曜时期、孝文帝太和年间和北魏迁都洛阳以后三个阶段。其中，昙曜开凿的五个大窟，还保留着较浓厚的外来影响，反映出犍陀罗、笈多佛教艺术和中国龟兹、凉州石窟样式的某些特点。孝文帝建都平城的太和年间，伴随孝文帝实行的改革服制、均田制、立户籍等一系列汉化革新措施，反映到石窟艺术上，从窟形、造像服饰和风格，都有了较大的差异变化，中国石窟中国化的进程，就真正开始于这一时期。造像题材内容，也主要反映《法华》、《维摩诘》诸经中的主要教义和北方禅法在平城地区流行的情形。北魏太和十八年(494)迁都洛阳后，云冈石窟继续开凿，规模较小而造像样式却直接影响到龙门、巩县等北朝石窟。

云冈石窟规模宏大，气魄雄伟，又经历了显著变化的不同时期，因而在雕刻艺术史上，成为研究中国早期石窟不可多得的典型所在，历来为中外所注目。

(丁明夷)

144

龙门石窟修建于何时？有何宗教意义和艺术成就？

位于河南洛阳市城南 13 公里处的龙门石窟，创建于北魏迁都洛阳(494)前后，历经东、西魏、北齐、隋、唐，北宋续有雕凿。其中北魏窟龛约占三分之一，唐代窟龛约占三分之二，现存窟龛总数为 2100 多个，造像 10 万余躯，碑刻题记 3600 多品，佛座 40 余座。

洛阳龙门雕刻

史载景明初年(500)宣武帝下令仿照代京灵岩寺石窟(即云冈石窟)，于龙门为孝文帝和文昭皇太后营建石窟各一所。永平中，又为宣武帝造石窟一所。这三个大窟即今之宾阳三洞，也是龙门石窟大规模开窟造像之始。自此，龙门石窟成为迁洛后北魏佛教胜地之一。北朝所开大窟，亦多为皇室贵戚、王公大臣所参与。龙门北朝造像，其雕刻技法已呈现由云冈石窟的直平刀法向圆刀刀法过渡的趋向，艺术风格也从云冈石窟的浑厚粗犷转向优雅端严的作风。以龙门石窟为代表的“秀骨清像”式造像，风靡当

世。这些中国化、世俗化的趋势，是迁都于黄河流域汉文化中心地区以后，在云冈造像的基础上发展而成的。它具有更鲜明的民族特点和风格，从而在形成中国式佛教艺术的进程中起到承前启后的作用，不仅对其他石窟产生影响，也为唐代造像高峰的到来准备了条件。

龙门唐代造像，是龙门造像延续最久、规模最大，题材内容更为丰富的重要阶段。它的发展演变，亦可分为三个时期，即唐高宗时期、武则天时期和唐玄宗至唐德宗时期。这三个时期产生的造像样式，曾对国内各地起过重要的影响。特别是武则天时期，是唐代造像代表形式的形成阶段，为龙门开窟造像及其艺术成就的鼎盛期。武则天热心佛事，大兴造寺凿像之举，龙门唐代大窟多产生于武周时期。奉先寺为高宗及武后开凿的大型摩崖像龛，雕有卢舍那佛、弟子、菩萨、天王、力士等十一尊像，主佛高逾17米。群像布局严谨，技艺纯熟，是龙门造像的突出代表。武则天曾以皇后身份“助脂粉钱两万贯”，并亲率群臣参加卢舍那大佛的“开光”仪式。

龙门石窟佛教造像

龙门唐代造像题材，反映了唐代佛教宗派的消长变化。根据龙门现存国内最为丰富的造像碑记，我们可以从中了解唐代净土宗、华严宗、密宗、三阶教以及禅宗等信仰流行情况。这些都是研究唐代佛教史乃至民间信仰的第一手资料。

（丁明夷）

145

敦煌石窟在中国佛教史和文化艺术史上有什么意义?

敦煌石窟指甘肃省敦煌县境内的莫高窟、西千佛洞的总称，一般指莫高窟。莫高窟位于敦煌东南25公里处，创凿于前秦建元二年(366)，后经北魏、西魏、北周、隋、唐、五代、宋、西夏、元诸代相继凿建，现存洞窟492个、壁画45万多平方米，彩塑2400余躯，内容丰富，历史悠久，位居全国石窟之冠，也是世界闻名的艺术宝库。

敦煌石窟佛像雕塑

敦煌位于河西走廊最西端，扼居古代丝绸之路的咽喉门户，自古即是东西往还、中外交流的必经之路。根据莫高窟洞窟形制、塑像和壁画的题材及其艺术风格的特点，莫高窟可分为北朝、隋唐、五代、宋、西夏、元等四个大的发展时期。这四个时期的发展变化，对研究河西地区与中原内地、西域以及西方诸国间，给佛教、文化艺术以及政治、经济诸方面的交流融合，都提供了一

敦煌莫高窟第148窟南壁上部的《弥勒下生经变》

大批弥足珍贵的实物形像资料。包罗万象的敦煌艺术宝库，更是研究中国古代宗教、绘画、雕塑、建筑、服饰、音乐、舞蹈、天文历法等广泛的领域的珍贵依据。

清光绪二十六年(1900)在莫高窟发现的“藏经洞”，出土历代写经、文书和文物4万余件。这一举世瞩目的重大发现，更把对敦煌的研究推向世界。“敦煌学”研究成为国际间就宗教、史地、语言、文化艺术以及中外交流史等众多学科进行广泛探讨、合作的热门课题。古老的莫高窟艺术宝库，正焕发出日益夺目的光彩。

(丁明夷)

146

大足石窟在什么地方？有何特色？

四川省大足县境内，分布着数十处石窟和摩崖造像，以佛教造像为主，也有儒、道教造像，现存造像5万余躯，总称大足石刻。其中以北山和宝顶山石窟摩崖造像为代表，规模宏大，艺术精湛，内容丰富，创于晚唐而盛于两宋，是国内晚期石窟的重要遗存之一。

中原北方地区的石窟造像，至唐玄宗开元、天宝年间达于极盛。此后，迭经“安史之乱”和唐武宗会昌五年(845)废佛事件的打击，就此一蹶不振，渐入衰境。中、晚唐以后，南方西蜀和南唐地区，社会经济相对稳定，大批文人画士避难南下，故而造成寺院经济发达，凿窟造像事业昌盛的局势。大足石刻正是兴起于这一北方石窟重心南移之际，成为研究中国晚期佛教石窟艺术的重要代表。

重庆大足石刻

唐玄宗开元年间，著名的“开元三大士”——善无畏、金刚智和不空来到中国，创立佛教密宗。以唐代两京——长安、洛阳为中心，密宗势力在唐后期曾盛极一时，密宗造像和文物也应运而生。但按

重庆大足石刻

照过去的说法，会昌以后，密宗趋向衰落。而现存的密宗造像和绘画，属于唐代的仅见于敦煌莫高窟和龙门石窟等地，数量不多。大足石刻中，却保存着诸如千手千眼观世音、十大明王、孔雀明王、药师经变、地藏十王变、地狱变、毗卢道场等许多密宗造像题材，还有反映密宗晚唐以后在两川地区流传情况的祖师传承谱系和经典刻石。这就为研究中国密宗史和密宗造像，增添了一大批新资料。

大足县南山、石篆山、石门山等地石窟和摩崖造像，还保存了一批宋代道教造像以及儒、释、道“三教合一”造像，十分珍贵。这就为研究儒、道关系和三教关系，提供了重要的线索。

大足石刻艺术，具有凝炼沉稳、清秀端庄的现实性格。无论是体态潇洒、肌丰体壮的唐代造像，体躯较小、刻画精细的五代造像，还是宋代的大窟巨像，都倾注了当时人们对现实生活的审美趣味，体现了世俗人情的色彩。这是中国后期雕刻史上难能可贵的遗存。

（丁明夷）

147

新疆盛行伊斯兰教，为什么有许多佛教石窟遗迹？

根据现行的说法，大约在公元前后，贵霜王朝的佛教，跨越葱岭，通过新疆，传入中国内地。公元二世纪，新疆地区的佛教，达到初期繁荣的阶段，但该地的佛寺、石窟，尚无早到二世纪者。二三世纪时，新疆的佛教中心之地，南道为于阗（今和田）、鄯善（今婼羌），多建佛寺；北道为龟兹（今库车），多凿石窟。四世纪时，龟兹佛教达于盛期，都城中有“塔庙千所”，东郊建有著名的雀离大佛。龟兹石窟沿袭贵霜制度，石窟附属于佛寺。新疆开凿最早，规模最大的拜城克孜尔石窟，即创凿于三四世纪之际，直至八世纪而始衰。

包括今新疆在内的西域地区，原为佛教的第二故乡。盛行佛教的西域，在很长的历史时期中，曾是佛教的一统天下。尽管还流传诸如摩尼教、景教、祆教等宗教派别，但不可否认的是，佛教始终占据优势地位。直至十世纪末、十一世纪初，中亚回鹘黑汗王朝入侵喀什噶尔，伊斯兰教开始传入新疆，并逐渐征服新疆各地。在伊斯兰教在新疆传播的过程中，佛教遭受严重打击，一些佛教遗迹也受到不同程度的破坏。尽管如此，在伊斯兰教盛行的今日新疆，许多地方仍保留下历史时期的佛教遗迹，作为历史的见证而昭示人间。

新疆地区的石窟遗存，主要分布于天山南路北道、塔里木盆地北沿一带。按其地理区划，可分为古龟兹、古焉耆和古高昌三个地区。龟兹石窟以库车为中

新疆克孜尔石窟谷西区洞窟群外景

心，是新疆石窟的主体部分，主要有拜城克孜尔石窟，创建于三四世纪，四五世纪进入盛期，八世纪后转入衰颓。库车的库木吐喇石窟，开凿时间略晚于克孜尔，但延续至十一世纪。古焉耆石窟保存部分不多，主要是四五世纪的七格星石窟。古高昌石窟，主要有吐鲁番吐峪沟石窟（五世纪）和伯孜克里克石窟（九至十三世纪）。这三区石窟之间，由西渐东，其间存在一个由小乘佛教转向大乘佛教，由龟兹土著风格转向汉民族风格的渐进过程。

上述新疆石窟的特点是，多禅窟和僧房窟、兼佛殿性质的塔庙大像窟以及少量禅窟群。五世纪以来，方形佛殿窟增多，出现了佛坛窟，流行不同类型的洞窟组合。题材内容，六世纪以前主要是释迦像和本生、佛传、因缘故事，还有交脚弥勒菩萨。这些大体都属于小乘佛教艺术的范畴。六世纪以后，出现千佛题材。八世纪以来，流行阿弥陀净土和密宗形象。这些向大乘佛教艺术内容过渡的壁画布局和绘画技法，显然是受到内地影响的产物。

（丁明夷）

148

佛教对中国历史文化的影响如何？

佛教从公元前后传入中国内地，至今已有近两千年的历史。它从一种外来的宗教发展为中国的民族宗教之一，对中国历史文化的影响是多方面的。

首先从社会历史进程来看。在新中国成立之前，佛教的传播流行经历了封建社会的上升、鼎盛和衰落三个时期，此后又经历了半封建半殖民地时期。在封建社会时期，佛教经过初传演变，成为中国封建社会意识形态的重要组成部分，与道教一起依附占据思想统治地位的儒家纲常名教，对维护、巩固封建统治制度起了积极作用。佛教作为一种宗教，主要是通过自己的经典、教义和以“方外”、“出世”的宗教活动和宗教处世方式来“协契皇极”，“助王化于治道”，僧人中直接和间接参与政治的极少（西藏地区采取政教合一体制除外）。佛教的僧官体系是封建官僚体系的一个组成部分。佛教的寺院经济依附于全国的封建经济制度。佛教不仅是一种意识形态，而且是一个拥有僧尼教团和广大在家信徒的社会实体。僧尼中由于所处地位不同，情况也不一样。广大中下层僧人一般要从事艰苦的生产劳动，属于劳动人民。在民族危难，社会动乱之际，有不少僧人参加反抗民族压迫和阶级压迫的斗争。大乘佛教的慈悲济世，普度众生的思想，也激发不少佛教界人士投身社会进步事业和社会福利事业。对于佛教对封建社会政治、经济等各方面的具体影响，涉及的时间长，范围广，问题很多，有待于今后各学科的深入综合的研究，这里不能详论。本书前面一些条目仅作了这方面的部分介绍。

进入近代半封建半殖民地社会，佛教已十分衰败，社会影响甚微。虽有有学识的居士、高僧出来编印佛经，建立学校培养佛学人才，倡导“佛教复兴”，但在民主革命日益深入的形势下，并没有改变佛教衰微的趋势。

至于佛教对中国传统文化的影响，在近年学术界出现的“文化热”中已成为热门话题之一。对此拟从以下几个方面概要地谈谈。

（一）佛教本身是文化的一种形态，佛教已成为中国传统文化的一个重要组成部分。一般意义上的文化，包括自然科学、技术科学、社会意识形态以及与之相适应的制度和设施。抛开自然科技不谈，仅就社会意识形态来说，佛教传入之前占统治地位的意识形态是儒家学说，此外则是从汉代以来特别盛行的黄老道术及其他学说方术、民间宗教信仰等。佛教传入初期曾依附黄老道术，随着佛教的传播普及，成为中国封建文化结构中的重要组成部分。因此，佛教的传入和深入发展，丰富和充实了中国传统文化的内涵，儒释道三大家的互相争论，互相吸收补充的过程，促进了中华民族文化的发展。

（二）佛教对中国哲学的影响。中国传统哲学注重以家长制的血缘关系为依据的伦理道德准则的论证，重视以治国安民为出发点的天（自然）人（社会）关系的考察。对人和一切生命的本源，对宇宙本体，虽也有涉及，但论证不深入，也不统一。虽重视敬神祭祖，“神道设教”，但对灵魂和死后的世界，缺乏神学论证。提出了性善、性恶等人性论和从凡至圣的说教，然而对心理的分析论证却比较粗糙。佛教的传入，以其庞杂的大小乘的宗教教义和哲学理论，对中国哲学的发展产生巨大的刺激和启发作用，并提供了丰富的资料和论证方法。从大的方面说，佛教理论中的时空无限、体用相即、心性净染（善恶）以及对心理作用的细密分析、对心在解脱成圣中的决定作用的论证，等等，都对中国哲学的丰富和发展产生重大影响。佛教的将宇宙本体（真如、实相、法性）与心性（佛性、真觉本心）相沟通的“理”概念的提出，禅宗的“即心是佛”、“识心见性”的解脱论，直接推动了宋明理学的形成与发展。宋明理学关于天理之性、天地之性和气质之性的理论，以及主静、主敬的修身方法，都直接受到了佛教的影响。

（三）关于佛教与文学的关系，有两个方面：一是佛教中包含文学成分，可称之为佛教文学；二是佛教影响到一般文学。从原始佛教的后期以来，佛教信徒把佛陀日益神化，认为佛陀之所以觉悟成佛，还在于他在无数的前世转生过种种形象（如商人、王子、国王以及鸽子、猴、象、鸟等）做过种种善事功德，编写了这方面的很多故事，称之为“本生谭”或“本生故事”。在南传佛典的《小部》中即汇集了大量本生故事。北传佛典虽无完整的《小部》传译，但在《六度集经》、《生经》、《佛本行经》等中收有很多佛本生故事。这些佛本生故事，就是佛教文学的一种重要形式，很可能原取材于印度民间传说，然后再加上一些佛教说教而编成。一些佛本生故事，如投身饲虎故事、尸毗王救鸽故事、长寿王故事、九色鹿故事等，都是很好的文学作品，经久为人传诵。在佛经中散文、韵文相间的叙述方法，大乘佛经序品的夸张铺叙，《阿含经》、《法华经》、《维摩经》以及大部头的《华严经》、《大涅槃经》中的大量譬喻故事、寓言、佛菩萨求道说法的故事，都有很高的文学艺术价值。它们通过佛典的流通，僧人以各种方式的传教说法，深入民间，对我国文学有难以估量的影响。唐代佛教达到鼎盛阶段，全国寺院林立，每逢佛教节日和庆祝活动，大的寺院成为民众聚会的中心。一些僧人以“俗讲”的形式，用通俗的语言宣讲佛经，增加故事情节，夹杂着音乐，说唱兼施，受到民众的欢迎。如九世纪初唐都长安兴福寺僧文溆善“俗讲”，“愚夫冶妇，乐闻其说，听者填咽寺舍。瞻礼崇拜，呼为和尚。教坊效其声调，以为歌曲”（唐赵璘《因话录》）。“俗讲”的话本，就是称做“变文”的一种文学形式。在敦煌遗书中发现不少称做“变文”的文字，如《太子成道变文》、《破魔变文》、《目连救母变文》等与佛教有关的“变文”，也有一些是取材于史书传说的“变文”。可以说佛教的“俗讲”和“变文”对宋以后兴起说唱文学有很大影响。文学直接反映生活，随着佛教深入民间和日益世俗化，宋元以后的文学作品中有不少佛教内容的东西，《水浒传》、《西游记》、《封神演义》、《金瓶梅》、《聊斋志异》、《红楼梦》等名著中都有佛教的描写。禅宗重顿悟，不重读经；作诗重意境，二者有可沟通之处。宋代人好比诗于禅，严羽《沧浪诗话》说“禅道惟在妙悟，诗道亦在妙悟”，认为论学力孟浩然低于韩愈，但诗却高于韩愈，“一味妙悟而已”。禅宗对诗的影响的表现是，一是有的诗表述禅的意境，一种是以禅的境界来比附诗的高低等级和论诗歌创作。此外，佛教著述中的自设宾主的问答体、禅宗祖师的语录，也为中国文学体裁提供了借鉴。宋明理学家的大量语录，当是受此影响的产物。

（四）佛教对中国的美术、雕塑、建筑、音乐等也有很大影响。佛教传入后，就不断兴建寺院，从东晋开始，中经南北朝和隋唐，还在不少地方凿造了洞窟。在寺院和洞窟内，塑造和雕造、铸造了大量佛像，形态各异，有数不尽的艺术精品。此外，不少寺院和洞窟还有大量壁画。敦煌莫高窟、云冈石窟、龙门石窟、大足石窟等，都是著名的佛教艺术宝窟，也是中华民族的艺术宝藏。仅拿敦煌莫高窟来说，从东晋至宋元，陆续凿造的洞窟达一千多个，保留至今的有 492 个，南北绵延四华里，有彩塑 2400 多个，壁画数量更大，把现存洞窟的壁画全部展开可达 60 华里。其他洞窟本书前面已作简要介绍。这些寺院、洞窟的造像、壁画以及散布各地形式各异的佛塔建筑，对中国艺术、建筑的渗透影响是不间断的，是多方面的。

佛教音乐称为“梵呗”。《高僧传》说：“咏经则称为转读，歌赞则号为梵呗。昔诸天赞呗，皆以韵入弦管”。三国吴支谦曾据《无量寿经》等著《赞菩萨连句》梵呗三契，意为著三首赞颂菩萨的歌曲。佛教为扩大影响，在做大的法事活动中经常伴之以音乐。南朝齐朝萧子良曾招致名僧，“造经贝新声”；梁武帝曾制《善哉》、《大乐》、《大欢》、《天道》、《仙道》、《断苦轮》等十篇佛曲，“名为正乐，皆述佛法”。北方寺院也盛行佛曲，在《洛阳伽蓝记》中有“梵乐法音，聒动天地”的记载。隋唐宫廷中设置“七部乐”和“九部乐”，西凉乐有舞曲《于阗佛曲》，天竺乐有舞曲《天曲》。在寺院中的音乐也有了发展。寺僧进行“俗讲”时，有时配合展示据佛经绘制的“变相”图，有时伴之以演唱，有一定曲调。明清时佛教音乐自成体系，有整理的管乐曲谱和歌曲。因此，在中国音乐史上佛教音乐也占有一席之地。

（五）中国是世界上拥有最多图书文献的国家。这些文献是中华民族的文化知识宝库，也是全人类的共同财富。在中国，从《隋书·经籍志》(636)以后确立了以经、史、子、集四部来为佛、道教以外的图书分类编目。据《隋书·经籍志》，隋朝属于四部的书有 3127 部，36708 卷。当时的佛教典籍达 1950 部，6198 卷，部数不及四部，卷数相近四部图书的百分之十七。如果从流通的数量来看，在隋朝，“民间佛经，多于六经数十倍”。唐代四部图书有 3060 部，51852 卷。佛教典

湖北黄梅四祖寺

籍，若按《贞元释教录》中的“入藏录”，大小乘各种典籍达1258部，5390卷。清代修《四库全书》(1772—1782年完成)，收编四部图书3503种，79337卷。大致与此同时编的《龙藏》，收佛典1675部，7240卷，其卷数占前者的9%还多。现在正编纂中的《中华大藏经》的“汉文部分”，拟收佛典4200余种，23000卷，卷数相当于《四库全书》的29%。此外，中国还有很大数量的藏文佛典。据清代德格版藏文《大藏经》，收有佛典4569种。还有蒙、满及巴利文的佛教经典。从以上叙述中可以看到，在中国古代和现在保存的图书中，佛教典籍占有相当大的比重。在这些典籍中除介绍大小乘各派的教义理论、哲学、戒律和有关佛教创立、传播、发展的历史资料以外，还涉及中印和其他国家与地区的历史文化、艺术、医药等各个方面。对这些典籍进行分门别类的研究，将有助于我们深入了解我国的历史文化，有利于社会主义精神文明的建设。

(杨曾文)

149

什么是中日韩三国的佛教“黄金纽带”？

中国在古代是北传佛教的中心。中国汉语系佛教在公元4世纪后期传到朝鲜，然后在6世纪中叶传到日本。长期以来，佛教是中、朝、日三国文化交流的重要桥梁和纽带。

中国佛教协会会长赵朴初(1907-2000)

1993年以赵朴初居士为团长的中国佛教协会代表团出访日本参加日本佛教界纪念中国佛教协会成立40周年的庆祝活动，韩国佛教界也特地派代表出席会议。赵朴初讲话中提出：中韩日三国佛教界的友好交流自古到今已形成一条“黄金纽带”。这一形象的比喻，立即得到韩国和日本朋友的赞同和共鸣。他们提议召开三国佛教首脑会议，以进一步推进三国发展友好关系。

经过三国佛教界代表的协商和筹备，1995年5月22日于北京召开第一次“中韩日佛教友好交流会议”。会议以“友好·合作·和平”为主题，旨在构建三国佛教的友好关系，积极

推动三国人民的友好交流，维护东亚稳定，维护世界和平。

韩国佛教信众在寒山寺礼佛

赵朴初会长先后为会议致开幕词和闭幕词，说三国佛教徒和三国人民自古以来有着悠久、深厚的亲缘关系。三国山水相连，文化习俗同源，宗教信仰也一脉相承。许多纽带把三国密切联结在一起，“在所有这些纽带中，有一条源远流长，至今还闪闪发光的纽带，那就是我们共同信仰的佛教。我曾送给它一个名字：黄金纽带。这条纽带史自有来。回溯历史，佛教在中韩日三国人民的文化交流中起着媒介的作用。可以说，佛教上的合作与交流是中韩日三国文化交流史上最重要、最核心的内容。”他联系当前的世界局势，希望三国佛教徒要继承和发扬自古以来三国友好合作的传统，让这条黄金纽带“联结更多的国家和民族，为亚洲的繁荣与稳定，为人类的和平与幸福披精进铠，作大功德”。

三国佛教界代表在致词和发言中回顾历史，展望未来，愿意为通过佛教交流加深三国人民之间的友谊，推进亚洲和世界的和平事业作出的贡献。会议通过《北京宣言》，对三国佛教友好交流对推动三国友好合作和维护亚洲和世界和平事业的重大意义予以充分肯定，还说：“会议回顾了众所周知的在半个世纪前发生的那场战争给中国、韩国人民造成的深重灾难。会议吁请三国佛教徒提高警觉，维护公理，伸张正义，防止历史悲剧重演。”

按照会议宣言，此后轮流在三国举办了五次三国佛教友好交流会议，2005年在北京召开了第七次会议。

从中日两国佛教友好交流扩展到中韩日三国佛教友好交流，开始了东亚佛教文化交流的新时期。在以和平与发展为主旋律的时代，在世界日益走上多极化的新的国际形势下，佛教“黄金纽带”为增进各国佛教徒和人民之间的心灵沟通和理解，为推进亚洲和世界的和平发展事业作出自己独特的贡献。

（杨曾文）

150

我国当代佛教情况如何？

中华人民共和国成立，标志着中国进入社会主义社会，从而中国佛教也进入新的时期。1954 年颁布和此后几经修订的中华人民共和国宪法都明文规定公民享有宗教信仰的自由。在党和政府的大力支持下，经僧俗著名人士倡议和酝酿，1953 年 5 月正式成立信奉包括汉语系、藏语系和巴利语系佛教的各民族佛教徒的爱国联合组织——中国佛教协会。此后在省市县根据佛教流传情况也相继设立地方性的佛教协会。1957 年、1962 年召开中国佛协第二、第三届代表会议。

中国佛教协会的基本宗旨和任务是团结与联系全国佛教徒发扬佛教的优良传统，积极参加爱护祖国，参加社会主义建设事业，开展各项佛教教育和文化事业，同时增进与各国佛教徒的友好交往，参加保卫世界和平运动。中国佛教协会在党和政府的领导下，为推进佛教界的民主改革，团结全国佛教徒积极的参加祖国经济和文化建设事业，作出了重大贡献。

迈入 20 世纪 80 年代，中国在以邓小平同志为首的党的第二代领导核心的带领下实行改革开放政策，中国进入以经济建设为中心的社会主义新时期，也为中国佛教的恢复和发展提供新的机遇。1980 年底中国佛教协会举行了第四届全国代表会议，在总结“文化大革命”后实现“拨乱反正”落实宗教政策的情况和经验，恢复和健全佛教机构，修改和补充佛协章程，明确新时期佛教的任务等方面，作出了历史性的贡献。1983 年底，中国佛教协会会长赵朴初居士在中国佛协第四届理事会第二次会议上所作的《中国佛教协会三十年》纪念报告中明确地提出今后必须提倡人间佛教思想，同时提出应当继承和发扬中国佛教的“农禅并重”、“注重学术研究”、“国际友好交流”三大优良的传统。在 1987 年佛协第五届会议所作的报告中重申和阐释了这一思想，并且在新修订的佛协章程中明确规定：“团结全国各民族佛教徒提倡人间佛教积极进取思想，发扬佛教优良传统，积极参加社会主义物质文明和精神文明建设”。

1993 年 10 月中国佛协召开第六次全国代表会议，赵朴初会长作了在中国佛教史上具有划时期意义的《中国佛教协会四十年》的报告，对中国佛教在新时期的历史使命、佛教与社会主义社会相适应、加强佛教信仰、道风、人才、教制、组织在内的五大自身建设、发展佛教教育培养人才等重大问题作了清晰明确的阐释。在新修改的章程上规定佛协是“全国各民族佛教徒联合的爱国团体和教务组织”，从此中国佛教协会承担督导全国佛教寺院、信众加强自身建设，树立良好道风学风，健全组织等方面的重大责任。

2002 年 9 月下旬，中国佛教协会在北京召开了佛协第七次代表会议，新任会长一诚法师在《继承赵朴初会长遗愿，同心协力，开创中国佛教事业新局面》的报告中，号召佛教界积极实践人间佛教思想，将教育、培养人才、修学三学、奉献造福于社会作为实践人间佛教理念的重要内容。在新修改的佛协章程中清楚地将“倡导人间佛教思想”写入《总则》。

2003 年 9 月，在北京举行了隆重纪念中国佛教协会成立五十周年的庆典，中国佛教协会常务副会长圣辉法师在《中国佛教协会五十年》的报告中提出中国佛教协会在新世纪新阶段的基本任务是：高举爱国爱教、团结进步的光辉旗帜，走与社会主义社会相适应的道路；弘扬人间佛教积极进取思想，发扬中国佛教的三大优良传统；维护法律尊严，维护人民利益，维护民族团结，维护祖国统一；引导各民族佛教徒为社会主义社会的物质文明、政治文明和精神文明的建设作出贡献。

新世纪佛教应当如何关怀社会人生，为造福社会民众，为社会主义社会的物质文明和精神文明的建设作出新的贡献呢？根据中国佛教协会领导人的报

告和佛协章程的精神，可归纳出以下两点：

（一）以佛法净化人心——结合现代社会的环境和民众的思想情况，阐释佛教中的五戒、十善、四摄、六度、慈悲喜舍等中所蕴涵的道德思想，不仅净化自己，而且通过讲经弘法、刊物媒体和多种为民众喜闻乐见的形式，化导信众，促进社会精神文明和道德的建设。

（二）以慈济事业回报社会——通过支援灾区民众，捐助希望工程，开办或改善各种类型的佛教慈善事业，济贫扶残，致力自然环保和保护动物等，为造福社会民生，为建设人间净土努力奉献。

中国佛教协会重视佛教人才的培养和佛教文化研究工作，1956 年成立中国佛学院，在进入改革开放时期之后，在南京、苏州分别设立中国佛教院栖霞山分院和灵岩山分院，在各地也陆续建立佛教院校，至今已达 40 多所。中国佛教协会在 1986 年和 1992 年两次召开全国汉语系佛教教育工作座谈会，强调培养佛教人才的重要性，动员办好佛教教育，调整教育规划，制定相应措施，为中国佛教教育事业开拓了新局面。

中国佛教协会也很重视佛教文化研究，组织力量开展保护和整理佛教文物，发掘和拓印房山石经，组织编写《中国佛教百科全书》，出版中文版《中国佛教》，恢复金陵刻经处，补刻《玄奘法师译撰全集》，出版各种文集，举办佛教美术艺术展览，成立中国佛教图书文物馆，重印《清藏》等。1987 年成立中国佛教文化研究所，开展佛教学术研究和教内外佛教学术交流，出版《佛学研究》、《佛教文化》和学术著作。

中国佛教协会积极开展与中国港、澳、台地区的佛教文化交流，增进同胞之间的了解和“法乳一脉，同根同源”的兄弟情谊。

此外，中国佛教协会积极开展与缅甸、泰国、老挝、柬埔寨、斯里兰卡、越南、新加坡及日本、朝鲜、韩国等亚洲各国及其他国家佛教界之间的佛教文化交流，为推进人民间的友谊，保护自然环境和生态平衡，维护世界和平作出积极贡献。

（杨曾文）

跋

杨曾文

摆在读者面前的这本《佛教文化150问》，原编写于1989年，当时参加此书撰写的人都比较年轻，有的刚刚从研究生院获得硕士学位，然而现在他们大都成为在学术研究中取得显著成绩的学者，有的虽因年老已从第一线退下来，但仍继续从事研究工作。

《佛教文化面面观》出版以后，在社会上获得广泛的好评。1993年12月，包括此书在内的《宗教文化通俗丛书》获得中国社会科学院第一届优秀科研成果奖。此书虽曾再次印刷过，然而久已脱销。2005年经协商收回版权，承蒙东方出版社领导的好意，改由东方出版社重新出版。作为此书的编者，对此书改版面世感到高兴，希望能对社会各界读者了解佛教文化的基础知识提供方便并有所裨益。

这次改版，除请黄夏年同志提供相当数量的图片插到书中外，仅对个别词条作了修改或补充，大部分保持原样。限于我们编写者的水平，肯定书中有不少欠当乃至错讹之处，请读者发现后不吝赐教。

最后，谨向在此书改版编辑过程中付出艰辛的张秀平、关宏两位同志表示衷心的感谢。

2006年3月12日于北京市华威西里自宅

图书在版编目（CIP）数据

佛教文化150问 / 杨曾文主编.

-北京：东方出版社，2006.6

ISBN 978-7-5060-2528-7 01

Ⅰ.佛… Ⅱ.杨… Ⅲ.佛教-宗教文化-问答 Ⅳ.B948

中国版本图书馆CIP数据核字（2006）第054856号

佛教文化150问

FOJIAO WENHUA 150 WEN

主　　编：杨曾文

策　　划：张秀平　关　宏

责任编辑：关　宏　张秀平

封面设计：徐　晖

版式设计：陈　岩

東方出版社　出版发行

地　　址：北京市东城区隆福寺街99号金隆基大厦

邮政编码：100706

经　　销：全国新华书店经销

印刷装订：北京昌平百善印刷厂

出版日期：2006年6月第1版　2015年4月第3次印刷

开　　本：730毫米×970毫米　1/16

印　　张：21

字　　数：230千字

书　　号：ISBN 978-7-5060-2528-7 01

定　　价：58.00元